港町巡礼

海洋国家日本の近代

著──稲吉 晃

吉田書店

もし長い海岸線は持っているが全く港湾を持たない国があるとすれば、このような国は自分自身の海上貿易も、海運も、海軍も持つことはできない。

——アルフレッド・セイヤー・マハン

（『マハン海上権力史論』五五頁）

はじめに

日本は島国であるから、海外との窓口は港に限定される。現在では人の移動は空港を経由することが一般的であるが、二〇世紀半ばまでは海の港が唯一の出入り口であった。一九世紀に起こった世界的な交通革命は、海を越える人・物・情報の移動を活発化させたが、その窓口や中継点は世界各地の港町だったのである。

実際に、近代日本の大きな事件の多くは、港町を舞台としている。ペリーが来航したのは江戸湾の浦賀沖であったし、いわゆる不平等条約で外国人の居住が認められたのは、神奈川（横浜）・兵庫（神戸）・長崎・箱館（函館）・新潟の五つの港町のみであった。日清戦争をはじめとする大規模な対外戦争にあたっては広島（宇品港）が輸送基地となり、多くの軍人・軍属が広島で出征に向けて準備した。また横浜港や大阪港を中継点とする対北米貿易と対アジア貿易が日本経済の急成長を支えており、さらに重化学工業化が進むと多くの工場は臨海部に進出して工業港をかたちづくった。人口が急増した日本からは、多くの移民・植民が神戸や横浜を経由して海外に旅立つ一方で、日本には亡命政治家や留学生、そして労働者が主としてアジア諸国から流入した。一九世紀半ばから二〇世紀半ばにかけての港町は、国家間の外交の最前線でもあり、人や物が集まることで地域社会の中核になった場所でもあった。

対照的に、近代化の過程で人や物が集まらなくなった港町もある。江戸時代までの国内物流は主として沿岸海運網によって担われていたが、鉄道が全国的に整備されると、これらの中継地点の多くは衰退していった。[*1] 海軍の根拠地となった軍港都市には多くの兵士が住み、また軍需工場などが建設されたが、ひとたび軍縮圧力が強まるとこれらは撤退した。衰退し始めた多くの港町では、官庁・政党・利益団体など複数のルートを駆使して、貿易港への指定や港湾整備への国庫補助などを求めて中央政府への働きかけを強めていく。[*2] 規模の大小こそあるものの地域社会の中核であった港町は、一九世紀半ばに新しくうまれた中央－地方関係の要でもあった。

このように近代日本の政治と社会のエッセンスが凝縮された場所として港町を捉え、各地の港町をめぐることで日本の近代を描くこと、これが本書の目的である。誤解のないように強調しておけば、本書は個々の港町や港湾修築の歴史そのものをたどることを目的としたものではない。港町で起きた大きな事件を題材として、近代日本における中央の政治外交と地域社会の相互作用を描こうとするものである。

その意味で本書は、「地方からみた政治史」の一類型といえる。各地の地域社会に住む人々の生活は中央の政治や外交とは無縁にみえるかもしれないが、そうではない。両者は互いに影響を及ぼし合っており、それらの総体がひとつの政治過程である。こうした観点から近代政治史を描く際に題材としてよく取り上げられるものは、鉄道であろう。鉄道は「近代を象徴する交通インフラ」としばしばいわれるが、その理由のひとつは鉄道が集権的な国家と相性がよいことにある。とくに島国である日本の鉄道の場合は、基本的には国内で路線が完結するうえに、東京方面に向かう列車を上り（のぼり）と呼ぶことが多いことから、東京を日本の中心とするイメージの形成を助けている。また、鉄道は日本全国で同じ時間を用いて管理され、しかもそれが一分単位の緻密なスケジュールで運行されている。鉄道とともに普及した時間の概念は、日本国民の行動様式を変容させた。[*3]

これに対して港町の場合は、遠心的で多様な点がその特徴となる。東京港は、決して日本の港町の中心ではない。東京港は一九四一（昭和一六）年まで海外貿易が認められておらず、日本の各地から海外へ向かう場合には、東京を経由しないほうが合理的である。九州西部に位置する長崎からは東京よりも上海のほうが近く、多くの人々が長崎と上海を往復した。船旅ではそもそも出発地と到着地が異なる時間を用いることも少なくなく、「時間による支配」は港町には及びづらい。港町に着目することで、鉄道を通じてみる近代日本とはまた違った側面を観察することができるだろう。

本書の構成は、以下のとおりである。まず序章では、一九世紀の半ばに進展した世界的な交通革命について概観し、それが港町にもたらした変化について確認する。続いて第Ⅰ部で、分権的な幕藩体制から中央集権体制へと政治体制が転換されるなかで、箱館（はこだて）・石巻（いしのまき）・横浜（よこはま）・博多（はかた）・宮津（みやづ）の五つの港町がその変化に翻弄される様相を描く。第Ⅱ部では、人々の移動が活発化するなかで、広島（ひろしま）・基隆（キールン）・神戸（こうべ）・長崎（ながさき）・下関（しものせき）の五つの港町がその中継地点として果たしてきた役割について考える。第Ⅲ部では、移動する人々が集まる場所としての港町が次第に都市化していく過程を、大阪（おおさか）・小名浜（おなはま）・舞鶴（まいづる）・東京（とうきょう）・湘南（しょうなん）の五つの港町を対象に説き明かす。一章につきひとつの港町、すべてで一五の港町を取り上げた。それぞれの港町は異なる背景をもつから、各章は独立している。緩やかに時代を下っていく構成にはしているが、どの章から読んでも差し支えない。

対象とする時期は、日本の港町が海外へと開かれる一八五〇年代から、海を越える人の移動手段が船舶から飛行機へと転換し、またコンテナリゼーションが始まることで港そのものに変化が生じる一九六〇年代までとする。もちろん物の移動は現在に至るまで海上輸送が主流であるし、近年ではクルーズ船の人気も高まっているが、港町はもはや島国の唯一の出入り口ではない。しかし、交通革命によって世界が急速に小さくなった一八五〇年代から一九六〇年代にかけては、それまでは海を越える移動と縁がなかった人々も含めて、多くの人々が港町を通じて移動していたのである。その唯一の出入り口であった港町の視点から、海洋国家日本の姿を描いていくことにしたい。

註

＊1　柳田（一九九三）二一五頁。

＊2　稲吉（二〇一四）。

＊3　原（二〇二〇）一〇〜二〇頁。

目次

＊本書に掲載した図版は、特記したものを除きパブリックドメイン下であることを確認している。また、絵葉書は著者所蔵のものを利用した。

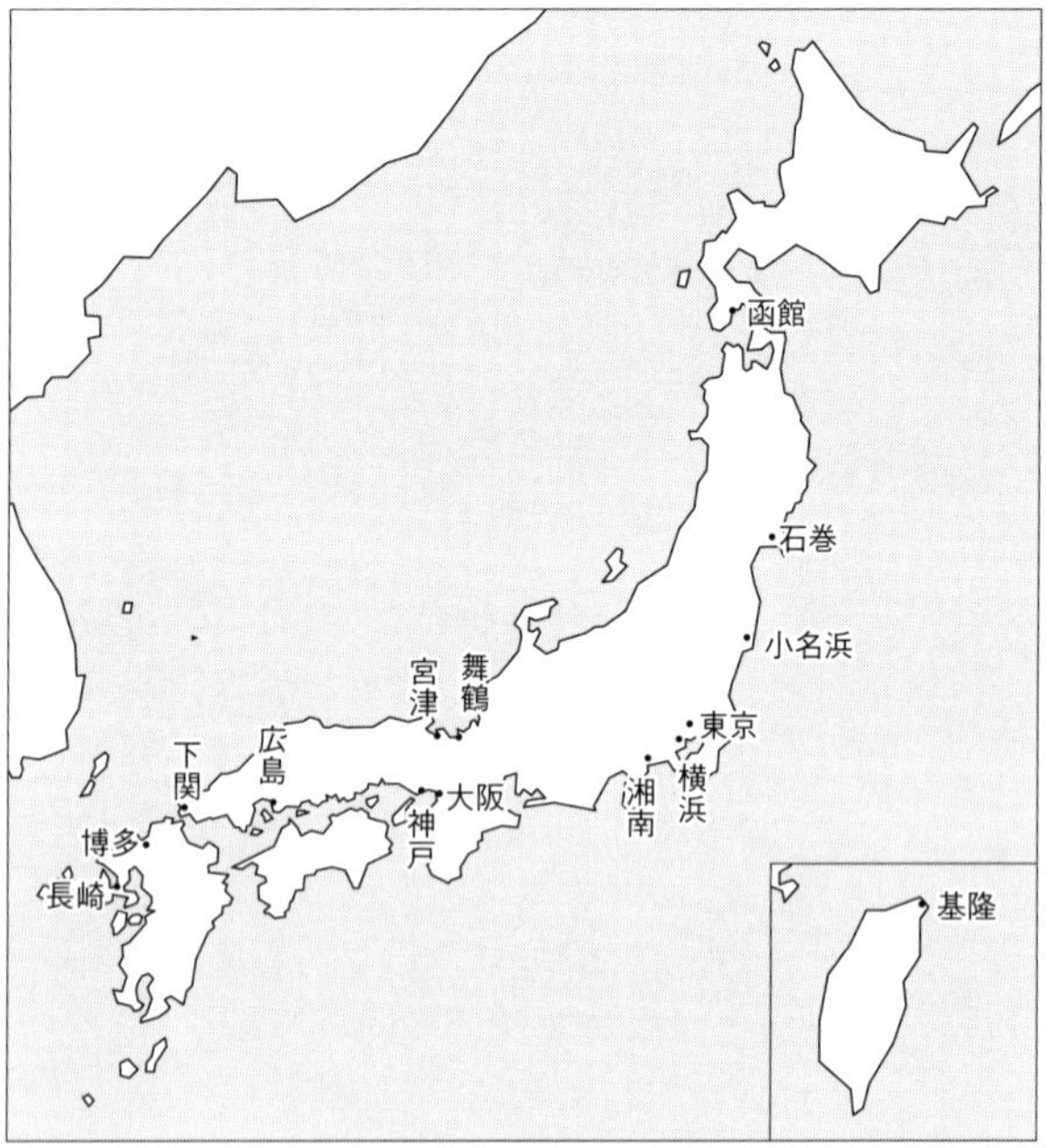

本書で取り上げる15の港町

序章　交通革命と港町

ペリー来航

一八五三年七月（嘉永六年六月）、米国東インド艦隊司令官マシュー・ペリーが浦賀の沖合に来航した。日本近代の出発点として、よく描かれる場面である。このときペリーが、日本の港の利用を江戸幕府に要求したこともよく知られている。

しかし、米国東海岸に住むペリーがどのような旅程で来航したのか、多くの人はあまり考えたことはないのではないか。ペリーは太平洋を横断して日本に来航したのではなく、大西洋・インド洋を経由して東回りで日本にやって来た。出発したのはその前年の秋（一八五二年一一月）で、米国東海岸の海軍基地ノーフォークから、大西洋に浮ぶいくつかの島を経由しながら、アフリカ大陸の南端に位置するケープタウンに向かい、その後やはりいくつかの島を経由してインド洋を横断した。セイロンやシンガポールなどを経て、香港に到着したのは一八五三年四月のことだった。

米国東海岸からアジアに至るまでおよそ半年もの時日を要したことになるが、それは各地で燃料・食糧の補給が必要だったからである。当時の蒸気機関は燃料効率が悪かったため石炭を頻繁に補給する必要があり、蒸気船であっても燃料節約のために帆走することも多かった。ペリーが上海まで搭乗した艦船ミシシッピも蒸気機関をもつ帆船（現代風にいえばハイブリッドということになろう）であり、大西洋航路では帆走する期間が長かった。しかも、冷蔵や缶詰などの食糧保存技術も未発達であったから、長い航海のあいだには、定期的に新鮮な水や食糧を補給しなければならなかった。ペリーが乗るミシシッピも、ケープタウンでは食用の牛や羊を生きたまま積み込んでいる。[*1]

当時の米国は、アジア・アフリカ地域に自らの補給基地をほとんどもたない。そのためペリーは、他国とりわけ英国の植民地基地を利用しなければならなかった。そしてまさにこの点こそが、米国がこの時期に日本に関心を向けた理由のひとつであった。ペリーが出発する八年前の一八四四年には米国と清のあいだで修好通商条約（望厦条約）が結ばれており、両国間の貿易が開始されている。米国経済界では中国市場への期待感も高まっていた。

一七八三年に英国からの独立戦争が終結して以降、米国は西へ西へと領土の拡大を続け、一八四八年にはメキシコとの戦争に勝利して西海岸のカリフォルニアを編入した。カリフォルニアから太平洋を越えてアジアへと直接つながる北太平洋横断航路を開設すれば、所要時間を短縮することができるだけでなく、英国の植民地基地網への依存度も低くなる。[*2]太平洋を最短距離で横断する大圏航路上には日本列島があり、ここに燃料・食糧などの補給基地を確保することが、米国のアジア進出に不可欠であった。[*3]

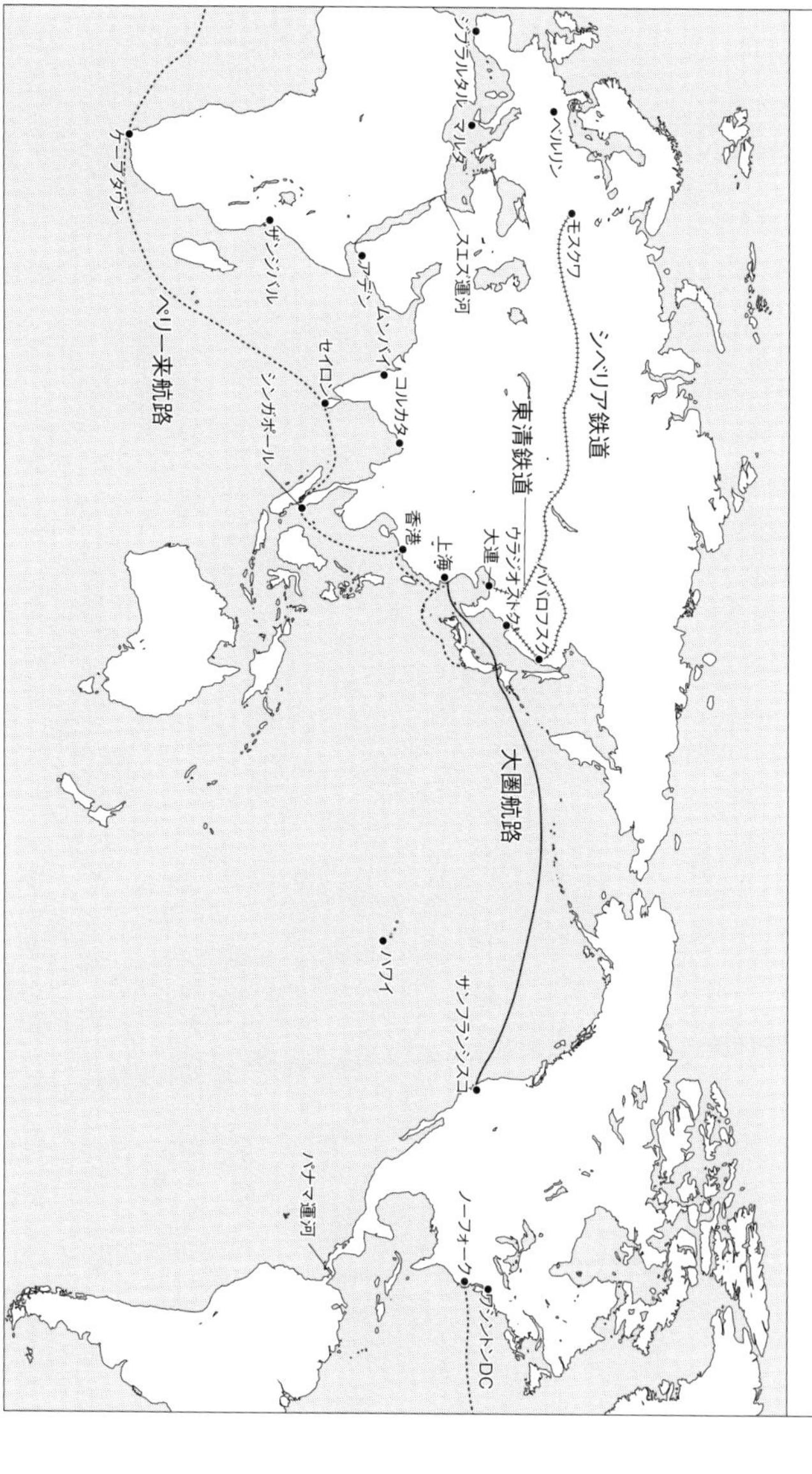

ペリー来航路と世界交通網〔筆者作成〕

蒸気船航路と電信網の拡充

米国が太平洋と日本に強い関心をもった背景に、もうひとつ捕鯨問題があったが、これについては本編で改めて述べることにする。ここで強調しておきたいのは、当時の世界にとって、現代からは想像できないほど、港町が重要であったということである。

なぜ港町が重要なのか。航空機が一般化していない時代には、海を越えて移動するためには船に乗らなければならなかったことがその最大の理由であるが、それだけではない。重量物をもっとも効率的に輸送する手段が、水運だからでもある。したがって陸上輸送が可能な場合でも、とくに重量物の輸送には水運が選ばれるのが一般的である。現代日本でも、国際輸送の九九%以上、国内輸送でもおよそ四〇%が海上輸送によって担われている。

スピードも、鉄道が登場するまでは陸運よりも水運に分があった。もっとも、一九世紀半ばまでは、スピードそのものが今ほど重視されたわけではない。少なくとも東アジアとヨーロッパのあいだの時間距離が重視されるようになったのは、一八三三年以降である。この年、英国東インド会社に与えられていた中国茶の英国への輸入の独占権が廃止され、自由化された。茶はその香りが商品価値を左右するから、自由化によって一番茶をめぐる競争が始まった。さらに一八四九年に英中貿易への外国船の参入が認められると、快速帆船（クリッパー船）の建造技術が高い米国が、時間距離を短縮していく。一八世紀末には英国から広東（カントン）までの航海におよそ四カ月を要したが、[*4]一八五〇年には三カ月ほどに短縮している。[*5]

帆船から蒸気船への移行には、ある程度の時間が必要だった。帆船のスピードは蒸気船よりもむしろ速かったが、そのスピードは風力と風向きに左右される。蒸気船のアドバンテージは、安定的に、決まった時間に輸送できる点にあった。蒸気船の最大の弱点は運航費用で、風力が無料であるのに対して、石炭は有料かつ高価であった。しかも当時の蒸気船は燃料効率が悪く船内に大量の石炭を備蓄しなければならなかったため、十分な貨物スペースをとることができない。一八四〇年のある蒸気船は、貨物積載量八六五トンのうち六四〇トンが燃料である石炭で占められている。[*6] そのため、蒸気船による輸送は商業ベースでは成り立たず、国家の支援が不可欠であった。[*7]

そこで各国政府は、郵便補助というかたちで多額の補助金を蒸気船航路に投じた。軍事はもちろん商取引においても、情報は死活的に重要である。最初期から情報収集活動への投資を大規模に展開したのは、英国であった。一八三〇年代末にはインド航路・大西洋航路はもちろん、自らが植民地をもたない南米大陸西海岸への蒸気船航路にまで補助金を与えることで、蒸気船による情報ネットワーク網を構築した。[*8] その結果、一八五〇年代には英国の郵便蒸気船航路が世界大に拡がり、香港からロンドンまでの郵便は五〇日程度で届くようになる。[*9] さらに一八七〇年代には、英国は海底ケーブルを東アジアにまで敷設し、文字情報だけなら数分で送受信することが可能になった。[*10]

このような蒸気船航路と電信網の拡大に伴って、その重要性を高めたのが港町である。蒸気船航路には石炭・水・食糧などの補給港が、海底ケーブルには中継基地が必要となる。補給港・中継港には移動する人々と物資と情報が集まり、そのうちのいくつかは貿易港として発展した。とくに英国は、アフリカ大陸のケープタウン・ザンジバル・アデン・スエズ、地中海のマルタ・ジブラルタル、アジアではボンベイ（現在のムンバイ）・カルカッタ（現在のコルカタ）・シンガポール・香港などを確保し、石炭や食糧の補給地点、海軍の根拠地、郵便や海底ケーブルの中継点などとして活用した。これらの港町が、大英帝国を支えていたのである。

鉄道の登場と港町の変化

蒸気船・電信の普及に加えて、一九世紀における世界交通網拡大の決定的な要素となったのは鉄道である。現代的な意味での鉄道は、一八三〇年に開通したマンチェスター＝リヴァプール間鉄道に始まる。主として河川・運河と馬車が担っていた英国の内陸輸送は、それから一〇年もたたないうちに鉄道へと置き換えられた。その結果、馬車で三日半かかっていたロンドンとリヴァプールのあいだの時間距離は、一八四二年にはおよそ二四時間に短縮された。[*11]

さらに二〇世紀にかけては、大陸を横断するような長距離の鉄道も開通した。一八六九年には北米大陸で最初の大陸横断鉄道が開通し、カリフォルニアから米国東海岸の諸都市まで鉄道で往復できるようになった。ユーラシア大陸では、一八九二年からロシアによるシベリア鉄道の建設が始まった。シベリア鉄道は、一九〇三年には東清（とうしん）鉄道を経由して大連までつながった。これにより、当時はロンドンから上海までの船旅は三カ月程度を要していたものが、鉄道ならモスクワから大連まで二週間程度で移動できるようになった。[*12]

海陸双方での交通網の拡大は、港町にも変化をもたらした。まず、船舶の大型化はとどまることがなかった。ペリーの乗った艦船ミシシッピの排水量はおよそ三〇〇〇トンであり、これは一八五〇年代には大型船とみなされるものであった。ところが造船技術の進歩に伴って、一八九〇年代には客船でも総トン数で六〇〇〇トンから八〇〇〇トン級の船舶が一般的になり、一九一〇年代には二万トン級船舶も登場する。[*13] 第二次世界大戦中に建造された戦艦大和の排水量は、実に六万九〇〇〇トンである。[*14]

船体が大きくなれば、港には大きな水深が必要となり、取り扱う貨物量が増えれば、必要となる貨物の荷捌きスペースも大きくなる。河港であるロンドン港では、市街地に隣接した船着き場（ドック）は手狭になり、一九世紀以降、主要な船着き場は下流へと移動した。[*15] ロンドン港ばかりでなく、多くの主要港では、市街地から離れた新港を建設せざるを得なかった。

こうした変化は、日本では「みなと」をあらわす漢字の違いとなって示される。「みなと」は、現在では「港」とあらわすのが一般的であるが、近世までの日本では「湊」とあらわすのが一般的であった。試みに、湊と港のそれぞれの字義を諸橋轍次『大漢和辞典』でみてみると、湊の一番目の字義としては「あつまる」が挙げられているのに対して、港の一番目の字義には「船着き場」が挙げられている。近世以前の湊町は水路に沿って家屋や倉庫が集まることが多かったが、船舶が大型化すると市街地から沖合へと埋立地が広がり、その埋立地に沿って船着き場がおかれるようになった。[*16]「みなと」は、人や物があつまる雑多な空間（湊）から、船舶が停泊して貨物を積み降ろしする場所（港）へと次第に特化していったことが、漢字の変化からも窺えよう。

鉄道が普及するにつれて、港町は海上に拡がる航路の中継点としてよりも、内陸から伸びる鉄道と蒸気船の接続点としての役割が大きくなっていく。新たにつくられた港には、内陸各地からの鉄道が乗り入れ、貨物が集積する。港から延びる鉄道・道路網の大きさが、港町の規模を決めていくことになる。

鉄道がなく、帆船による水運が主たる輸送手段だった頃は、各地の湊は共存することが可能であった。帆船は風がやめば止まらざるを得ないため、各地に風待ちの湊が必要だったからである。湊の背後の経済圏は、主要河川の河口に位置するような湊を除けば、それほど大きくはなかった。船が湊に滞在する時間も長く、花街が各地の湊を彩った。しかし、天候や風向きに左右されにくい蒸気船が導入されると、少数の港町にのみ船舶は寄港するようになる。内陸はもちろん沿岸部の貨物であっても、鉄道によって主要港に輸送されるようになり、各地に点在する小さな湊町は廃れていく。[*17]

こうして船舶と鉄道をつなぐターミナルとなった少数の港町には、多くの労働者が必要となった。職業や居住地選択の自由を得た近代の人々は、農村地域から都市部へ、そして海外へと移動し、その多くは工場や大農場で働く労働者となった。港町に特有の労働者はもちろん港湾労働者であり、なかでも荷役労働者（仲仕(なかし)とよばれる）がその大部分を占める。積荷だけでなく燃料である石炭を積み降ろしする港湾荷役は、船舶が入港しなければまったく仕事がなく、船舶が入港した場合には迅速な積み降ろしが求められるというように、必要とされる労働量が不安定という特質をもつ。これは労働者の側からみれば、雇用が不安定であるということを意味するが、それにもかかわらず、貨物の取り扱いや船舶への積み込みには熟練した技術が必要とされる。不安定な雇用環境と高い専門性という矛盾した関係を両立させるために、個人的な親分子分関係を基軸とした雇用が行われた。[*18]

仲仕のなかでもとりわけ有名なのは、北九州・若松の玉井金五郎だろう。愛媛県松山近郊の農村に

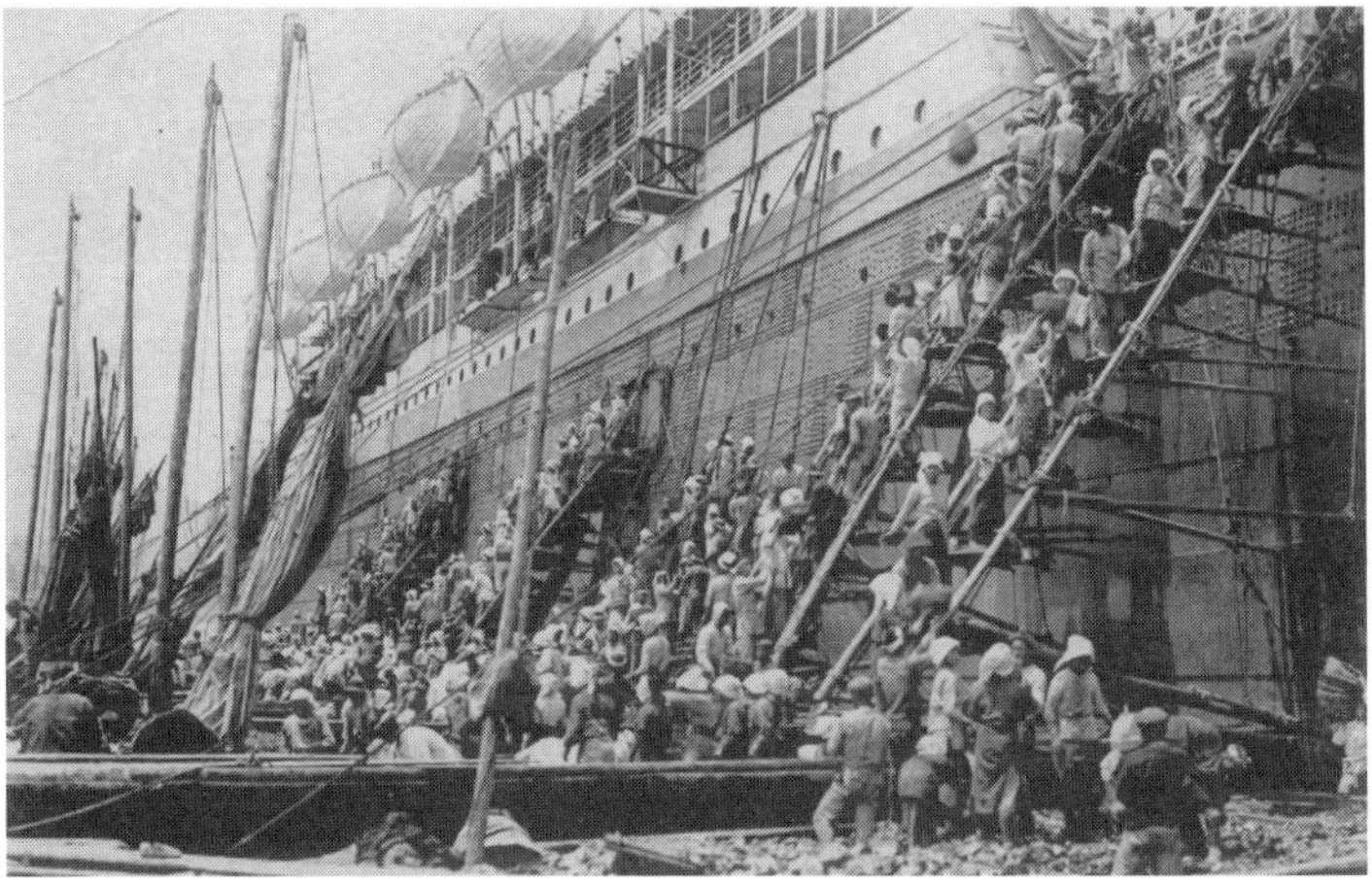

石炭の積み込み風景（長崎港）

うまれた玉井は、一八九〇年代末に門司に出て仲仕として働き始める。下関など近隣の港を渡り歩きながら仲仕としての地位を築き、一九〇六（明治三九）年には若松に玉井組を創設した。昭和期には若松市会議員もつとめるなど、地域社会のリーダーの一人となる。[*19]その過程では対立する仲仕と闘争を繰り返したことが、玉井の子息である火野葦平（ひのあしへい）の小説『花と龍』には描かれている。このように多くの貨物が集まる港町には、多くの労働者が周辺地域から流入した。彼らの多くは収入が不安定で、しかも荷役労働は多少の荷崩れでも重大な事故につながることが多く危険性も高かった。港湾労働者がお互いに助け合う文化をもつ社会は、近代の港町に特有の光景である。

　ともあれ、一九世紀半ば以降、陸上輸送と海上輸送を連結するターミナルとしての地位を独占した一部の港町がその規模を拡大していく。表序－1は、日本の都市の人口上位三〇の変遷を示したものである。網掛けで示しているのは、旧城下町ではない港町である。

表 序-1　日本の都市人口の変遷

	1876年		1893年		1908年		1920年	
	都市名	人口（人）	都市名	人口（人）	都市名	人口（人）	都市名	人口（人）
1	東京	1,121,883	東京	1,214,113	東京	2,186,709	東京	2,173,201
2	大阪	361,694	大阪	482,291	大阪	1,226,647	大阪	1,252,983
3	京都	245,675	京都	317,270	京都	442,462	神戸	608,644
4	名古屋	131,492	名古屋	194,796	横浜	394,303	京都	591,323
5	金沢	97,654	神戸	153,382	名古屋	378,231	名古屋	429,997
6	横浜	89,554	横浜	152,451	神戸	378,197	横浜	422,938
7	広島	81,914	金沢	91,531	長崎	176,480	長崎	176,534
8	神戸	80,446	広島	91,479	広島	142,763	広島	160,510
9	仙台	61,709	仙台	73,771	金沢	110,994	函館	144,749
10	徳島	57,456	長崎	65,374	呉	100,679	呉	130,362
11	和歌山	54,868	函館	63,619	仙台	97,944	金沢	129,265
12	富山	53,556	熊本	62,432	岡山	93,421	仙台	118,984
13	函館	45,477	徳島	61,337	佐世保	93,051	小樽	108,113
14	鹿児島	45,097	富山	58,187	小樽	91,281	鹿児島	103,180
15	熊本	44,384	福岡	58,181	函館	87,875	札幌	102,580
16	堺	44,015	鹿児島	56,129	福岡	82,106	八幡	100,235
17	福岡	42,617	和歌山	55,726	和歌山	77,303	福岡	95,381
18	新潟	40,776	岡山	51,665	横須賀	70,964	岡山	94,585
19	長崎	38,229	新潟	49,700	札幌	70,084	新潟	92,130
20	高松	37,698	堺	46,138	徳島	65,561	横須賀	89,879
21	福井	37,376	福井	42,680	鹿児島	63,640	佐世保	87,022
22	静岡	36,838	静岡	37,096	新潟	61,616	堺	84,999
23	松江	33,381	松江	35,407	熊本	61,233	和歌山	83,500
24	岡山	32,989	宇都宮	35,347	堺	61,103	渋谷	80,799
25	前橋	32,981	高松	35,330	下関	58,254	静岡	74,093
26	下関	30,825	松山	34,527	富山	57,437	下関	72,300
27	八幡	29,487	小樽	34,259	門司	55,682	門司	72,111
28	秋田	29,225	甲府	33,879	静岡	53,614	熊本	70,388
29	米沢	29,203	下関	33,565	福井	50,396	徳島	68,457
30	鳥取	28,275	前橋	33,370	甲府	49,882	豊橋	65,163

出典：古厩（1997）43頁。

日本の都市のほとんどは旧城下町であるから、この表も旧城下町が多数を占める。しかし、時代が下るにつれて、港町の割合が増えていくのがみてとれるだろう。旧城下町であっても、東京、大阪や広島のように港をもつ都市もあり、旧城下町と港町のあいだに明確な線を引くことはできない。それでも一九世紀末から二〇世紀にかけて、各地の港町が大きくなっていることがわかるだろう。この時代には、国家と地域社会の双方にとって、港を整備して世界交通網へと接続することがその繁栄のためには不可欠だったのである。

多様化する港町と画一化する近代国家

建築史家の陣内秀信は、このような変化を「港町」から「港湾都市」への変化と表現する。[20]本書もこの整理に異論を唱えるものではないが、すべての「港町」が「港湾都市」へと成長したわけではない点には注意が必要であろう。二〇二一（令和三）年時点で日本全国に九九三の港湾、二八七五の漁港があるが、[21]このなかで世界各地から人々や商品が集まるような港湾都市は少数で、地場の漁業を支える漁港を中心とした中小の港町のほうが数としては圧倒的に多い。世界中から商品が集まるほどの規模ではないにせよ、交通の要衝にあるがゆえに人々の生活に欠かせない港町も多く、離島観光や海洋レジャーを目的とする観光港・マリーナのある港町もある。また、軍事拠点としての軍港所在地や、少数の大企業が独占的に海岸線を利用する臨海工業都市も、港町のひとつのあり方であろう。本書では、グローバルな貿易都市からローカルの漁師町までを含む名称として「港町」を用いる。

こうした港町の機能特化は、近代化によって促されたものである。港町は交通の中継点であるから、もともとは多様な人や物が行き交う雑多な空間であった。しかし一九世紀から二〇世紀にかけて港町は機能ごとに特化していく。最もわかりやすいのは軍港で、軍港は軍事機密保持のために一般船舶の立ち入りが制限されるから、商港や漁港としての発展は望みがたい。また沿岸部が埋め立てられ、その埋立地に工場が進出して工業港となると、沿岸漁業は圧迫される。沿岸漁業を守ろうと思えば、大企業の沿岸部への進出は制約せざるを得ない。一方で大型船を用いた遠洋漁業の根拠港には、魚介類の冷蔵施設や加工施設および漁船の修繕施設などが必要となる。海に面した土地には限りがあるから、これらの港は、機能をある程度しぼりこんで特化せざるを得ないだろう。

このように港町の様態はさまざまであり、しかもこれらの機能のどれかひとつではなく、たとえば貿易港であり漁港でもあるというように、ひとつの港町が複数の機能を併せ持つことが一般的である。こうした多様性こそが港町の特徴のひとつといってよいだろう。

したがって、たとえば船舶の大型化や鉄道への接続に対応するために港を整備しようとするとき、各地の港町が直面する課題は一様ではない。あえて共通点を探せば、港の整備には資金と技術の両面で、国家の支援が不可欠であったということだろう。そのため各地の港町は一九世紀後半以降、程度の差はあれ、国家への依存を強めていくことになる。

ところが同時代の国家は、多様化が進む港町とは対照的に、中央集権化を推し進めていた。近世までの日本は、分権的な国家であった。江戸幕府（公儀）が統治したのは、石高でいえば全国のおよそ四分の一にすぎず、残りの四分の三は諸大名がそれぞれ統治していた。幕府と諸大名は主従関係にあったものの、諸大名の独立性は高く、幕府は諸大名の領内経営に介入することはできなかった。さらに京には、幕府と主従関係にはない朝廷（禁裏）もあった。近世日本には幕府・朝廷・諸大名と政治的な中心が複数あったのである。[*22]

しかし、一九世紀の半ばに西洋列強の脅威が高まると、日本国内では西洋列強に対抗するために中央集権化（＝政治的な中心の一元化）をはかる動きが顕在化する。大名個々の力では、西洋列強に太刀打ちできないのは明らかだったからである。当初は幕府の権限を強化しようとする動きがうまれたが、最終的には有力大名の連合による新政府の樹立という方法で、日本における中央集権体制がつくられる。とくに重要なのは租税と軍事力の一元化で、それぞれ地租改正と徴兵令というかたちで、明治初年には実現した。

その強力な中央政府を支える地方制度として、諸大名の独立性の高い「藩」に代って、画一的な「府県」が導入された。しかし、多様化する港町と画一的な地方制度の相性は悪く、鉄道や河川、道路などのインフラ整備の基本法が一九世紀末から二〇世紀初めにかけて次々と整備されていったのに対し、港湾整備の基本法である港湾法は一九五〇（昭和二五）年まで成立しなかった。港湾法の未成立もひとつの背景となって、近代日本では港湾整備は遅れがちであった。[*23]横浜港や神戸港といった日本を代表する港でさえ、ペリーの来航から三〇年以上経った一八九〇年代になって、ようやく本格的な築港工事が着手された。その他の港では、たとえば博多港のように大きな港であっても、一九二〇年代になるまで本格的な整備がなされないことも多かった。

しかし、ここまでみてきたように、一九世紀の半ばから世界的交通網が拡充され、国家と地域社会の双方にとって港湾整備の重要性はむしろ高まっている。国家にとっては貿易や軍事の拠点として港町は重要であったし、港の整備のあり方は、その地域社会の発展の方向性を規定する。日本各地の港湾整備の遅れは、中央集権体制がもつ矛盾が集約されているともいえよう。それではその矛盾は、各地の港町でどのように表れ、またどのように乗り越えようとされたのだろうか。それらを確認する旅に出ることにしよう。

註

＊1　ワイリー（一九九八）一一六〜一二二頁。
＊2　ワイリー（一九九八）三三頁。
＊3　三谷（二〇〇三）八二頁。
＊4　園田（二〇〇三）二二頁。
＊5　角山（二〇一七）一一七〜一一九頁。
＊6　ヘッドリク（一九八九）一五四頁。
＊7　横井（二〇〇四）二二三〜二三三頁。
＊8　園田（二〇〇〇）三五〜三六頁。
＊9　園田（二〇〇〇）四六頁。
＊10　有山（二〇一三）二六頁。
＊11　園田（二〇〇三）三二〜三四頁。
＊12　井上（一九九〇）一九〜二五頁。
＊13　ヘッドリク（一九八九）二〇一〜二〇九頁。
＊14　戸高・畑野（二〇一五）七九頁。
＊15　高見（二〇二一）二八六〜二九二頁。
＊16　岡本＋日本の港町研究会（二〇〇八）二三〜二九頁。
＊17　柳田（一九九三）二一五頁。
＊18　岩井（一九六三）四五四〜四五六頁。レビンソン（二〇一九）三九〜五五頁。
＊19　岩井（一九六三）四六二〜四六三頁。
＊20　陣内（二〇一六）七七頁。
＊21　「港湾関係情報・データ」、「漁港一覧」。
＊22　三谷（二〇一七）四九〜五一頁。
＊23　稲吉（二〇一四）。

第Ⅰ部　つくられる国家

第1章

箱館（はこだて）——国際社会に参入する

函館は、北海道南部に位置する港町である。明治初年に改称されるまでは「箱館」と表記した。津軽海峡をはさんで本州に面しているため、本州への玄関口として栄える一方で、日露外交の最前線でもあった。本章では、日露関係に焦点を当てながら、幕末日本が西洋諸国を中心とする国際社会へと参入していく過程を、その最前線にあった箱館の視点から考察する。

港町と夜景

俗に日本三大夜景といえば、函館・神戸・長崎の夜景を指す。すべて日本を代表する港町である。これは決して偶然ではなく、夜景が美しくなる条件と港町にとって好ましい地形とが合致するからである。

夜景を美しく際立たせるのは、凝縮した光と広がる暗闇とのコントラストである。加えて、鑑賞者

函館山からの夜景〔筆者撮影〕

が光と暗闇を見下ろすことができる高台が、夜景の名所には必要となる。港湾の地形としては、大型船舶が安全に停泊するのに十分な水深をもつ広い海面があり、また高い山々に囲まれていることが望ましい。日和山と呼ばれる高台は日本全国の港町に存在するが、これらの山々は、港からみれば船舶を風波から守る障壁となり、海から見た場合にはその港の位置を示す目印となる。切り立った山々に面した海岸の平地は狭くなり、住宅は密集する。対照的に広がる海面には、夜間に光を放つものはない。これらを日和山から見下ろせば、美しい夜景が広がることになる。

　函館は、幅一キロメートルほどの細長い砂州の上にできた都市であり、函館山から見下ろせば、海に市街が挟まれた独特な光景が広がる。天然の良港としての評価も高く、来日外国人の多くが絶賛している。たとえば、一八五九（安政六）年に箱館を訪れた駐日英国公使オールコックは、「船乗りの港にたいする夢を全部実現したような良港」[*1]と評している。

　かつては「箱館」と表記されたこの町が本格的に建設されたのは、一八世紀のことである。江戸時代の初めに蝦夷地での交易の独占権を江戸幕府から与えられた松前藩は、当初は渡島半島の西側の松前に拠点を構えていた。一八世紀末に東蝦夷地が幕府の直轄地となり、箱館がその根拠地とされたことで、箱館の人口は増大していく。[*2]

西洋諸国の北太平洋進出

江戸幕府が東蝦夷地を直轄地にした背景には、西洋諸国の北太平洋への進出があった。たとえば一六世紀末頃からシベリアへの進出を始めたロシアは、一八世紀初頭にはカムチャッカ半島へと到達し、千島列島（クリル諸島）にも足を踏み入れている。[*3] シベリアに進出したロシアの目的は、クロテン（黒貂）の毛皮であった。クロテンは、ネコよりも少し大きいくらいの体長をもつイタチ科の小動物である。その毛皮は、毛が密生しているために肌触りがよく、また独特の艶があり見栄えもよかったことから最高級品として扱われた。[*4] ロシアにとってヨーロッパや清向けの重要な輸出品であったが、クロテンは繁殖率が低く、毛皮商人たちはクロテンを取りつくしてしまうと新たな狩猟地域へと進まなければならなかった。ロシアの毛皮商人は、一〇〇年ほどのあいだにウラル山脈からユーラシア大陸を越えて北米大陸のアラスカにまで、急速に東側に勢力を拡大させていく。[*5]

さらに彼らは、北太平洋でラッコ猟にも乗り出した。保温力に優れたラッコの毛皮は「柔らかな黄金（ソフト・ゴールド）」とも呼ばれ、とくに清ではクロテン以上の高級品として取り扱われた。ロシアの毛皮商人は、ラッコの毛皮を求めてカムチャッカ半島から千島列島を南下した。その途中でアイヌなどの先住民を支配下に置きながら、一八世紀には千島列島の南端――ウルップ島やエトロフ島で日本と接触することになる。

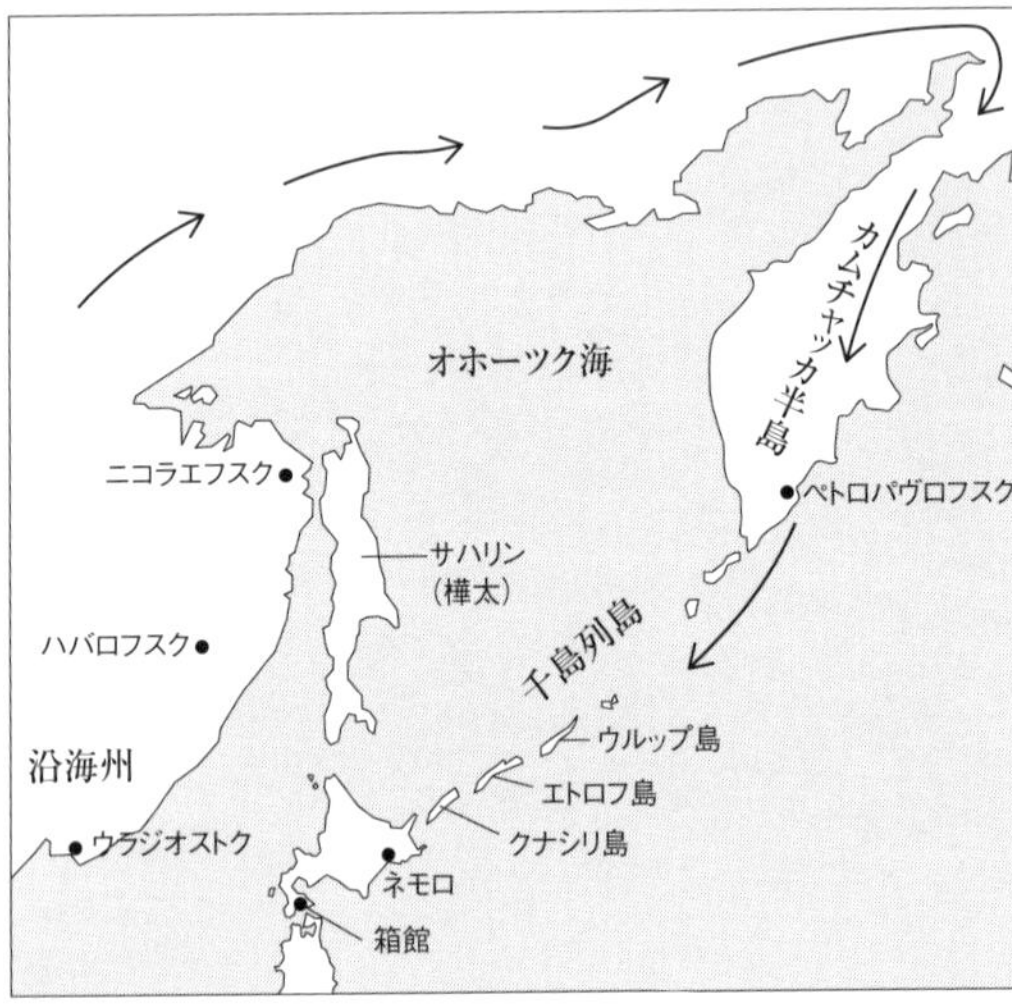

ロシアの極東進出ルート〔筆者作成〕

一八世紀に北太平洋に進出したのは、ロシアだけではない。英国・米国・スペイン・フランスも、それぞれ北太平洋に進出した。一七六八年から一七七六年にかけて、英国の探検家ジェームズ・クックによる北太平洋の冒険航海が行われた。クック探検隊は、この海域においてロシアによるラッコ猟が盛んであること、またラッコの毛皮が清では非常に高値で取引されていることを報告している。これを受けて、英国や米国の毛皮商人が北太平洋へ進出していく。フランスも、一七八五年から一七八八年にかけて北太平洋に探検隊を派遣している。ただしフランスではこの直後に革命が起こり、北太平洋への進出を本格化させることはなかった。[*6]

西洋諸国とくに米国の北太平洋への進出のもうひとつの狙いは、クジラであった。クロテンやラッコはその毛皮のために乱獲されたが、クジラの場合はその油のために乱獲された。クジラの油（鯨油）は、木材（松）からとれる脂に比べて燃やしたときの煤が少なく、魚（タラ）からとれる脂に比べて臭いが少ない。そのため石油が普及する以前は、室内の灯火に用いられたほか、機械類の潤滑油や石鹸・塗料・マーガリンなどの原料にもなった。またクジラの髭（ひげ）はコルセットなどの原料となり、クジラの腸内の結石（竜涎香（りゅうぜんこう））は香料として高値で取引された。[*7] このように大きな利益を上げることができる産業であったため、一九世紀の半ばには捕鯨業は米国全体で第五位の規模をもつ産業となり、およそ七万人が従事したという。[*8] 当初は大西洋を主たる活動範囲としていた米国の捕鯨業者は、一八二〇年代には北極海や太平洋にまでその活動範囲を拡大していく。

クロテンやラッコやクジラを追っての西洋諸国の北太平洋への進出は、領土分割競争と不可分のものであった。一五世紀末以降、スペインは南北アメリカ大陸の太平洋側の領有を主張し、ローマ教皇もそれを認めていた。だが、一七七〇年代末には英国人クックが現在のカナダにあたる地域で領有宣言を行っており、これに対抗してスペインは北米太平洋岸の領有を改めて宣言した。近代国際法では、主権国家が存在しない「無主の地」については、最初にその領有を主張し、また実質的に支配した国家が領有することができる。このときは、英国・スペイン両国の国力の差を反映して、英国の主張が通ることになった。[*9] こうした事態を受けて、ロシアも英国に対抗して北太平洋地域の領有化を目指すなど、北太平洋情勢は不安定化する。[*10]

幕府による直轄化

これらの情報はオランダを通じて日本国内にも広まり、それは海防論の流行をもたらした。日本の海防を強化する必要を主張した書物として有名な、林子平（しへい）の『海国兵談』が刊行されたのは、一七九一（天明六）年のことである。

実際、北太平洋を訪れた西洋諸国の船は、日本近海にも出没している。一七三八（元文三）年にはロシア艦隊の一部が仙台湾の石巻沖合に碇泊しているが、このようにロシアやその他の国の艦隊が日本沿岸の各地に寄港した事件は少なくない。[*11] 一七九二（寛政四）年には日本の漂流民返還のためにロシア使節がネモロ（根室）に来航し、また一七九六（寛政八）年には英国船が蝦夷地の沖合の測量を行っている。これらの事態を受けて、幕府は弘前藩と盛岡藩を蝦夷地警備にあたらせるとともに、北方情勢を把握するために探検隊を千島列島と樺太に派遣した。それは、英国やフランスの北太平洋探検と同様に、領土分割競争への参戦を意味するものでもあった。幕府が派遣した探検隊は、一七九六（寛政四）年にはエトロフ（択捉）島に、さらに一八〇一（享和元）年にはウルップ（得撫）島に、それぞれ「大日本」と記された標柱を建てこれらの島々の領有宣言をしている。[*12]

蝦夷地の直轄化は、これらの探検と並行して行われた。すでに述べたように一七九九（寛政一一）年には東蝦夷地が直轄化され、その三年後には箱館に奉行所が置かれた。松前藩による蝦夷地経営はアイヌとの交易を中心とするものであったが、[*13] 幕府はこれを直轄化することで統治の実質化を目指したのである。

幕府による直轄化は、箱館が都市として成長するきっかけとなった。幕府は、松前藩と結びついていた商人団を排除し、新たな商人を登用した。その代表的な存在は、高田屋嘉兵衛である。高田屋は箱館からエトロフ島への航路を開発し、同地でとれる塩鮭・〆粕・昆布などの海産物を箱館に集約する。これにより、東蝦夷地全域の貨物が箱館に集まるようになり、また箱館から江戸へとつながる東廻り航路も活性化した。[*14] 東蝦夷地の警備を命じられた弘前・盛岡両藩の出先機関も箱館におかれ、[*15] 箱館の人口は増大した。

直轄化に伴って、箱館は日露外交の最前線となった。一八〇七（文化四）年、樺太とエトロフ島でロシア軍人フヴォストフが日本船と日本人居留地を攻撃し、日本人を捕虜にする事件が発生した（文化露寇事件）。箱館奉行は、弘前・盛岡両藩に増派を求めるほか、秋田・庄内両藩にも派兵を要請し、これらの兵は箱館に入った。[*16] フヴォストフの襲撃への対抗措置として幕府もロシア軍艦を攻撃し、ゴロヴニン少佐らロシア海軍軍人数名を捕縛した。さらにこれに対してロシア側が日本船を攻撃し、高田屋嘉兵衛らが捕えられてカムチャッカ半島に連行された。一連の事件は、当初のフヴォストフによる日本人襲撃を、ロシアの組織的な行動ではなく個人的な海賊行為として処理することで妥結したが、その交渉の場となったのは箱館であった。[*17] この交渉で幕府が、今後は事前に連絡なくロシア船が来航した場合には打ち払うと通告したこともあって、ロシアがエトロフ島以南に上陸することはなくなった。[*18] その後は、ヨーロッパにおけるナポレオンのロシア遠征の影響や、清国内での毛皮需要の減少もあって、[*19] ロシアの北太平洋への関心は低下する。

ロシアとの緊張が緩和されたこともあって、一八二一（文政四）年には幕府は蝦夷地の直轄化を解除し、松前藩による統治へと戻す。その結果、蝦夷地経済の中心は再び松前藩の城下町である松前（福山）となり、箱館は衰退してしまう。[*20]

幕府による再直轄化

箱館が再び直轄化されるのは、およそ三〇年後の一八五四（安政元）年である。[*21] きっかけとなったのは、ペリー来航であった。その前年、米国東アジア艦隊を率いるペリーが浦賀沖に来航し、幕府に対して通商の開始を求めた。北太平洋における日露の緊張が緩和しているあいだも、米国は捕鯨業を拡充しており、さらに太平洋を越えてアジアとの貿易に乗り出していく。そのためには太平洋に食糧や石炭を補給可能な寄港地を、太平洋上に確保することが必要であった[*22]。

通商の開始を求めたペリーに対して、幕府はこれを拒絶し、その代わりに箱館・下田の二港の港湾利用を認めた。対外政策の大きな変更を望まない幕府にとって、これらの港湾利用は通商を目的としたものではなく、あくまで漂流民の保護・捕鯨船への補給などを目的としたものであることが重要であった。ペリーもこれに同意し、一八五四（嘉永七）年三月には日米和親条約が結ばれる。

条約調印後、幕府はふたたび箱館を直轄化し、箱館奉行をおいた。箱館奉行は当初は二人体制で、竹内保徳（やすのり）と堀利熙（としひろ）が命ぜられた。二人は江戸と箱館とに交互に在勤したが、外国奉行も兼任して多忙を極めたため、一八五八（安政五）年までに村垣範正（のりまさ）と津田正路（まさみち）が順次加えられ、箱館奉行は四人体制となった[*23]。

箱館奉行の立場からみれば、ペリーとのあいだに結ばれた日米和親条約よりも、プチャーチンとのあいだに結ばれた日露和親条約のほうが重要だっただろう。米国のペリー派遣の報に接したロシアは、プチャーチンを日本に派遣した。ペリーとの交渉とほぼ並行して行われたこの交渉において、幕府は国境画定交渉にのぞんだ。千島列島ではウルップ島とエトロフ島のあいだに国境線を引き、樺太では国境を未画定の状態にしておくことが取り決められた。現状の追認であり、幕府にとっては満足のできる内容であった。

前近代の東アジア国際秩序と近代のそれとの大きな違いのひとつは、国境線にあるという。日本と清・朝鮮は、対馬・琉球などの「両属」する地域を緩衝地帯とすることで、相互が干渉することのない、安定的な国際秩序を維持していた。国境画定交渉における幕府の目的は、樺太を緩衝地帯と擬することで、ロシアとの関係を安定化させることにあった。しかし、緩衝地帯として機能するためには、そこにタフ・ネゴシエーターがいることが条件となるだろう。宗氏(対馬)や尚氏(琉球)がいない樺太では、幕末期の動乱のなかで幕府の目が南に向いているあいだに、ロシアによる実効支配が強まった。[*24]

同時に日本は、列国間の戦乱にも巻き込まれた。プチャーチン来航のおよそ一カ月半後、ヨーロッパではロシアと英仏などの連合軍とのあいだでクリミア戦争が勃発する。英国とフランスの艦隊がカムチャッカ半島のロシア軍基地を攻撃するなど、この戦争は東アジアにとっても無縁ではなかった。英国は日本に対して日本の港湾を利用する許可を求めたが、幕府は中立国としての立場を守る必要があった。そこで幕府は英国とのあいだで日英約定を結び、すでにロシアに港湾利用を認めている長崎・箱館の二港についてのみ英国にも港湾利用を認め、この二港以外の港湾を英国が利用することは拒否した。[*25] その結果、一八五五(安政二)年から五六(安政三)年にかけて、箱館には多くの英国軍艦が来港することになる。一方、劣勢であったロシアの船舶は箱館に来港できなかった。一連の交渉を通じて日本は、新たな国際関係のかたちに直面したといえよう。

箱館奉行の活躍

このような状況にあって、箱館奉行が最初に取り組むべき仕事は、防衛体制の構築であった。それまで海岸からほど近い場所にあった奉行所を内陸へ移し、また港内に台場を築いた。そのかたちから五稜郭と呼ばれた新しい奉行所は、日本人技術者が西洋式技術を用いてつくった城郭である。箱館港内の弁天台場には、ロシア製の大砲が据え付けられた。もっとも、箱館を含む広大な蝦夷地を幕府の独力で警備できるわけではなく、東北諸藩が分担して警備にあたることになった。

箱館奉行は、狭義の防衛体制の構築のみならず、植民・殖産興業も含む総合的な蝦夷地経営を行う必要があった。ただ領有を宣言するだけでは領土を守るのには不十分で、統治を実質化する必要があったからである。開港初期に箱館奉行をつとめた竹内保徳・堀利熙・村垣範正らは、本州以南からの移住を奨励し、山林の開拓に力を注ぎ、また養蚕業などを起こそうと試みた。学術も奨励し、病院・薬園などを設置した。さらに、国土防衛と産業振興の二つの目的を果たすため、西洋船（箱館丸・亀田丸）の建造にも着手している。通商条約締結後は、これらの船を利用して極東ロシアの拠点であるニコラエフスクへの貿易調査も行った。[*26]

箱館奉行には、外交官としての役割も求められた。そもそも竹内や堀は日米・日露交渉を担当した外交官であったし、箱館を含む開港場の奉行は外国奉行を兼任することも珍しくなかった。実際に開港した後は、来港外国人の取り扱いに奔走した。交易を認めていない和親条約のもとで外国人への物品供給をどの程度まで認めるのか、どれほどの期間の滞在を認めるのか、居留外国人からの要望が多

奥州箱館之図。文久年間（1860 年代前半）の箱館の様子。山沿いに箱館奉行所や各国の領事館が建ちならんでおり、左下には建設中の五稜郭が描かれている〔市立函館博物館所蔵〕

かった牛肉をどのように供給するのか、明白な取り決めがない問題は多く、箱館奉行の判断が重要であった。[*27]

幕府と米・英・露・仏・蘭の五カ国との通商条約（安政の五カ国条約）調印によって、一八五九（安政六）年からは箱館でも通商が認められるようになった。来港外国人も増え、列国側の要求はエスカレートした。いわゆる条約の不平等性は、条約の条文だけで決められるものではなく、箱館その他の開港場における、現場レベルでの日々の折衝の結果でもあったのである。

箱館固有の問題として重要だったのは、やはり日露関係であった。ロシアは、駐日代表部を江戸ではなく箱館においた。ロシアにとって箱館が重要だった理由のひとつは、冬季の氷雪にある。この頃には北太平洋のラッコ猟は乱獲のために衰退傾向にあり、ロシアは極東政策の重点を北太平洋からシベリア開発へ、すなわち海から陸へと転換している。[*28] 一八六〇年に清とのあいだに結んだ北京条約によってユーラシア大陸の日本海沿岸（沿海州）を手に入れたロシアは、極東の軍事拠点としてウラジオストクの建設に乗り出した。しかしウラジオストク港は冬季には結氷してしまい、利用できないという弱点があった。そのため冬季になると多くのロシア軍人が箱館や長崎に滞在し、またロシア軍艦が箱館・長崎が両港内に碇泊することになった。

ロシアにとって箱館が重要だったもうひとつの理由は、太平洋への接続という地政学上の要請にある。ウラジオストクから太平洋へ出るためには、宗谷・津軽・対馬のいずれかの海峡を通らなければならない。だが日本近海では英国が勢力を拡大させており、ロシアの太平洋進出を食い止めることが可能である。こうした海上交通路（シーレーン）における重要地点のことを、地政学ではチョークポイントと呼ぶ。ロシア海軍はこのチョークポイントを抑えるために、一八六一（文久元）年三月、対馬に海軍基地を建設しようと試みた。幕府は、対馬に外国奉行を派遣してロシア海軍と交渉する一方で、箱館奉行の村垣範正にもロシア領事との交渉を命じた。英国の圧力もあってロシアは対馬から撤退するが、その英国軍艦も箱館に来訪して村垣と会談した。日露外交の最前線は、箱館にあった。

開国外交の展開

開港初期に箱館奉行をつとめた竹内・堀・村垣の三名は、一連の開国外交では苦しい立場に立たされた。五カ国条約の調印以降、他のヨーロッパ諸国からの通商条約の要望は高まる一方で、国内では攘夷の機運が高まっていたからである。

村垣範正は、一八六〇年二月（安政七年一月）、日米修好通商条約の批准書交換のための使節団副使として米国に渡った。村垣は渡米の記録を詳細に残し、また港則書・貿易規則書・航海関連図書などを数多く購入して帰り、新たな交渉に備えた。帰国後に村垣を待っていたのは、プロイセンとの条約交渉であった。

安政の五カ国条約は、朝廷の意向を無視して結んだ条約であったため、一八六〇年代には幕府に対する批判が高まるとともに、外国人に対するテロリズムが頻発した。そのため幕府は朝廷の意向に配慮して、江戸・大坂・兵庫・新潟の新規開市開港を延期し、新たな通商条約交渉は凍結するという外交方針を固めつつあった。問題は、この方針を諸外国にどのように認めさせるのか、という点である。周旋役をかってでた駐日米国弁理公使ハリスは、新たにプロイセンとの条約を締結する代わりに、これ以後の新規条約の凍結と開市開港延期交渉の手がかりとするよう提案し、大筋で合意した。しかし調印の段階になって、プロイセン側はドイツ諸国を代表して条約を締結する意向を示したために、プロイセン一国との条約を前提としていた日本側との齟齬が判明した。ここまで交渉を担当していた堀利煕は自刃し、米国から帰国した村垣がその後を引き継ぐことになったのである。ドイツ諸国の条約参加は最終的に退けられ、一八六一年一月（万延元年一二月）、日本とプロイセンの二国間条約が調印された。[*29]

開市開港延期交渉を引き継いだのは、竹内保徳であった。竹内は、一八六二年一月（文久元年一二月）、交渉のための遣欧使節団の正使として品川を出発した。現地では、英国が日本の現状に理解を示したこともあって、五年間の開市開港延期が認められた（ロンドン覚書・パリ覚書）。その代償として、幕府は、外国商人のより自由な経済活動を認めることとなった。

その後も、国内での攘夷運動はおさまらなかった。むしろ朝廷からの攘夷実行を求める圧力が高まり、一八六三年六月（文久三年五月）には幕府は攘夷実行を約束せざるを得なかった。攘夷運動は、個人的なテロリズムから組織的な軍事行動へと変質した。一八六二年九月（文久二年八月）には生麦事件が起こり、翌年には薩英戦争へと発展した。また一八六三年六月（文久三年五月）には長州藩が馬関海峡（下関）を封鎖したことが要因となって、翌年には下関戦争が勃発する。その結果、幕府は多額の賠償金の支払い義務を負い、その減免のために、諸藩に対する貿易制限の緩和や輸入関税の大幅な低下などの内容をもつ改税約書（江戸協約）に調印することになった。

内乱の発生と新政府の承認

したがって、薩摩や長州を中心とする雄藩連合が、幕府に代わって新たな政府を打ち立てようとするとき、既存条約を確実に履行することが、国際的な承認を得られるかどうかの試金石となる。一八六六（慶應二）年に徳川宗家を継いだ慶喜は、国際公約である兵庫の期日どおりの開港にこだわった。[*30] 翌年の大政奉還後も駐日各国代表に対して、条約主権者は引き続き旧幕府であることを宣言した。直後に起こった鳥羽・伏見の戦いに際しては、条約締結諸国に対して、交戦団体である雄藩連合には中立的態度をとり、軍艦・武器を売らないよう要請した。

これに対して、雄藩連合＝新政府は、まず攘夷運動からの決別を宣言しなければならなかった。実際に大政奉還後には、新政府軍が上京したことで神戸事件・堺事件・パークス襲撃事件など攘夷テロリズムは頻発した。[*31] 新政府は、これらの事件の責任者に対して厳正な処罰を行うことで、条約締結諸国からの信頼を得ようとした。これと前後して外国和親の諭告を発し、駐日各国公使の天皇への謁見も相次いで行われた。鳥羽・伏見の戦いの最中に徳川慶喜が大坂城を退去したこともあって、以後、新規条約の締結要請は新政府側へと届くようになる。同年秋から翌年にかけて、スウェーデン＝ノルウェー、スペイン、北ドイツ連邦、オーストリア＝ハンガリーの各国と修好通商条約を締結した。

その後、内乱は日本全国へと拡大していく（戊辰戦争）。条約諸国は、一八六八年二月（慶応四年正月）には日本国内の内乱に対して局外中立を宣言した。同年四月に江戸城が開城されたが、東北・北陸諸藩は抵抗を続けた。もっとも、中立国民の経済活動は原則として制限されないから、居留外国人による軍需品取引は活発になった。焦点となったのは、新潟港である。同年四月一日に開港予定であった新潟は、奥羽越列藩同盟の管理下におかれ、同盟に対する武器弾薬の供給源となった。新政府側は条約諸国の駐日代表に抗議したが、各国の足並みはそろわなかった。その理由は、その後の見通しの違いにあった。英国はいち早く新政府支持の態度を鮮明にしたが、米国やプロイセンなどは内乱の長期化を予想していたのである。同年秋に東北戦争が終結すると、各国は新政府承認で足並みをそろえていく。

旧幕府勢力の最後の抵抗が行われたのは、箱館であった。大政奉還後、箱館では新政府への移行が、スムーズに進展した。畿内の情勢が伝えられるなか、内外の商人・東北諸藩などが混在する蝦夷地では、物資の入荷が途絶えたこともあって、治安が悪化した。それでも移行がスムーズに進んだのは、最後の箱館奉行である杉浦誠が、江戸の幕閣との意思疎通と箱館における「人心安堵」に努めたからである。一八六八年六月（慶応四年閏四月）には、五稜郭は箱館裁判所総督清水谷公考へと引き渡された。また箱館裁判所が多くの旧奉行所吏員を継続して雇用したことも、スムーズな移行を可能にした。[*32] 蝦夷地警護にあたっていた東北諸藩は、同年夏には箱館を含む蝦夷地から退去した。

品川沖から脱出した旧幕府艦隊が箱館に上陸したのは、同年一一月（明治元年一〇月）のことである。翌月には蝦夷地全域を制圧した。脱走軍に長期的な展望はなかった。彼らが期待をかけたのはやはり国際的な承認で、自らを国際法上の交戦団体と認めて局外中立を維持するよう各国に求めた。現地の英仏艦隊はこれを認めざるを得なかった。これに対抗して新政府も各国に対して局外中立を解除するよう求め、また脱走軍の主君である徳川宗家に対して討伐を命じた。実際には徳川宗家による出兵はなされなかったが、脱走軍が非正規の軍隊であることを強調する意味合いがあった。

各国代表の反応は、やはり分かれた。英国公使は、東北戦争の終結によって内乱は終わったとみており、局外中立の解除を主張した。米国公使やプロイセン（北ドイツ連邦）公使らは、これに反対した[*33]。結局、翌年二月（明治元年一二月）には、各国代表は局外中立の解除で一致した。その結果、幕府が米国から購入していたストーンウォール号は新政府に引き渡された。さらに外国商船のチャーターも可能になったため、新政府は海軍力でも脱走軍を圧倒することになった。同年六月（明治二年五月）には新政府による箱館総攻撃が開始され、脱走軍は降伏した。

蝦夷地は北海道と名を改め、新政府による統治が始まった。北海道統治のためにおかれた開拓使の最初の仕事のひとつは、「箱館」を「函館」に改めることであった。ただし、この名称変更はあまり浸透せず、一八七〇年代半ばになっても混用されていたという[*34]。政治体制の変更は一足飛びに実現するものではなく、それなりの時間が必要だということを示していよう。

註

＊1 オールコック（一九六二）三八九頁。
＊2 『函館市史　通説編二』三五五～三五八頁。
＊3 平川（二〇〇八）三〇～三一頁。
＊4 宮崎（二〇一三）三六～三七頁。
＊5 西村（二〇〇三）五八～六一、一七六～一七七頁。
＊6 宮崎（二〇一三）一八一～一九〇頁。
＊7 ドリン（二〇一四）九～一〇、三八～三九頁。
＊8 ドリン（二〇一四）二五九頁。
＊9 木村（二〇〇七）一五七～一六九頁。
＊10 平川（二〇〇八）四四～五二頁。
＊11 平川（二〇〇八）三一、五五頁。
＊12 平川（二〇〇八）六七頁。
＊13 『函館市史　通説編一』三五五～三五六頁。
＊14 『函館市史　通説編二』四四四～四五一頁。
＊15 戸祭（二〇一八）七〇～七三頁。
＊16 平川（二〇〇八）一七八～一七九頁。
＊17 平川（二〇〇八）一四八～一六二頁。
＊18 平川（二〇〇八）一六四～一七〇頁。
＊19 森永（二〇〇八）一七五頁。
＊20 『函館市史　通説編一』四九九～五〇〇頁。
＊21 『函館市史　通説編一』五七九頁。
＊22 ワイリー（一九九八）一五七～一六八頁。
＊23 『函館市史　通説編一』五七九～五八一頁。
＊24 麓（二〇一二）二〇三～二〇七頁。
＊25 保谷（二〇一五）四一～四二頁。
＊26 『函館市史　通説編二』一一一～一四四頁。
＊27 『函館市史　通説編二』五三～七〇頁。
＊28 木村（二〇〇七）二一七～二二〇頁。
＊29 福岡（二〇一三）二四九～二六四頁。
＊30 三谷（二〇一三）二四六～二四八頁。
＊31 鵜飼（二〇一四）一九〇～一九六頁。
＊32 門松（二〇〇九）一九八～二一三頁。
＊33 保谷（二〇〇七）二七四頁。
＊34 『函館市史　通説編二』二六七～二六八頁。

第2章

石巻（いしのまき）――国土をつくる

石巻は、東北地方太平洋岸の中央部・仙台湾に面した港町である。東北地方北部を縦断する北上川の河口に位置するため、江戸時代は水運の中心地として栄えた。しかし明治中期に鉄道が整備されると、鉄道の幹線から外れた石巻は、かつてほどの繁栄は得られなくなっていく。本章では、明治政府の国土開発が地域社会にもたらした影響を、水運から鉄道への転換という視点から考える。

米集散地としての石巻

石巻市街から東へ一〇キロメートルほど離れた牡鹿（おしか）半島の一隅に、二〇二二（令和四）年まで一隻の西洋型帆船が繋留されていた。一七世紀の初めに、太平洋を横断してメキシコやフィリピンと牡鹿半島のあいだを往復したサン・ファン・バウティスタ号の復元船である。一九九三（平成五）年に復元されたものであったが、老朽化のために解体された。

仙台湾をのぞむサン＝ファン＝バウディスタ号の復元船

一七世紀初めに海禁政策が厳格になる以前、スペイン人宣教師が北上川を通じて東北諸地域の米穀や鉱石などを集めることができると注目したことが契機となって、江戸幕府と仙台藩はスペインとの交易の可能性を検討していた。とくに仙台藩主の伊達政宗は熱心で、船が破損して帰国できなくなったスペイン人宣教師を送り届けるためにサン・ファン・バウティスタ号を建造し、当時はスペイン領であったメキシコ経由でヨーロッパへ支倉常長（はせくらつねなが）を大使として派遣したのである。[*1] 支倉はスペイン国王とローマ法王に交易の開始を求めたが、実現はしなかった。仙台藩は使節の派遣と並行して北上川改修工事と石巻の湊の整備に乗り出しており、もしスペインとの交易が実現していれば、石巻周辺は国際貿易拠点のひとつとなっただろう。[*2]

国際貿易拠点にはならなかったものの、仙台藩による河川改修と湊の整備によって、石巻は蝦夷地（北海道）と江戸をつなぐ東廻り航路で最大の湊町となり、[*3] 仙台藩財政を支えることになる。とくに重要な積荷は米穀で、仙台藩は北上川流域の新田開発を積極的に行い、多い年には二〇万石以上の仙台米を江戸へ送ったという。[*4] 仙台米は主に大衆米として流通したため、米価の調節にも使われるなど幕府もその流通量に気を配っていた。[*5] 米は取れすぎると、米価が下落して農民の生活を圧迫する。逆に米が不作になると、米価が高騰して農民以外の人々の生活を圧迫する。石巻における米穀の流通量の調整が、全国的な物価の維持に役立っていたのである。

明治新政府も、石巻の重要性は理解していたようである。一八六八（明治元）年には石巻を含む北上川流域を仙台藩から分割し、新政府の直轄領とした。一八七〇（明治三）年二月には民部省の出張所がおかれ、また貢米の輸送・販売を独占する石巻商社（のち三陸商社）が設立されるなど、米価調節の拠点として石巻は位置づけられていたといえよう。[*6]

幕藩制国家から中央集権国家への転換は、一八七一（明治四）年の廃藩置県をひとつのメルクマールとする。軍事面では、廃藩置県に先だって薩摩・長州・土佐の三藩による献兵があり、また一八七三（明治六）年一月には徴兵令が発布されたことにより、「国民軍」が建設された。財政面では、同年の地租改正によって納税主体が特定されることで、「国民」と「国家」が接続された。納税方法も米納から金納へと順次転換され、一八七六（明治九）年には米納が廃止された。この移行期間においては、各地の米倉が収支の調整に使われている。[*7] 石巻もその拠点のひとつだった。

一方で、明治政府は余剰米を輸出しようとも試みている。一八七一（明治四）年には一〇〇万石以上の余剰米があり、米価の下落食い止めと外貨獲得の二つを目的として、横浜の外商ウォルスフォール商会を通じて香港・上海・シドニー・ロンドン・サンフランシスコなどへの輸出を行った。[*8] 政府による米輸出は、その後は国内の米価高騰もあって長続きはしなかったが、同年の条約改正交渉では、石巻の開港も取り上げられた。交渉に当たったのは、岩倉使節団である。

岩倉使節団の条約改正交渉

岩倉使節団は、明治政府が初めて海外に派遣した大規模な使節団である。その目的は、条約締結国への訪問、翌一八七二（明治五）年に期限がせまっていた条約改正のための予備交渉、欧米諸国の視察、の三点である。

幕末期に欧米諸国とのあいだに結ばれた一連の修好通商条約が、日本側に不利な条項を含んだ「不平等条約」であったことは、よく知られている。不利な条項とは、一般には日本が列国に対して領事裁判権・協定関税・最恵国条項を認めていた点を指す。

しかし、一連の条約に対して、列国側も不満を抱いていたことは、あまり知られていない。たとえば、日本人が条約国に渡航した場合、基本的にはその行動に制約は加えられなかった。ところが日本に来た条約国人は、そもそも六つの開港場（横浜・神戸・函館・長崎・新潟・大阪）と一つの開市場（東京）に滞在しなければならなかったし、その外に出る際には日本政府の許可が必要であった。この点は、日本人との自由な通商を望む外国商人にとって大きな不満であった。

双方が条約の内容に不満をもっていたからこそ、改正交渉は可能となった。片方の当事者が条約に満足していれば、そもそも交渉のテーブルにつく必要がないからである。条約改正交渉とは、日本にとって不利な条項と、条約国にとって不利な条項を交換しようと試みるものだったといえよう。

それでも条約への満足度が高いのは条約国であるから、日本にとっては不利な交渉となる。日本の切り札は、内地開放であった。一度にすべてを開放してしまうと、その後の交渉が困難になるから、段階的な内地開放すなわち開港場の増加が、当面の交渉のカードとなる。ワシントンでの対米予備交渉において、新たな開港場の候補地のひとつとして挙げられたのが石巻であった。[*9]

全国水運ネットワークの整備

この交渉が妥結していれば、石巻を国際貿易の拠点にしようとする伊達政宗の構想が、二五〇年の時を超えて実現したことになる。だが、岩倉使節団による条約改正交渉は失敗に終わった。もっとも、およそ二年にわたって欧米諸国を歴訪した経験は決して無駄になったわけではない。その最大の成果は、新技術の導入と輸出振興を目標とする殖産興業政策の手段として、民間セクターの育成も重視されるようになったことであろう。

使節団副使の大久保利通は、日本と同じ島国である英国の繁栄の源が、工業と貿易にあると理解した。帰国後、明治六年政変を経て政府内で主導権を握った大久保は、内務省を設立して海外からの技術移転のためのモデル事業を実施した。大久保が重視したのは、紡績業である。紡績とは、植物などからとれる繊維を紡いで糸の状態にすることをいうが、近代日本では綿花から繊維を取り出して綿糸にする木綿工業のことを指すのが一般的である。大久保は、英国から紡績機を導入して官営の紡績工場を設立する一方で、外国商人の手に依らず輸出（直輸出）を行うために貿易商社（直輸出会社）の設立を後押しした。[*10]

大久保は、交通網の整備も重視した。一九世紀の半ばには汽船や電信の技術革新が急速に進展し、世界の交通・通信ネットワークが一変した。一八六七年に米国のパシフィック・メイル汽船会社により太平洋横断定期航路が開設され、一八六九年にアメリカ大陸横断鉄道が開通すると、世界を周遊する定期交通網が完成した。さらに一八七三年には、ヨーロッパと東京・横浜が電信でつながった。ジュール・ヴェルヌの小説『八十日間世界一周』が刊行されるのは、まさにこの年である（雑誌への掲載は一八七二年）。こうした変化は、欧米とアジアとの経済的な結びつきの強化をもたらした。

定期交通網の拡充は、輸送コストを押し下げ、工業化を促進する。しかし、鉄道を整備するためには多くの資材を輸入する必要があり、日本国内に鉄道網を張り巡らせるのは、短期的な政策としては現実的でない。そこで内務省は、沿岸海運と河川舟運を中心とする水運ネットワークを全国交通網の柱とする方針をとった。そのために大久保は、当時の世界で最高水準の水利技術を誇るとされたオランダから多くの土木技師を招聘し、全国の河川・港湾の整備にあたらせた[*11]。

沿岸海運網は、自国資本によって運営されることが重要である。自国資本の航路網があってこそ、海外への直輸出も可能になる。沿岸輸送（カボタージュ）は、海運業の保護や国内安定輸送の確保などを目的として、当時の欧米列国でも自国船にのみ認めることが一般的であった。ところが、たとえば、横浜－神戸間など日本の開港場間の国内物資輸送は、一八六九（明治二）年に北ドイツ連邦とのあいだで結ばれた修好通商航海条約において外国船にも認められ、最恵国条項によって他国にも均霑された[*12]。当然ながら、岩倉使節団は条約改正交渉において、開港場間輸送の問題も提起したが、英米両国からは逆に沿岸航路の全面開放を求められた。

外交交渉による解決は望めない状況にあって、日本海運は英国のＰ＆Ｏ汽船や米国のパシフィック・メイルなどの外国資本との競争に勝たなければならなかった。そのために政府が手がけたのは、汽船会社の設立と支援である。そもそも、大量の貨物を安定して輸送できる西洋形船舶が、国内に十分にあったわけではない。日本人による外国船の雇入れは恒常的であった。そのため、政府は日本人に西洋形船舶の所有を解禁した。また郵便蒸気船会社を設立し、同社に貢米輸送を独占させるなど保護政策を開始した。

台湾出兵

こうした海運政策が強力に推進される画期となったのは、台湾出兵である。琉球の漂流民が台湾先住民によって殺害された事件に対して、一八七四（明治七）年五月、日本政府は出兵を断行した。近代国家建設期に行われた大規模な対外出兵は、日本の国家形成にとって大きな意味を持った。

まず、台湾出兵は、東アジアの国際関係をアップデイトすることになった。東アジアでは、伝統的に中華帝国を中心として疑似的な君臣関係をむすぶ冊封体制が、国際関係の基盤となっていた（華夷秩序）。日本は、近世にはすでに冊封体制とは距離を取っており、一九世紀半ばには東アジアのなかでいちはやく、西洋列国を中心とする国際関係（主権国家体制）のなかに参入する。伝統的な秩序観を維持する清とのあいだで様々な摩擦が生じ、そのひとつに日本と清の両属関係とみなされていた琉球の取り扱いがあった。日本は琉球の漂流民を「自国民」と位置づけ、その保護のために台湾へ出兵することで、清と琉球との宗属関係を断ち切ろうと試みた。こうした東アジアの伝統的な国際秩序への日本の挑戦は、翌年の江華島事件へとつながっていく。

なお、台湾出兵と並行して、日本政府は小笠原諸島（ボニン諸島）の領有にも乗り出している。一九世紀初頭から人が定住し始めた小笠原諸島は、当時は英米系を含む多民族の雑居状態にあった。独自の地域権力も存在したが、一八七四（明治七）年から日本政府は同諸島領有の態度を明確にし、人々の移住を奨励すると同時に日本国内法の同諸島への適用を試み、島民の「国民化」を推し進めた。[*13] 一八七六（明治九）年には、日本政府は各国に対して同諸島の領有を宣言した。その前年の一八七五（明治八）年には、ロシアとのあいだで樺太千島交換条約にも調印している。ロシアの実効支配が進んでいた樺太を放棄し、その代わりに千島列島を確保するものである。これらの地域に住んでいたアイヌなどの先住民は、日露どちらかの国籍の選択を強いられた。一八七〇年代半ばは、日本政府が周辺諸島を領域内に取り込んでいった時代であったといえよう。

さらに政府は、この出兵を利用して日本海運の増強に乗り出した。日本国内には十分な汽船がないため、政府は出兵遂行のために当初は英米両国の汽船を雇い入れる予定であった。しかし、英米両国が出兵の正当性を認めず汽船の雇い入れができなかったため、購入せざるを得なくなった。日本政府は合計一三隻の汽船を購入し、その運航は三菱商会に託された。実際に台湾に出航したのはこのうち七隻のみであり、出兵を名目にして日本海運の増強を図ったものであった。三菱は、政府からの手厚い保護を背景に沿岸航路から外国資本を追い出した。一八七五（明治八）年には三菱が上海航路にも進出したことにより、[*14] アジアの中心市場である上海に、日本商人が直接アクセスすることが可能になった。三菱は一八七六（明治九）年からは、年三回（三月・七月・一一月）ながら東京－小笠原諸島間の定期航路を開設し、小笠原領有の実質化にも重要な役割を果たしている。[*15]

東北総合開発構想

以上のような汽船海運網の整備を前提として、一八七〇年代末には、石巻を中心とする東北地方の総合開発構想が着手される。

計画の概要は、おおよそ以下のとおりである。仙台湾には多くの河川が流れ込んでおり、これらの河川を通じて本州東北部全域へとつながっている。北上川を通じて盛岡を中心とする北東北へ、さらに雄物川を使えば秋田方面へ出ることができる。同様に、名取川から山形を経て最上川を利用すれば酒田へ、阿武隈川から福島へと物資を運ぶことができる。これらの河川を改修し、また各河川をつなぐ運河・道路を開削することによって、仙台湾を東日本の一大交通センターとする。そして、仙台湾から太平洋航路を通じて、北は北海道、南は関東平野、さらには上海へとつなぐ。

これらの交通網で何を運ぶのか。同事業に盛り込まれた猪苗代や那須の開墾事業（福島県）、阿仁や院内などの鉱山開発（秋田県）が、その答えとなるだろう。とくに福島県の安積疏水事業は、その象徴的な事業である。郡山周辺の安積原野は丘陵地帯であるため水利が悪く、従来は農地としては活用できない土地であった。猪苗代湖から疏水を引くことで農地として活用し、さらに水力発電所を併設することで、製糸業に必要な電力も供給することが可能になった。

これらに要する費用およそ一〇〇〇万円は、政府発行の公債によってまかなう計画であった（起業公債事業）。公債の引き受け手として想定されていたのは、一八七六（明治九）年の秩禄処分によって多額の金禄公債を手にしていた旧藩主クラスの華族である。*16 一方、開墾事業の担い手として期待され

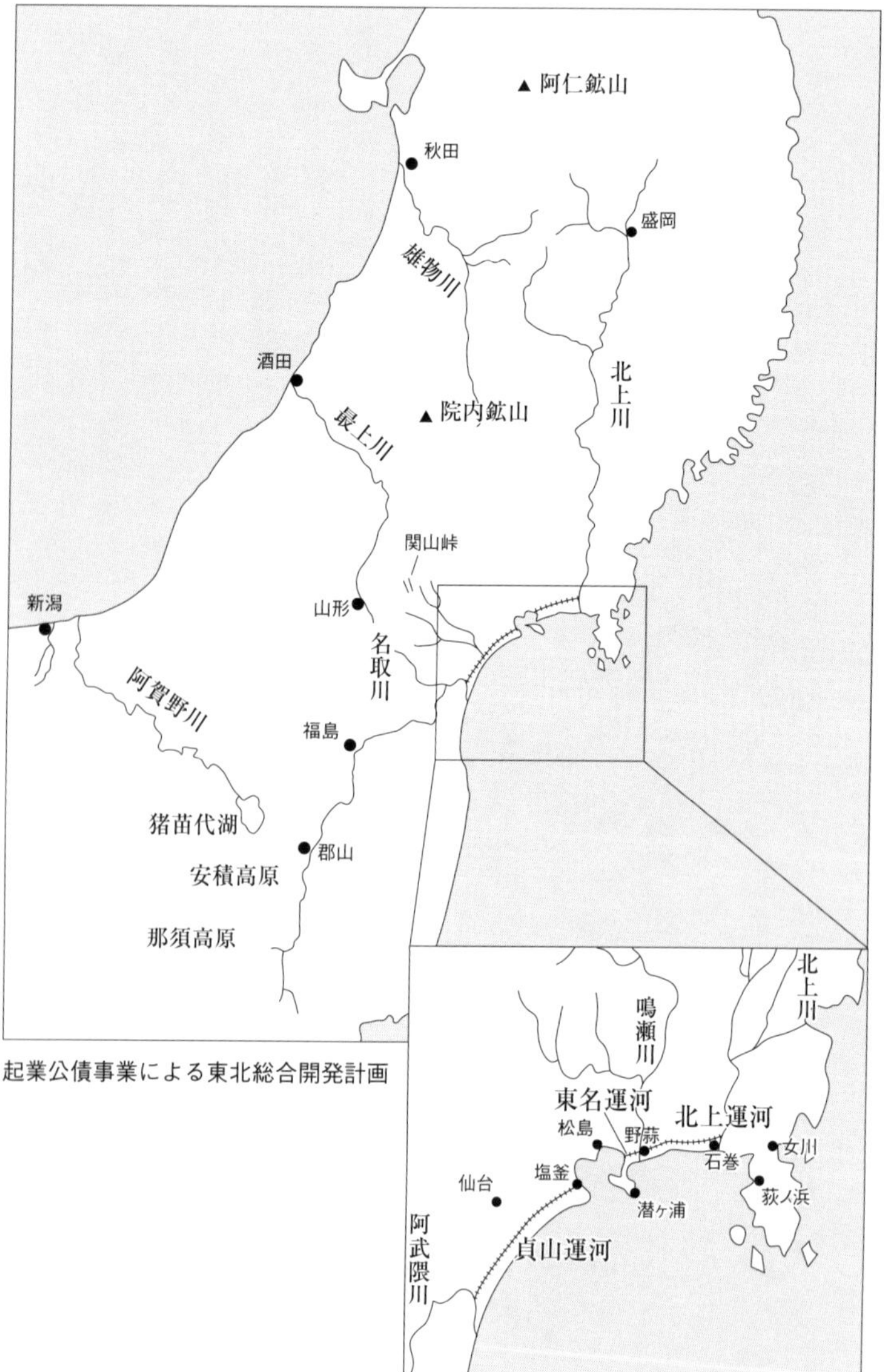

起業公債事業による東北総合開発計画

ていたのは、下級士族であった。計画の対象として新潟を含む東北地方が選ばれた最大の理由は、この点にある。これらの地域は、戊辰戦争において最後まで新政府に抵抗した地域でもある。すでに述べたように、新政府に対する士族の反感は根強く、その原因のひとつは彼らの経済的困窮にあった。開墾地への移住によって、これらの地域の不平士族を農業へ転身させようと試みたのである。[*17]

このような水運を活用した交通網構想立案の中心にいたのは、大久保利通によって日本に招かれたオランダ人技師団であった。彼らは、利根川・淀川などの大河川の治水事業や、琵琶湖疏水事業、三国(みくに)港（福井県）・三角(みすみ)港（熊本県）などの築港事業など、政府が手がけるほとんどすべての水利事業に関わっており、これらはすべて河川・運河を国内交通ネットワークに位置づけるものであった。[*18]

オランダ人技師団が実際に港をつくったのは石巻ではなく、石巻から西へ二〇キロメートルほど離れた野蒜(のびる)であった。彼らが懸念したのは、北上川の河口に位置する石巻には上流から大量の土砂が流れ込むことであった。この土砂のために、石巻港の水深維持は容易ではない。そのため技師団のあいだでも、石巻の代わりとなる新港の位置をめぐって議論が交わされた。牡鹿半島に位置する女川(おながわ)も有力な候補とされたが、最終的にはオランダ人技師のひとりファン＝ドールンが推した野蒜に決まる。その理由のひとつは、女川や石巻よりも仙台湾の内側に位置する野蒜は、仙台や福島などへの連絡に有利だという点にあった。そのため野蒜築港と合わせて、野蒜から石巻まで運河を開削することで北上川と接続する計画をファン＝ドールンは立てた。さらに将来的には、より大きな船舶に対応するため、宮戸島(みやとじま)の潜ヶ浦(かつぎがうら)を外港として整備する計画であった。すなわち、北上川河口に位置する石巻を中心として、その東にある牡鹿半島と西にある松島周辺を含む仙台湾全域をひとつの港湾とみなすことが、オランダ人技師団による計画の基本的な発想だったのである。

政府による野蒜築港工事は、一八七八（明治一一）年七月に着工された。三菱もこれに応じて、同年には野蒜支社を設置した。当時の日本の主要輸出品のひとつに煎海鼠（いりこ）や干鮑（ほしあわび）など上海向けの海産物があり、函館－横浜間定期航路は同社にとって重要路線であった。その経由地としての仙台湾の重要性も高かった。しかし野蒜にはまだ市街地はなく、野蒜への本格的な進出は難しい。そこで三菱は、野蒜支社を石巻におき、牡鹿半島の荻ノ浜（荻浜）に倉庫を建設した。こうして仙台湾北部を一体的な港湾として活用する構想が具体化することになった。これら一連の計画を主導した大久保利通は、その実施直前の一八七八（明治一一）年五月に暗殺されたために、その後の推移を見守ることはできなかった。だが、野蒜築港を中心とする東北総合開発構想は、彼による一連の殖産興業政策の総決算であったといえよう。

野蒜築港の失敗

ところが、一八八〇年代以降、殖産興業政策のあり方は見直しを余儀なくされる。殖産興業や西南戦争への大規模な財政出動・戦費支出に加えて、一八七六（明治九）年の国立銀行条例改正によって不換紙幣が大量に供給されたことにより、一八七八（明治一一）年頃から急激なインフレが生じた。大蔵卿大隈重信は、外債を発行することでインフレを終息させようと考えたが外債反対論は政府内でも根強く、断念せざるを得なかった。その結果、増税と行政整理によって紙幣整理を行う緊縮政策をとることになり、大規模な財政出動を前提とする殖産興業政策は終わりを告げた。一八八一（明治一四）年一〇月には、大隈自身も失脚して政府を離れることになった。

大隈の失脚は、三菱にも影響を与えた。もとより三菱の独占に対する批判は、地方の荷主を中心に大きかった。三菱の急成長の背景には、政府とくに大隈重信による手厚い支援に加えて、各港町の荷主との独占関係を結ぶことで、貨物を安定的に確保する経営戦略もあった。三菱は、「（一）荷為替料で儲け、（二）海上保険料で儲け、（三）船の運賃で儲け、（四）更に倉敷料で儲ける」[19]といわれたように、海運の付帯事業として金融（荷為替・貸付・保険・倉庫など）業を展開していたが、高圧的な経営姿勢もあって荷主からの評判は悪かった。一八八二（明治一五）年には、三菱の独占を切り崩すことを目的として、農商務省と海軍の主導で共同運輸株式会社が設立された。

三菱と共同運輸とのあいだの競争は、各地の荷主の争奪戦の様相を呈した。石巻でも両者は激しい競争を繰り広げたようである。三菱は函館－石巻－横浜間定期航路を拡充し、倉庫のある荻ノ浜から塩釜までの連絡船も運行した。これに対抗して、共同運輸は、同社が碇泊所として利用していた石浜から塩釜までの艀（はしけ）賃を無料化した。もちろん、運賃の引き下げ競争も行われた。たとえば三菱は、一八八四（明治一七）年には石巻－横浜間航路（上等洋食付）を、一四円から一二円へと引き下げている[20]。過当競争を懸念した農商務省は、一八八五（明治一八）年には三菱・共同運輸の両社を合併させ、日本郵船を発足させた。

野蒜築港事業も、見直しを余儀なくされた。インフレによる工費の高騰や工事内容の変更などもあって、工事そのものは難航した。当初予算の二倍を超える六七万八一九四円の費用を要したものの、一八八二（明治一五）年には第一期工事が落成した。しかし完成した港にはファン＝ドールンの目論見に反して土砂が堆積し、水深維持は容易ではなかった。さらに一八八四（明治一七）年秋には、台風によって野蒜港の突堤が破壊されて、港としての機能を失った。大久保によって導入されたオランダ技術は、翌八五（明治一八）年の梅雨の長雨に耐え切れなくなった淀川の堤防が決壊したことも重なって、信頼感を失った。[*21] 低地の緩やかな河川に適応したオランダの水利技術では、急流の多い日本の河川には対応できなかったのである。

こうして野蒜港は放棄され、改めて石巻が仙台湾の交通の中心となった。日本郵船は、旧三菱・旧共同運輸の支店を統合し、石巻に支店をおいた。

鉄道輸送ネットワーク整備への転換

野蒜築港それ自体は失敗したものの、各河川をつなぐ道路整備などの東北総合開発構想は着実に進展した。その結果、荷車を利用した輸送が可能となり、東北地方全域から石巻を経由して京阪神へと要する時間も短縮された。たとえば、一八八三（明治一六）年に開削された関山新道（宮城－山形）を利用すると、山形から大阪までの輸送にかかる日数が、それ以前に比べて四〇日ほど短縮されるようになったという。[*22]

しかし、一八八〇年代に、やはり華族の授産金を資本として設立された日本鉄道会社による東北線建設（現在の東北本線）は、東北地域の運輸網を変質させていくことになる。同社による鉄道建設は一八八二（明治一五）年に開始され、一八八七（明治二〇）年には品川から赤羽（あかばね）を経由して塩釜までつながった。当初は、日本鉄道会社も野蒜港からの資材の陸揚げを計画しており、野蒜までの支線建

大正末から昭和初期の石巻港〔絵葉書〕

設も検討していた。しかし、野蒜港の突堤崩壊によって、同社は計画を変更せざるを得なくなった。野蒜に代わって、塩釜が仙台湾における海陸連絡拠点となる。

大隈重信の失脚は、国土構想にも大きな変化をもたらした。後任の大蔵卿についた松方正義は、舟運と海運を組み合わせた水運ネットワークではなく、鉄道輸送ネットワークの構築を推し進めた。[*23] とりわけ、一八八八（明治二一）年に設立された山陽鉄道と一八八九（明治二二）年に設立された九州鉄道を、日本鉄道と並ぶ幹線鉄道と位置づけ、その整備を後押しした。その結果一八九一（明治二四）年には、本州では青森から上野・品川を経て岡山まで、九州では門司から熊本までが鉄道でつながった。

これにより、東北地域における輸送網も大きく変わっていく。一八九九（明治三二）年の北上川の川舟の輸送実績は、一八八六（明治一九）年と比べて六割以上も減少したという。[*24] こうした状況をふまえて日本郵船は、一八九八（明治三一）年には石巻支店を廃止した。石巻は、その後も東北地方有数の物流拠点であり続ける。しかし水運ネットワークから鉄道ネットワークへの転換によって、石巻は国際貿易港としての可能性はもとより、東北地方全域の物流拠点としての地位を失っていくのである。

もちろん、全国的な鉄道ネットワークが、一八九〇年代に即座に完成したわけではない。とくに日本海側では鉄道の普及は遅れた。日本海沿岸は、西廻り航路が発達していたこともあって、それまでは全国的にみても裕福な地域であった。しかし、全国的な輸送ネットワークが鉄道を中心としたものへと変わり、またその普及が遅れたことで工業化に乗り遅れることになる。その後の日本の国土軸を決定づける大きな変化だったといえるだろう。さらにいえば、鉄道がつながった地域でも、それを生かして工業化に成功した地域は限られた。鉄道の普及は、新たな中央集権体制を強化する一方で、地域間格差を助長する側面もあったのである。

註

＊1　濱田（二〇一二）七四〜九四頁。
＊2　『石巻の歴史　第二巻』四七頁。
＊3　松浦（一九九二）六七頁。
＊4　『宮城県史　第八巻』四三七頁。
＊5　『石巻の歴史　第五巻』四三五頁。
＊6　増田（一九九四）一六二頁。
＊7　本庄（一九七二）三一六〜三二〇頁。
＊8　鈴木（二〇一〇）
＊9　『条約改正関係大日本外交文書　第一巻』一一二頁。
＊10　勝田（二〇一五）一四一〜一四二、二一七〜二二一頁。
＊11　山崎（一九九六）七〇頁。
＊12　小風（一九九五）一〇八頁。
＊13　石原（二〇〇七）第六章。

＊14　鈴木（二〇一〇）二三六頁。
＊15　『三菱社誌　第三巻』五五六頁。
＊16　『明治財政史　第八巻』一三三頁。
＊17　増田（一九九四）一五九〜一六二頁。
＊18　松浦（一九九二）。
＊19　白柳（一九四二）二四五頁。

＊20　『石巻の歴史　第五巻』五七四〜五七五頁。
＊21　山崎（一九九六）九七頁。
＊22　増田（一九九四）一七六頁。
＊23　山崎（一九九六）七九頁。
＊24　増田（一九九四）一六二〜一六三頁。

第3章

横浜——条約を運用する

横浜は、東京湾の西側に位置する日本有数の港町である。首都東京に近いこともあって、開港直後から多くの外国貿易商が居留した。そのため、日本人と居留外国人とのあいだのトラブルは絶えなかった。本章では、いわゆる不平等条約のもとで日本の港町が直面していた課題と、その解決方法について考える。

開港と居留地建設

ＪＲ横浜線は、その路線名からもたらされるイメージとは異なり、横浜市の中心部には乗り入れていない。同線を使って八王子方面から横浜駅や関内駅へ向かうには、根岸線直通でない限り、東神奈川駅で乗り換える必要がある。東神奈川駅と関内駅の距離はおよそ五キロメートルで、この五キロメートルが幕末期の開国外交において大きな争点となった。

東神奈川駅の辺りは、かつては東海道の宿場町であり、また沿岸海運の一大拠点である神奈川湊に

江戸時代初期と現在の海岸線比較〔岡本（2010）230頁をもとに筆者作成〕

も面する海陸交通の要衝であった。[*1] 一八五〇年代半ばの通商条約締結交渉で駐日米国総領事ハリスは、この神奈川を開港場に指定するよう江戸幕府に対して主張した。交渉の結果、日米修好通商条約には開港場として「神奈川」が明記された。

ところが、条約の履行にあたって幕府は、神奈川宿にではなく、神奈川湾の対岸の横浜村に居留地を建設した。当時は半農半漁の村にすぎなかった横浜村に、幕府はおよそ九万二〇〇〇両の資金を投じて土地を造成し、波止場や家屋・倉庫などを建設した。さらに日本商人を横浜村へ移住させ、建設開始からわずか三カ月後の一八五九年七月（安政六年六月）には、貿易港としての体裁を整えた。[*2]

幕府の狙いは、攘夷テロリズムが頻発するなかで、東海道から切り離された横浜に外国人を隔離することによって彼らを保護し、同時に対外貿易の主導権をにぎることにあった。東海道と横浜村のあいだには野毛山が海岸線まで迫っているために、陸路での往来は困難であった。幕府は神奈川宿から横浜村へと至る道を整備したが、その入り口には関所を設けて人の往来を制限した。「関内」という地名の由来である。

当然、条約を結んだ各国代表は幕府に抗議した。しかし、安全上の理由に加えて、横浜村沿岸は神奈川宿沿岸に比べて水深が大きく船舶の入港が容易だったこともあり、居留外国人はむしろ横浜での駐在を好んだ。既成事実が先行し、当初は神奈川宿に領事館を設置した各国領事も、次第に横浜へと移住した。

幕府は、横浜居留地の立地のみならず、居留地の運営においても主導権確保のための努力を続けた。条約各国は、清朝の開港場に設定された租界では自治権が認められていたこともあって、横浜居留地でも自治行政を実施しようと試みた。一八六〇（万延元）年には、フランスが自国のみの専管居留地を設定しようと試み、これに反対する英・米・蘭の三カ国領事が共同居留地を運営するために「神奈川地所規則」に調印した。この地所規則は、横浜居留地では、借地人会に課税権や警察権などを認めるものであった。神奈川奉行はこれに調印しなかった[*3]。

その後も、居留民は自治行政を実現しようと試みたが、そのたびに直面したのは財源不足という壁であった。一八六七（慶応三）年には日本側が道路や水道などの必要なインフラ整備を行うことと引き換えに、居留民は自治行政を断念した。神奈川奉行は必要なインフラ整備を施し、また外国人居留地も拡大した。従来、関内の西半分を日本人居住地とし、東半分を居留地（外国人居住地）としてわけていたものの、手狭になったため既存の居留地（山下居留地）のさらに東側にも居留地を拡大した（山手居留地）。その広さは合計でおよそ一〇八ヘクタールに及び、これは日本国内の外国人居留地で

1860（万延元）年頃の横浜。大通りを挟んで左側が日本人街で、右側が外国人居留地〔絵葉書〕

は最大で、すべての外国人居留地のおよそ六割にあたる面積である。[*4]

この間も、横浜に居留する外国人は増え続けた。開港当初の居留外国人数については、正確な数字はわからない。一八七〇（明治三）年のある統計によれば、男性のみで九四二人の欧米人が住んでいたという。これが、一八七八（明治一一）年には欧米人・中国人あわせておよそ二五〇〇人に増加し、さらに一八八六（明治一九）年にはおよそ四〇〇〇人にまで増加した。これも日本の開港場のなかでは最大であり、一八七八（明治一一）年には全開港場の欧米人のおよそ五五％が横浜に居住している。[*5]外国人商社も当然横浜に集中しており、同じく一八七八（明治一一）年時点で、欧米系商社のおよそ六八％が横浜にあった。

こうして横浜は、名実ともに日本最大の外国人居留地のある町として発展していく。その背景には、明治政府がその輸出を後押しした生糸や茶などの商品が集積したことがある。外国商社に生糸などを売り込む日本商人も、横浜に集まった。生糸の売り込みは投機性が高いため成功者と没落者の両方をうみ、成功者のなかには、のちの横浜の最有力者となる者もあらわれる。[*6]

条約の不平等性

さて、横浜居留地の建設・運営の事例からもわかるように、条約は、締結した時点で内容が固定されてしまうわけではない。多くの法令と同様に、条文には解釈の幅があり、その解釈をめぐって交渉が行われるからである。したがって、いわゆる「条約の不平等性」も、条約締結後の様々な取り組みのなかで、次第にそのかたちが定まってきたといえるだろう。

そもそも条約を結んだ幕府の外交官たちは、条約の内容が不平等だと認識しながら調印したわけではない。[*7]のちに不平等性の象徴となる領事裁判権は、日本に来た条約国人が条約およびその附属規則に違反した場合、また民事・刑事訴訟の被告人になった場合に、その条約国の領事に裁判権を認めるものである。日本人が被告人の場合には、裁判権は日本側に認められる。その意味では平等である。幕藩体制のもとでは藩士の裁判権は藩主に帰属する属人主義をとっており、[*8]当時の日本人にとって領事裁判権は目新しいものではなかっただろう。

しかも、条約締結時には日本人が海外に進出することが想定されていなかったため、日本人は条約国での行動を制限されなかった。一方で、日本に来た条約国人は、原則として六つの開港場と一つの開市場にしか滞在できず、それぞれの周囲およそ四〇キロメートル四方しか出歩くこともできなかった。幕府は条約国に領事を派遣しておらず、日本が条約国での領事裁判権をもっていなかったことは、必ずしも不平等だとはいえない。

条約の不平等性という点で、もうひとつ代表的なのは関税自主権である。一八五八（安政五）年に結ばれた安政の五カ国条約では、日本への輸入物品に課す関税は、日本と列国との合意によって決められることになった。条約国への輸入品の関税率の設定には日本側の同意は必要ないから、その意味では平等ではない。

江戸幕府が協定関税に同意したのは、彼らにとって輸入関税がそれほど重要な問題とは認識されていなかったからである。彼らが恐れていたのは輸入品の国内への氾濫よりも国産品の海外への流出であり、その結果としての国内での品不足であった。しかも条約締結時には、条約国から日本への輸入関税率は平均で二〇%ほどあった。これが平均で五%に引き下げられたのは、一八六六(慶応二)年のことである。長州藩が英・米・蘭・仏の四カ国連合艦隊に敗れた下関戦争(一八六三・一八六四年)の賠償金の減額と引き換えに、幕府は輸入関税の引き下げに応じた。協定関税そのものは幕府によって認められたが、その関税率を大きく引き下げる要因となったのは、国内の攘夷派であった。

その攘夷論者も、条約の不平等性に対しての認識は薄かった。彼らは条約の調印そのものに反対したのであって、条約が不平等であることを問題視したわけではない。攘夷の看板を下ろした雄藩連合=維新政府も、一八六八(慶応四)年から六九(明治二)年にかけて、江戸幕府が結んだのとほぼ同内容の条約に調印した。むしろ、たとえば北ドイツとの条約では沿海航行権を条約国に認めるなど、「不平等性」を拡大する側面すら見られる。一連の条約を不平等なものと認識するためには、国際秩序や国家のあり方に対する認識そのものを変えなければならなかった。それには相応の時間が必要だったのである。

行政権をめぐる問題

条約施行直後から対処しなければならなかった問題は、居留外国人の取り扱いである。すでに述べたとおり、西洋諸国との条約では、条約およびその附属規則に違反した場合、また民事・刑事訴訟の被告人になった場合には裁判権を各国領事に委ねることになっており、それ以外の日本の行政規則に違反した場合の裁判権については明記されていなかった。[*9] 幕府は居留外国人が日本の行政規則に従うことを想定していたが、居留外国人自身はそうではなかった。

たとえば、開港初期に争点となった問題のひとつとして、銃猟規則の問題が挙げられる。居留外国人の一部は、横浜近辺で狩猟を楽しんだ。幕府は、日本では遊猟のための発砲は禁じられていることを理由として、各国代表に自国民への銃猟禁止の通達を要請した。各国領事のなかには日本側の法令・規則を居留民に順守させることに同意する者もいたが、居留民の反発は強かった。また、居留民数の多寡や嗜好の違いなどもあって各国公使・領事の対応には温度差があり、交渉は容易にまとまらなかった。結果として、銃猟禁止を徹底することはできず、幕府は日本人と居留民とのあいだの行政の不統一を避けるために、銃猟の解禁へと政策を転換することになった。[*10]

それでも、銃猟の時期や方法を定めた銃猟規則は必要である。日本人と居留民が同じ規則に従う状況をつくるためには、江戸幕府・明治政府ともに各国代表と事前に交渉せざるを得なかった。とりわけ、中央集権体制の確立を目指す明治政府にとって、行政の不統一は避けなければならない問題であった。

問題は、銃猟規則に限られない。港規則・検疫規則・税関規則など、施行にあたって各国からの事前交渉を求められ、その結果、施行できなかった事例は多い。一連の条約では、条約国人に治外法権が認められていたわけではないが、このような領事裁判権の拡大解釈によって、実質的に居留外国人が治外法権の下にあるかのような状況が生まれたのである。

一八七〇年代末には、行政規則に対する日本国内の理解が深まった。一八七七（明治一〇）年から七九（明治一二）年にかけて、日本国内に伝染病（コレラ）が持ち込まれたことが、ひとつのきっかけとなった。日本政府は外国船に対する検疫規則を準備したが、各国公使の了解が得られず、外国船に適用する見込みが立たなかったからである。そのような状況で一八七八（明治一一）年七月、コレラが蔓延していた香港からやってきたドイツ船ヘスペリア号が、日本側の制止を振り切って横浜に入港・上陸する事件が発生した。この事件は日本国内の新聞でも報道されたため、行政規則の制定権をめぐる状況に対する人々の理解を促したのである。

法権回復を目指す交渉

以上のような状況を背景として、条約改正交渉の初期において焦点となったのは、条約の改正よりも条約の適切な運用であった。一八七〇年代初頭の岩倉使節団による条約改正交渉（対米交渉・対英交渉）では、日本は関税率や港規則などの行政規則を事前交渉なしに制定する権利を要求した。しかし行政規則の制定権は、それが居留民の生活に密着した問題であったからこそ、それを手放すことへの居留民の抵抗感は大きかった。

条約改正交渉の主眼が、行政規則の問題から領事裁判権（法権）の回復へと移ったのは、一八八〇年代のことである。一八七九（明治一二）年に外務卿に就いた井上馨も、当初は行政規則の制定権を重視していた。井上は交渉の重点を警察規則においたが、それは交渉を複雑化させることになった。その一つの理由は、被疑者の逮捕を含む警察関連規則は、居留民の権利に関わることから条約国側の抵抗が大きかった点にある。だが、より深刻な理由は、主として開港に限られた問題である税関規則や貿易規則とは異なり、国内全域に普遍的に適用されるべき警察関連規則の部分的な回復は、むしろ国内統治を難しくするという逆説にあった。

条約改正交渉において、日本側が行政権その他の権利の回復の代償として提供できる材料は、内地開放のほかになかった。回復される権利の程度に応じて、段階的に内地を開放することになる。だが日本との条約改正交渉に参加した国の数は、一六を数える。各国の関心は一様ではなく、一六カ国とそれぞれ交渉を進めれば、国内行政の不統一をもたらすことになるだろう。しかも警察関連規則は刑事裁判権とも地続きであって、行政権と領事裁判権との境界は不明瞭となる。[*11]

こうした困難に直面して、井上馨外務卿は、行政規則制定権の回復と内地の部分的な開放を交換するのではなく、領事裁判権そのものの撤廃と内地の全面開放の交換へと交渉の方針を大きく転換する。[*12]一八八二（明治一五）年のことである。

これを後押ししたのは、ドイツであった。ビスマルクが率いる新興国家ドイツはヨーロッパ国際政治で存在感を増しつつあり、駐独公使青木周蔵は井上馨の信頼を得ていた。ドイツは英国との仲介役を自任し、日・英・独の三カ国で交渉を重ねた結果、一八八六（明治一九）年には、内地の全面開放と領事裁判権の撤廃を主たる交渉内容とする方向で、基本合意に達した。[*13] 以後、東京における条約改正会議で、一六カ国の駐日代表との交渉が重ねられていく。

首都計画と横浜築港

行政権回復から法権回復へと交渉の主眼を移したことにより、日本政府は西洋式の法制度の整備を迫られる。そもそも領事裁判制度とは、ヨーロッパ人が異なる宗教・習慣・文化をもつ領域に行った場合に、その違いからヨーロッパ人が著しい不利益を被ることを避けるために設けられた制度である。[*14] したがって、日本が西洋式の法制度を整備し、また習慣や文化を西洋式に転換するならば、領事裁判制度の必要はなくなる。井上外務卿／外務大臣期（一八八五年の内閣制度導入に伴い改称）には極端な欧化主義政策がとられたことで知られるが、法権回復への転換は、欧化主義政策を確かに必要としたのである。

その集大成ともいうべきは首都計画である。一八八三（明治一六）年に鹿鳴館(ろくめいかん)を完成させた井上は、条約改正交渉と並行して首都改造に着手する。近代都市計画の先駆けともいわれるフランス・パリの都市改造が行われたのは、一八五三年から一八七〇年にかけてのことであった。鉄道や上水道などの新技術に対応し、近代建築や記念碑・公園などが大通りに沿って象徴的にたちならぶものである。パリに倣った首都計画は、日本の近代化と日本政府のもつ権力を、視覚的に各国の駐日代表にアピールする効果をもつだろう。井上は、一八八六（明治一九）年に内閣直属の組織として臨時建築局を設置し、ドイツから土木技師を次々と招聘する。同年に立案されたドイツ人技師ベックマンによる計画案は、現在の永田町から日比谷周辺にかけての区画を整理し、華やかな赤レンガのネオバロック様式の官庁を整然と並べ、随所に公園や博覧会場などを配置する壮麗なものであった。[*15]

以上のような官庁街建設を中心とする首都計画は、一見無関係にみえる横浜の貿易商を安堵させたであろう。なぜなら東京の都市改造は、井上の着手以前にすでに東京府により着手されており、それは華やかな官庁街建設を中心とするものではなく、大規模な港湾整備によって横浜の繁栄を東京へ移そうとしたものであったからである。

幕府が倒れた後の東京からは、人口の大半を占めていた武士がいなくなっている。一八七九（明治一二）年に東京府知事に就任した松田道之は、都市の縮小を食い止めるため、渋沢栄一・田口卯吉ら財界人の協力を得て東京築港を中心とする市区改正計画を立案する。彼らは、大型船が接岸できる繋船埠頭を整備し、また埋立地に倉庫地帯を造成することで、経済都市としての東京の再興を目論んだのである。[*16]一八八二（明治一五）年に松田が急逝し芳川顕正が後任の府知事に就いた後は、財界人に代わって内務省のお雇いオランダ人土木技師が築港計画を引き継いだ。一八八五（明治一八）年には、内務省により品川を中心とする東京築港計画が完成した。[*17]

東京府による築港計画の立案の背景には、既存貿易港である横浜港整備の遅れがあった。横浜港における貨物の取扱量は増加し続けており、繋船埠頭や倉庫などの荷捌き施設の整備が必要になっていた。だが、施設が充実することによってかえって日本側の管理が強まることを嫌う居留外国人の抵抗もあって、日本政府は横浜港整備に着手できずにいた。[*18]外国貿易商に貿易の実権を握られていることが、横浜港の整備を遅らせ、また日本の貿易商が本来得るべき利益を失わせていると、渋沢や田口ら

第一次横浜築港で完成した鉄桟橋〔絵葉書〕

は考えた[*19]。そこで彼らは、横浜から東京へと貿易の拠点を移すことによって、日本の商権を回復しようと試みたのである。

しかし井上馨外相は、東京をあくまで政治の中心（帝都）と位置づけ、貿易の拠点（港都）としての横浜を支持した。その背景には、条約改正交渉への配慮があった。領事裁判の撤廃のためには、日本がそれに値する文明国であることをアピールしなければならず、井上は条約国の世論を重視した。そのためには、東京の官庁街だけでなく横浜の居留地も整備する必要があったのである。貿易都市である横浜には、より実用的なインフラ整備が必要であろう。井上は、横浜の上水道整備と築港を後押しする。

貿易港には給水設備が不可欠である。なぜなら船上では飲用はもちろん蒸気機関を動かすためにも真水が必要であるが、海上では真水は補給できず、すべて港で積み込まなければならないからである。井上は、横浜の上水道整備のために、駐日英国公使パークスを介して一八八二（明治一五）年に英国人土木技師パーマーを招聘していた。パーマーは、英領植民地で土木工事を担う工兵であると同時に、世界各地の状況を英国本土に伝えるジャーナリストでもあった。日本に好意的な論説を発信していたパーマーに井上は注目し、領事裁判の撤廃に向けた英国本土での世論啓発の役割を依頼した。これを受けてパーマーは、一八八四（明治一七）年から一八九二（明治二五）年にかけて、ロンドンの『ザ・デイリー・ニューズ』や『ザ・タイムズ』などに日本の条約改正を後押しするような論説を掲載している。[*20]

その後、パーマーは神奈川県から横浜築港計画の立案を委嘱される。一八八六（明治一九）年に完成したパーマーの築港案は、横浜港を取り囲むように防波堤を築造することで停泊する船舶の安全性を高め、また貨物の積卸を容易にするために大型船が接岸できるような鉄桟橋を建設するものであった。この鉄桟橋は現在の大桟橋のもとになるもので、パーマーの設計により横浜港の基盤が形作られたといえよう。もっとも英国人技師パーマーの活躍は、それまで明治政府の土木事業を主導していたオランダ人技師団の反発を招いた。その結果、東京と横浜の貿易港をめぐる対立は、内務省と外務省を巻き込む複合的な対立へと発展していく。

条約改正交渉の挫折

以上のように、井上馨による条約改正交渉は、狭義の外交交渉のみならず国内のインフラ整備や英国における世論操作など、多様な方法を駆使して進められた。こうした努力の甲斐あって、一八八七（明治二〇）年四月には、条約改正会議で改正条約案についての合意が成立した。

しかしこの改正条約案は、政府内部からの反発を招いた。改正条約案では、領事裁判の撤廃と引き換えに外国人法律家を任用すること、また日本の法典の内容を事前に各国政府に示すこととされており、これが日本の司法・立法の独立を阻害するものと捉えられたからである。井上は政府内部を説得することができず、同年九月には交渉は無期延期となった。さらに改正条約案の内容が政府外にもれた結果、民権派を中心に政府批判が巻き起こり、井上は外務大臣を辞任することになった。

後任の外務大臣となった大隈重信も、基本的には井上改正条約案を踏襲する。ただし国内の反発に配慮して、外国人法律家の任用については大審院に限定することとし、法典への各国政府の事前通知も行わないことで政府内の理解を得ようと試みた。また会議形式の交渉をやめ、各国と個別に交渉を行い、一八八九（明治二二）年の二月から八月までに、米国・ドイツ・ロシアとのあいだで条約の調印に成功した。

前任の井上馨と同様、大隈外相もパーマーのジャーナリストと土木技師の両面の活動を支援しており、横浜築港も後押しした。大隈は築港費用の捻出にあたっても、外交的な配慮を示している。パーマーの設計案完成に先立つ一八八三（明治一六）年、米国は幕末期の下関戦争にさいして幕府が支払った賠償金七八万五〇〇〇ドルを、すでに別途損害補償がなされていることを理由に日本政府に返還していた。*21 無条件で返還されたとはいえ、米国の好意に応えることが期待されていたこの賠償金を、米国人も利用する横浜港の修築費用にあてることとしたのである。

こうして独自の設計案と財源を手に入れたことで、外務省と横浜は内務省と東京の抵抗を退けることができた。一八九〇（明治二三）年には、パーマー設計案による横浜築港工事が開始される。これにより、港都としての横浜の地位は安泰となった。

ただ、横浜築港の成功とは対照的に、条約改正は成功しなかった。大隈の示した改正条約案に対し、英国が同意しなかったからである。交渉が難航するあいだに条約案が再び漏洩し、政府内外からの批判が高まった。大隈は批判にもひるまない姿勢をみせたが、一八八九（明治二二）年一〇月、玄洋社の来島恒喜（くるしまつねき）から爆弾を投げつけられて負傷した。外相を辞任せざるを得ず、条約改正交渉も中断した。米国・ドイツ・ロシアとのあいだで調印された条約も、批准されなかった。

帝国議会と条約改正

その翌年には、帝国議会が開会する。民意を代表する立法府の登場は、条約改正交渉の前提条件を大きく覆すものであった。帝国議会には法案に対する協賛権が与えられており、議会開設以後の立法には貴衆両院の協賛が必要となる。しかも衆議院は、改正条約案に批判的であった民権派が多数を占めた。民権派のなかでもとくに列国に対して強硬姿勢を貫くグループ（対外硬派）は、条約改正交渉の原点に戻り、条約の運用＝拡大解釈を問題視した。条約改正交渉のテーブルにつく前に、まずその拡大解釈を見直して条文どおりの運用をすべきだと、政府に対して要求したのである（条約励行論）。もっともこの事態は、国内の世論を背景に交渉相手国の譲歩を迫ることができるという、日本政府にとってはポジティブな側面もあった。実際にこの後の交渉では、日本政府はむしろ立法府の圧力を利用して、英国の譲歩を勝ち取っていく。[*22]

しかし、日本国内の対外硬派の圧力を利用するだけでは、外国政府からの信頼は得られない。条約改正を実現するためには、日本政府がその実施に際して国内の反対派を抑え込み、また日本に居留する条約国人を保護できることを、対外的に証明しなければならなかった。そのため、議会開設当初は衆議院の多数を握る政党とは距離をとり、超然主義を標榜していた政府も、条約改正の実現を前にして衆議院多数派との提携に踏み切ることになった。[*23]

こうして一八九四（明治二七）年、日英修好通商条約をはじめとする各国との改正条約が締結された。同条約では五年後の領事裁判権の撤廃と居留地制度の廃止が定められており、一八九九（明治三二）年には横浜を含む各開港場の居留地は廃止された。これによって、居留外国人は日本国内のどこでも居住できる自由を得たことになるが、実際にはその後も多くの居留外国人は横浜の旧居留地近辺に住み続けた。その最大の要因は、開港から四〇年にわたる港都としての実績であろう。横浜に居留する外国人は、そのほとんどがビジネスマンであり、留学生や外交官はほとんどいなかった。そのため、東京など他の都市に住む外国人よりも地域社会に密着する傾向にあった。単純な居住外国人数でいえば、内地雑居後は横浜を東京が上回る。しかし、こうした居留外国人社会の存在によって、横浜は異国情緒あふれる港町としての性格を維持し続けていくのである。[*24]

註

＊1　西川（二〇〇四）二～四頁。
＊2　『横浜市史　第二巻』二〇五頁。
＊3　『横浜市史　第二巻』七四四～七五七頁。
＊4　石塚（一九九六）八～九頁。
＊5　『横浜市史　第三巻下』八二一～八二五頁。
＊6　石塚（一九九六）九～一〇頁。
＊7　渡辺（二〇二一）一六～一七頁。

＊8　石井（一九八六）二三四頁。
＊9　下村（一九六二）三〇～三一頁。
＊10　森田（二〇〇四）第Ⅰ部第一章～第二章。
＊11　五百旗頭（二〇一〇）第Ⅰ部第二章。
＊12　五百旗頭（二〇一〇）一四一～一四三頁。
＊13　五百旗頭（二〇一〇）二二五～二三四頁。
＊14　加藤（一九八〇）三一三～三一五頁。
＊15　藤森（二〇〇四）二八二～二九二頁。
＊16　藤森（二〇〇四）一一七～一三六頁。

＊17　稲吉（二〇一四）四六～四七頁。
＊18　稲吉（二〇一四）二三～二七頁。
＊19　稲吉（二〇一四）四四～四五頁。
＊20　樋口（一九九八）一三二～一四一頁。
＊21　中西（一九九六）三五三頁。
＊22　五百旗頭（二〇一三）三五～三六頁。
＊23　小宮（二〇〇一）。
＊24　櫻井（二〇一五）。

第4章

博多（はかた）――独自性を保つ

博多は、九州北部に位置する港町である。古くより日本でも有数の港町であったが、一九世紀半ば以降、次第にその地位を相対的に低下させていく。その要因としては、鉄道の建設によって門司・長崎に貨物が集まるようになったことや、遠浅で大型船が入港できないという地勢上・地形上の理由が挙げられる。本章では、新たな中央集権体制への適応という政治的な背景から、その要因を考える。

近代博多と福岡士族

地元の人にとっては自明でも余所者（よそもの）にとってはわかりにくい、という物事は多い。「博多」と「福岡」の違いもそのひとつだろう。JRの駅名は「博多駅」であり、また土産物にも博多の冠が付けられることが多いため博多の知名度は高いが、行政区画としては「福岡市」になる。

その歴史が古いのは博多のほうで、一一世紀の半ば頃には那珂川（なかがわ）河口の博多津（狭義の博多）と、

福岡・博多鳥瞰図（1887年）。手前が博多港で、中洲を挟んで奥が福岡港〔九州大学附属図書館ウェブサイト〕

博多湾岸に位置する複数の港町の複合体（広義の博多）という二つの意味があった。この頃の博多は、東アジアの貿易ネットワークと瀬戸内海をつなぐ日本最大の国際貿易港としての位置を占めたという[*1]。これに対して福岡の地名がつけられるのは新しく、一七世紀初頭に黒田長政が福岡城を築いてからのことである。那珂川から西側の城下町を福岡と呼ぶようになり、東側の商人が住む地域のみが博多と呼ばれるようになった。これ以後、武士の町としての福岡と商人の町としての博多という区分けが確立する。

一八八九（明治二二）年の市制施行の際には那珂川の両岸を「福岡市」として統合することになったが、博多の人々は「博多市」への市名変更を求めた。福岡市会では「博多市」と「福岡市」の両案が拮抗し、最終的には市会議長の裁定で「福岡市」になったという。[*2] 那珂川よりも東側に置かれた九州鉄道（現在の鹿児島本線など）の駅は、「博多駅」と名づけられた。

港の名称はどうであったか。これも「博多港」と「福岡港」をめぐる対立があった。全国的には「博多港」の名称が一般的であったが、あくまで那珂川河口の東側のみが博多港であって、西側は福岡港と呼ぶ状態が続いた。両者を統合する名称として「福博」が長く用いられたが、築港計画を立案する際も博多地区と福岡地区のバランスを考えて設計しなければならず、また遠浅で大型船舶が入りにくいという地形もあって、効果的な築港は行われなかった。[*3] その結果、博多港は一八八〇年代までは福岡県内で有数の大港湾であったにもかかわらず、一八九〇年代以降は門司港や若松港の後塵を拝することになる。[*4]

こうしてみると博多と福岡の人々が常に対立状況にあったかのようにみえるが、実態はそうではない。「福博」の多くの商人が福岡商法会議所（一八九一年からは博多商業会議所）に結集し、対立する局面がありながらも、ほぼ一体となって政治・経済活動を行った。[*5] 実際、一八八三（明治一六）年に博多港（那珂川東岸）に最初に私設灯台を設置したのは福岡士族の村上義太郎であった。[*6] 明治前半期には多くの地方都市で士族が政治と経済の両面におい

明治末から大正中期の博多港〔絵葉書〕

て主導的な役割を果たしたが[*7]、「福博」もその一つであった。
福岡藩は西国の大藩であったが、幕末期には藩内で勤王・佐幕両派の対立が激しく、藩論を一定させることができなかった。結果として、明治新政府のなかで重要な位置を占めることはできず、むしろ太政官札（だじょうかんさつ）を贋造（がんぞう）した責任を追及され、他の藩に先立って廃藩された。福岡藩の他にも贋造した藩はあり、不遇の扱いであった[*8]。

その明治政府の権力基盤も盤石ではなかった。薩摩や長州などの雄藩の連合体である政府内部では、政権構想や対外政策・経済政策などをめぐって激しい路線対立がしばしば起こり、有力政治家が政府を離れることも多かった。一八七三（明治六）年、征韓論をめぐって大久保利通らと対立した西郷隆盛・板垣退助らは、政府を離れた。西郷・板垣らが代表していたのは、社会的地位を失い経済的にも困窮していた士族の不満である。

これらの不満は、言論活動と実力行使の二つの方法で表面化した。一八七四（明治七）年には、板垣退助らは「民撰議院設立建白書」を提出し、翌七五（明治八）年には大阪で全国組織愛国社の結成大会が開かれた。愛国社そのものは長続きしなかったが、政治参加を求める動き――自由民権運動は、その後全国に広がっていく。西日本では士族反乱も相次ぎ、実力による政府への抵抗は一八七七（明治一〇）年の西南戦争でピークを迎える。

博多湾岸でも自由民権運動は起こったが、その中心になったのは、箱田六輔（はこだろくすけ）や頭山満（とうやまみつる）、平岡浩太郎といった福岡士族であった。箱田・頭山は、当初は士族反乱に呼応するつもりであったが、事前にその計画が発覚し収監された。出獄したのは西南戦争が終わった後のことで、結果として士族反乱には参加できなかった。そこで彼らは、政治結社（向陽社、のちの玄洋社）を設立し、高知の立志社を中心とする愛国社再興運動に合流していく。西日本の民権家を中心として開かれた一八七九（明治一二）年の愛国社第三回大会では、平岡浩太郎は幹事を務め、国会期成同盟でも中心的な役割を果たしていく。[*9] 翌八〇年には筑前共愛会が国会開設の建白書を提出し、また憲法草案を発表した。民間の憲法草案としては、きわめて初期のものである。[*10]

自由民権運動の展開

自由民権運動のひとつの特徴は、その全国性にある。全国で二〇〇〇を超える政社が自発的に結成され、[*11] 各地におけるこれら地方政社の活動が自由民権運動の中核であった。民権家たちは、相互の連絡のためによく移動した。福岡の向陽社は、唐津の政社設立を支援し、また福井の民権家杉田定一の自郷社とも親交を結んだ。愛国社第三回大会の後も、向陽社社員は大阪からそのまま福井を経て新潟へと向かっている。[*12] まだ鉄道は開通していないから、主たる交通手段は徒歩と水運であった。

移動した先々で、民権家たちは演説会を開いた。演説会は各地の人々にとって新たなエンタテインメントでもあり、数少ない政治参加の機会でもあった。当時の演説は講談（講釈）と未分化であり、聴衆を惹きつける手腕が問われた。聴衆もただ傍聴するだけでなく、弁士に同意するときには「ヒヤヒヤ」、弁士が政府や反対派のことを取り上げて紹介するときには「ノウノウ」などの声を挙げ、主体的に参加した。[*13] 向陽社では、毎週土曜日の夜に演説会が開かれた。[*14] 定期・不定期にひらかれる演説会を通じて、自由民権運動の参加者は、士族から豪農商・庶民にまで広がっていく。一八八〇（明治一三）年に出された集会条例は、以上のような盛り上がりを警戒した政府が、各地の結社の通信や演説会を規制するものであった。

当時の優れた雄弁家は、優れた新聞人であったという。[15] 明治政府は、当初は自らの政策の正当性を示す目的もあって、各地への新聞の普及を積極的に推進した。しかし、そうして普及した新聞は、政府批判のための道具にもなった。各地の政社も新聞を発行し、それは政治運動への人々の参加を促した。福岡でも、福岡新聞・平仮名新聞・東洋新誌・福岡日日新聞・福陵新報などの新聞が発行されている。このうち福陵新報は、玄洋社の機関紙であった。[16]

全国的な移動や演説会の開催、新聞の発行には、多額の資金が必要になる。自由民権運動を資金面で支えたのは、主として農村部の地主であったが、博多湾岸の自由民権運動は農村地主への依存度が小さかった。北部九州には豊富な炭鉱があり、石炭業がもたらす資金が大きかったからである。北部九州の炭鉱（筑豊炭）開発は、一八八〇年代以降、技術的な困難が解決したことによって本格化した。[17] 麻生太吉（あそうたきち）のような在来地主と、安川敬一郎のような福岡士族がこぞって炭鉱の開発に乗り出し、玄洋社の平岡浩太郎や頭山満も自身の鉱山を所有した。炭鉱経営には元手が必要であるが、このとき資金を用意したのは、のちに政界のフィクサーとして知られるようになる杉山茂丸であった。[18] 杉山は玄洋社社員ではなかったが、福岡士族であり、頭山へ傾倒していたことから福陵新報にも資金を提供している。[19]

ともあれ博多湾岸における政治運動は、こうした石炭マネーによって支えられており、[20] それは玄洋社が独自路線を貫き、また地方政界からも距離をとることを可能にした。一八八一（明治一四）年、

「明治一四年の政変」の結果として九年後の国会開設が決まると、自由民権運動は選挙をにらんだ政党組織へと転換していく。立志社を中心とする勢力は自由党を結成して全国的な組織化を試みたが、博多湾岸の民権家はこれに参加しなかった。

アジアのなかの自由民権

博多湾岸の自由民権運動の特徴は、そのアジア主義的性格にある。博多からみれば、東京・上海・大連・青島(チンタオ)はほぼ等距離(およそ一〇〇〇キロメートル)であり、釜山(プサン)とはわずか二〇〇キロメートルしか離れていない。当時は国内の移動も水運が一般的であったから、移動に要する時間は、海外でも国内でもそれほど変わらない。アジアとの連帯という意識は全国の自由民権運動にもみられた要素であるが、独自路線を貫く玄洋社においては、その側面が色濃く表れ、そしてその後も持続したといえるだろう。

自由民権運動が目指したのは政治参加の拡大であり、その背景にはナショナリズムがある。その全国組織の名称が「愛国社」であったことが、そのことを端的に物語っている。「民権」の対概念は「官権」であって、「国権」ではない。[21] 明治政府が創出した「国民」の当然の権利として、彼らは国政への参加を要求した。[22] したがって、自由民権運動の批判の矛先は、国民の権利を制限する「専制政府」とともに、不当な既得権を維持する欧米列国にも向けられる。そして、欧米列国の「帝国主義」に対する批判的な姿勢が、同じ状況に苦しむアジアとの連帯という発想に結びついていく。

その直接のきっかけは、一八八四(明治一七)年一二月に朝鮮半島で起きた甲申(こうしん)事変である。朝鮮国内のクーデタに失敗した金玉均（きんぎょくきん）が、日本に亡命してきた。金は、井上馨などの日本政府首脳や、福沢諭吉などの日本の知識人・経済人の支援を受けており、この事変の結果、朝鮮に対する日本の影響力は後退し、清の影響力が強まった。クーデタに失敗した金に、日本の支援者は冷淡であった。再起を期す金は、民権派との連携を模索する。

民権派の側にも、金と接近するメリットがあった。明治一四年の政変以降、政府が民権派に対する弾圧を強め、さらに自由党の総理であった板垣退助の取り込みをはかると、自由民権運動は空中分解し、衰退していった。また松方正義蔵相によるデフレ政策によって、米価が下落した。酒造税などの各種増税が行われたことも加わって農村部は困窮し、運動は資金面でも苦境に立たされた。追い込まれた大井憲太郎ら一部の民権派は、朝鮮での革命を支援することで開化派に朝鮮で政権を取らせ、その革命の成果を日本へ波及させようと考えた。だが、彼らの行動は日本政府の知るところとなり、一八八五（明治一八）年末には大阪で大井グループが一斉検挙される（大阪事件）。

福岡の玄洋社もまた、この時期に金玉均と接触している。最初に金と接触したのは在京中の玄洋社社員の来島恒喜（くるしまつねき）や的野（まとの）半介で、彼らは福岡にいた頭山満に上京して金と面会するよう促した。頭山は神戸で金と会談し、その革命家としての資質を高く評価したという。大井グループのクーデタ計画が失敗しつつあることを知った頭山は、直接的な行動ではなく外国語学校を設立して人材を育成する計画を進めたが、これも資金難により頓挫した。[*23]

その後、朝鮮政府から金玉均の引き渡しを求められた日本政府は、対応に苦慮する。金は米国やフランスへの亡命を模索したが、資金が集まらなかったためにロシアへの亡命も検討する。金を朝鮮に帰すわけにもいかず、またロシアの介入をおそれる日本政府は、金を小笠原諸島に隔離することで、事態の鎮静化を待つことにした。

政治的敗者の包摂

国民の統合に際しては、政治的敗者を国から追い出さないことが重要である。権力闘争は敗者を生む。政治的敗者の追放は、一時的には勝者の権力基盤の安定をもたらすかもしれない。しかし、金玉均の例にもみられるように、政治的敗者はしばしば海外の政治勢力と連携して反政府活動を展開する。それは、長期的には国家の独立を脅かすことになるだろう。民権派のなかにも、一八八〇年代半ば以降の政府による弾圧の強化を受けて、海外へ逃亡する者もいた。自由党設立時の中心人物であった馬場辰猪・大石正巳は、爆発物取締罰則違反で逮捕された。その後無罪となるが、旧自由党内の主導権争いに敗れたこともあって、一八八六（明治一九）年に米国西海岸オークランドへ亡命した。馬場・大石以外にも米国にわたった民権家は多く、サンフランシスコでは米国から日本政府に圧力をかけることを目的として、政治結社も設立された。

もちろん明治政府の指導者も、政治的敗者の包摂を軽視していたわけではない。雄藩の連合体である明治政府の権力基盤はそれほど盤石ではなく、むしろ政治的敗者を政府に呼び戻すことに腐心し続けたといってもよい。一例を挙げれば、一八七四（明治七）年には大久保利通が、征韓論で下野した板垣退助や、台湾出兵に反対して政府から離れた木戸孝允の政府復帰を呼びかけている（大阪会議）。

政治的敗者の包摂には、発言の機会と栄誉を与えることが有効である。議会制の導入によって権力闘争を制度化することは、そのための有力な手段のひとつである。大阪会議の結果、立法機関として元老院が、また各地の民情を吸い上げる機関として地方官会議が設置された。その後、一八八一(明治一四)年に九年後の国会開設が宣言されたことは、すでに述べたとおりである。

政敵に発言の機会を与えるには、それなりの準備が必要である。立憲制導入の準備を進める伊藤博文は、一八八四(明治一七)年に華族制度を整備した。新たな華族制度では、明治維新以前の伝統的な家格に即して公(こう)・侯(こう)・伯(はく)・子(し)・男(だん)の五爵を設定し、公卿や諸侯に与えた。これに加えて、維新の勲功に応じて政府内外の政治家・官僚・軍人も叙爵(じょしゃく)した。[*24] これらの爵位をもつ華族には、新設される帝国議会の上院(貴族院)の安定的な構成員となることが期待された。[*25] 帝国議会では、公・侯爵は満二五歳になると無条件で(ただし無給)、また伯・子・男爵は互選によって貴族院議員となることができる。発言の機会と栄誉を与えることによって、民権派に同調しつつあった一部の上級華族を、改めて政府の側に引き留めようと試みたのである。

さらに伊藤は、一八八七(明治二〇)年には、民権派の指導者である板垣退助や後藤象二郎、大隈重信にも、爵位(いずれも伯爵)を授与しようと試みた。「一君万民」を唱える板垣は二度にわたって辞退するが、これに対して伊藤は、辞爵は天皇の意向に背く行為だと批判した。[*26] この批判は強力であったが、板垣を受爵へと導いたのはなによりも板垣自身が明治国家の建設への貢献を果たしたという自負である。[*27] 政争に敗れたからといって、その功績が失われるわけではない。

このように、栄誉を与えられるのは時の権力者ではない。国家そのものであり、その体現者たる君主である。君主の個人的な意向も無視できなかった。明治天皇は、明治政府発足に大きな貢献がありながら政治的敗者となった西郷隆盛に同情を寄せており、一八八九（明治二二）年には西郷は大赦を受け、正三位を追贈された。[*28] また、明治天皇の信任（元勲優遇の勅）を受けた伊藤博文や山県有朋などの有力政治家は、議会制発足後も、元老として政治に影響力を及ぼし続けることになる。

南進論ブームと海軍拡張

福岡の玄洋社社員は、こうした国家的な栄誉とは無縁であった。独自路線を貫く彼らは、国家的栄誉を必要としなかったであろう。彼らのなかにも海外移住を志す者もいたが、その目的は亡命ではなく、海外市場の開拓と移民の奨励にあった。一八八六（明治一九）年四月には、来島恒喜・的野半介・竹下篤次郎が小笠原諸島へと向かっている。竹下は、小笠原の開拓に従事した後、カリフォルニアへ移住した。ただし、これらの事業はいずれも成功しなかった。[*29]

東南アジア・オセアニア地域を「南洋」と呼び、これらの地域への殖民・貿易の拡大を目指す「南進論」がブームとなったのも、一八八〇年代後半のことである。一八八五年にはフランスがベトナムに対する保護権を清に認めさせ、太平洋ではドイツがマーシャル諸島を占領した。翌八六年には、英国がビルマを併合して英領インドの一部に組み込んだ。このように東南アジア・太平洋地域における列強の領土獲得の動きが顕在化したことから、のちに国粋（こくすい）主義者と呼ばれるようになる人々を中心に、列強への対抗のための南進が唱えられた。一八八六（明治一九）年の二月から一一月にかけて、志賀重昂（しげたか）が海軍練習艦に便乗してカロリン諸島・オーストラリア・ニューギニア・フィジー・ハワイなどを視察し、翌八七（明治二〇）年には、その記録である『南洋時事』を出版した。これが南進論ブームの直接のきっかけとなった。一八八八（明治二一）年には、のちに玄洋社系の『九州日報』の主筆となる福本日南も、フィリピンへの殖民事業を手がけている。[*30]

志賀重昂が海軍練習艦に便乗することができた背景には、海軍拡張問題があった。一八八二（明治一五）年の壬午事変により、日本政府首脳は清との軍事力の格差を痛感し、軍備拡張に乗り出した。とりわけ、定遠・鎮遠という七〇〇〇トン級の甲鉄艦を擁する清の北洋艦隊との差は歴然としていた。一八八六（明治一九）年には、三景艦（松島・橋立・厳島）と呼ばれる四〇〇〇トン級の巡洋艦三隻の建造が決定した。定遠・鎮遠より小型の軍艦を導入したのは、大型戦艦の導入により制海権を確保するという戦略（滄海学派）よりも、海防艦と水雷艇により編成される艦隊を活用する戦略（水雷学派）が、必要となる予算が小さくなることもあって、政府に受け入れられやすかったからである。[*31]

このように海軍の軍拡要求は総じて抑制的であり、広報活動にも力を入れた。海軍力は、軍艦の規模や質によってのみ決定されるのではない。軍艦を建造・整備するためには造船能力が必要であり、また軍艦が活動するためには国内外に根拠地・補給地を整備しなくてはならない。平時の貿易活動を通じて、これらの能力を涵養することこそが、海軍力の増強にとって重要である。[*32]そのためには、通商国家として日本が発展していくことが望ましく、国民の「海への関心」を呼び起こさなければならない。これらの取り組みは、一八九一（明治二四）年の東邦協会設立へと結実する。

自由民権から大陸浪人へ

もっとも、海軍拡張そのものに対しては民権派も否定しない。そもそも彼らの原動力のひとつはナショナリズムにあり、国防に対する意識は高かった。しかも一八八〇年代後半には、英国による巨文島占領事件や、北洋艦隊水兵による暴動事件（長崎清国水兵事件）など、日本の安全保障を脅かす事件が頻発している。海軍拡張のための能力や資質を政府がもっているかどうかを問うことはできても、海軍拡張そのものは争点とはならない。したがって、議会開設を前にして在野勢力がその結集のための争点として設定したのは、軍拡問題ではなく、条約改正問題であった。

すでに述べたように、自由民権運動とは、各地の政治結社による運動の総体である。それぞれの結社の信条には相違があり、またリーダーシップをめぐる競合もあった。最大勢力であった自由党の影響力に反発する結社も多く、福岡の玄洋社はその代表的な存在であった。また各地域にはそれぞれ固有の政治状況があり、それらは必ずしも中央の政治と連動しない。中央・地方ともに錯綜した結社を合同して政府と対抗するためには、それらの結社が共有できる争点が必要である。欧米列国という共通の敵を設定できるうえに、政府内で反対意見も多かった大隈条約改正案に対する批判は、そのための格好の争点であった。一八八八（明治二一）年に外相に就任した大隈重信を事実上の党首とする立憲改進党を除いて、ほとんどすべての在野勢力が条約改正反対運動に合流した。

しかし、大隈外相は、政府内外の批判にもひるまなかった。彼を止めたのは、言論の力ではなく、爆弾テロであった。一八八九（明治二二）年一〇月、大隈は爆弾を投げつけられ、右脚を失った。爆弾を用意したのは自由党系の壮士であり、実行犯は玄洋社の来島恒喜である。このテロ事件は、玄洋社が国権派の政治結社として記憶される大きな要因となっている。

その翌年には、多くの民権家がひとつの目標としていた帝国議会が開設される。だが玄洋社は、東京を中心とする議会政治には執着しなかった。帝国議会（衆議院）の福岡選挙区では圧倒的な強さを誇ったが、全国的な組織化には関心をもたなかった。第一次松方正義内閣が進める海軍軍拡を支持し、一八九二（明治二五）年の第二回総選挙では政府側に立って選挙干渉の陣頭に立ったことにより、玄洋社は議会内での正統性を失った。

東京を中心とする中央集権体制が次第に整備されていくなかにあって、彼らの世界の中心は博多湾岸にあり続けたといえよう。彼らの活動範囲は日本国内だけでなく朝鮮半島・中国大陸・西太平洋へと広がっていたが、東京を中心に組織の拡大を志向するのではなく、博多湾岸を中心にしながらも融通無碍にその活動範囲を変化させ続けた。

こうして玄洋社とその周辺の人々が活動する範囲は、海外の比重が増えていく。清や朝鮮の事情に精通し、現地で政治活動・諜報活動を展開する人々のことを「大陸浪人」と呼んだが、玄洋社はその中心的存在のひとつとなった。また石炭事業とその輸送を担う鉄道事業を中心としていた福岡士族――とくに安川敬一郎の経済活動も、日露戦争後には紡績業や植民地開発事業など多角化し、大陸との関係を深めていく。[*33] 井上馨など中央政界の大物政治家と個人的なコネクションをもつ安川は、地元の博多湾岸や北九州にかかわる地域問題に関して、議会や官庁へ働きかけることはほとんどなかったという。[*34] 彼らが東京を中心とする中央―地方関係に距離をとっていたことがうかがえるエピソードである。

もちろん、東京を中心とする中央集権体制が次第に整備されていくなかで、それに従わないことの

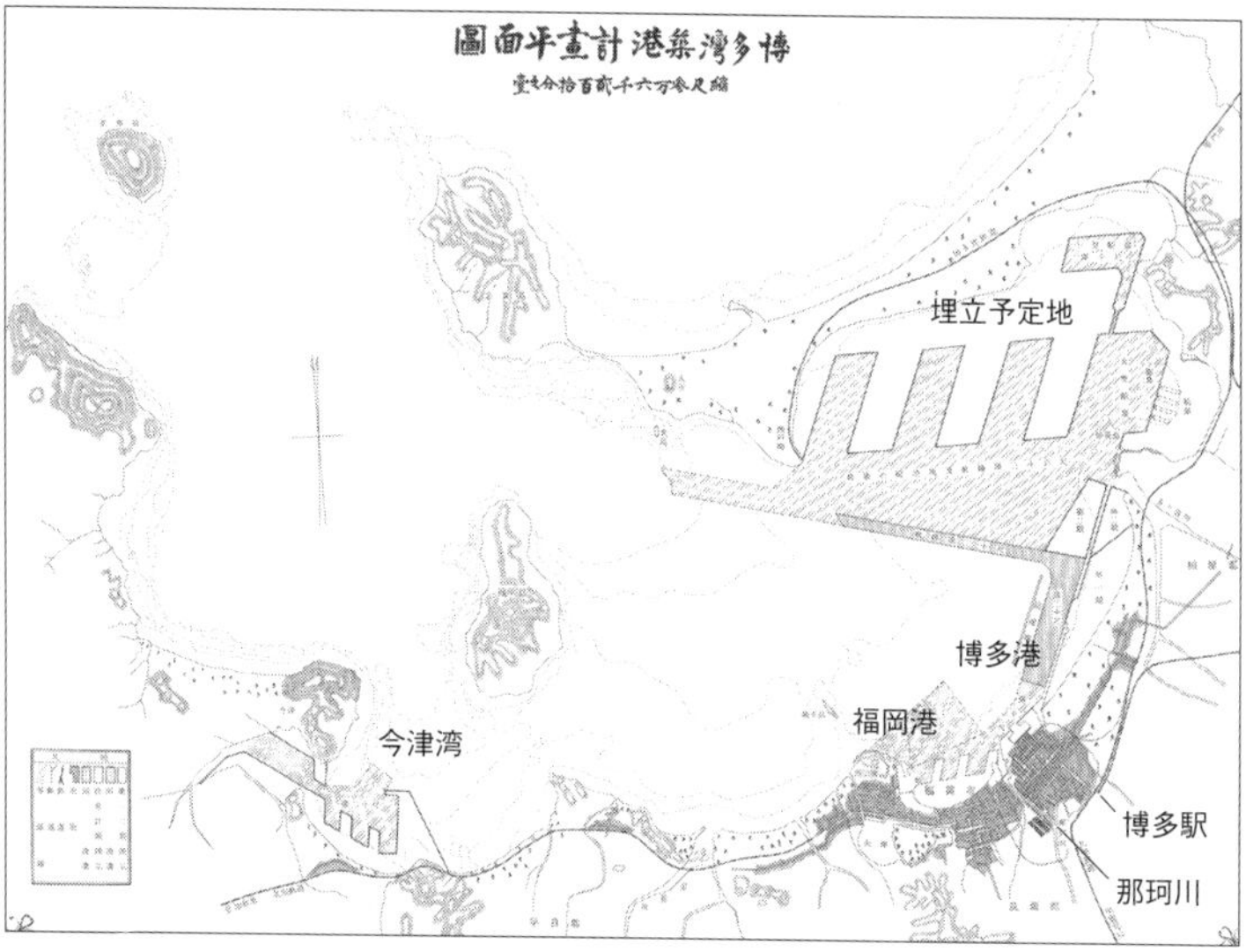

博多湾築港会社による築港計画〔『博多湾築港史』付図に、地名などを適宜挿入〕

代償は少なくない。玄洋社の人々が海を越えて活動するのと対照的に、博多港は貿易港としての重要性を下げていく。[*35]その主な要因は九州鉄道の開通にあった。貨物が鉄道の基点である門司・長崎へと集まるようになり、政府（内務省）からの修築費補助も門司港（関門海峡）・長崎港に限定された。帝国議会もそれを承認した。一方、博多港の修築に対しては、国庫補助はおろかその修築が政府内で検討されることもなかった。

そのため、博多湾岸の人々は自らの手で博多港の修築に取り組まなければならなかった。しかし、河口に位置する遠浅の港に大型船舶が出入りできるように修築するのは難事業である。技術的な困難はもちろん、大きな資金も必要となる。一八九九（明治三二）年には博多築港株式会社、一九〇〇（明治三三）年には福岡築港株式会社がそれぞれ設立されたが、両者の工事は小規模な埋立にとどまり、大型船が入港できるようにするものではなかったのである。

この難題に取り組んだのは、頭山満の金庫番をつとめていた杉山茂丸であった。杉山は、築港のために株式会社を設立し、埋立地の売却益で修築費用を捻出する計画を立てた。杉山の計画の画期性は、狭義の博多や福博ではなく、博多湾全体をひとつの港とみなす点にあった。杉山が設立した社名は博多湾築港株式会社であり、築港計画も既存の博多港の東側に航路を浚渫し、その浚渫土を利用して大規模な埋立地を造成するものであった。しかし、広義の博多を活用するこの計画に対して、狭義の博多の人々は否定的であった。これほど大規模な資金調達は杉山にとっても容易ではなく、一九一二（大正元）年の計画発表から会社設立まで四年、工事着手まで五年を要した。国庫からの補助はなく、米国の投資家が引き受けた外債が主たる財源であった。着工後も、第一次世界大戦に伴う物価騰貴と物資不足のために工事は難航し、一九三一（昭和六）年には中断に追い込まれた。[*36]

一九世紀から二〇世紀にかけて福岡＝博多は県庁所在地として重要な都市であり続けたものの、急速に工業化が進んでいく門司・小倉などの北九州諸都市と較べると、都市としての成長は伸び悩んでいたといえよう。福岡＝博多が名実ともに九州第一の都市へと返り咲くのは、アジア諸国との交流を重視する「アジア拠点都市」を標榜し始める一九八〇年代以降のことである。中央政府からの支援に頼むのではなく、ベンチャービジネスの成功がその発展を支えているという。[*37] 福岡＝博多の独自性は、今なお保たれているといってよいのかもしれない。

註

＊1 伊藤（二〇一八）三三〜三四頁。
＊2 『わたしたちの福岡市』七一頁。
＊3 『福岡市史　第一巻明治編』二五九〜二八一頁。
＊4 日比野（二〇一八）一四七頁。
＊5 迎（二〇〇七）四頁。
＊6 『博多港史』二〇頁。
＊7 鈴木（二〇一〇）一八三〜一八五頁。
＊8 日比野（二〇一五）二九〜三七頁。
＊9 石瀧（二〇一〇）九五〜九八頁。
＊10 新井（二〇〇四）四〇頁。
＊11 新井（二〇〇四）五〇頁。
＊12 石瀧（二〇一〇）六九頁。
＊13 稲田（二〇〇〇）二九一頁。
＊14 石瀧（二〇一〇）六〇頁。
＊15 稲田（二〇〇〇）二九五頁。
＊16 石瀧（二〇一〇）二一四〜二一五頁。
＊17 高村（一九九二）一四一〜一四六頁。
＊18 石瀧（二〇一〇）一六九頁。
＊19 西尾（一九六八）六五頁。
＊20 岩井（一九六三）五一七〜五一八頁。
＊21 塩出（二〇〇四）五五頁。
＊22 牧原（一九九八）一三一頁。
＊23 嵯峨（二〇二一）七六〜七八頁。
＊24 小田部（二〇〇六）二二一〜三二頁。
＊25 坂本（二〇一二）一七五頁。
＊26 中元（二〇二〇）一三一〜一三五頁。
＊27 安在（二〇一六）三一八頁。
＊28 御厨（二〇一七）一八〜一九頁。
＊29 中島（二〇一七）一五二〜一五六頁。
＊30 石瀧（二〇一〇）一七二頁。
＊31 大澤（二〇〇一）一二一頁。
＊32 マハン（二〇〇八）。
＊33 中村（二〇〇九）六二〜七二頁。
＊34 松本（二〇二〇）一五四頁。
＊35 『博多港史』四〇頁。
＊36 有馬（二〇一九）四一〜四二頁。
＊37 有馬（二〇二一）三〇六〜三〇八頁。

第5章

宮津（みやづ）——議会へ行こう

宮津は、京都市北部の若狭湾に面した港町である。近隣に天橋立を擁する観光都市ではあるものの、それほど大きな港町というわけではない。しかし宮津港は、五つの開港場以外では明治中期にいちはやく外国との貿易が許された港であった。小さな港町にそれが可能だったのは、有力な代議士を擁していたからである。本章では、帝国議会の設立が地域社会にとってもった意味について考える。

天橋立と庶民の旅

陸奥（むつ）の松島・丹後の天橋立（あまのはしだて）・安芸（あき）の宮島の三つの景勝地のことを、日本三景と呼ぶ。松島は松島湾内に浮ぶ島々、天橋立は宮津湾内に一直線に延びる砂嘴（さし）、宮島は海上に浮かぶ厳島（いつくしま）神社の社殿が、それぞれ見どころである。いずれも海に面しており、また近くに石巻・宮津・広島と港町があることが共通する。もっとも石巻・広島と比べて、宮津の人口規模は小さい。二〇二一（令和三）年時点で

天橋立〔筆者撮影〕

は広島市がおよそ一二〇万人、石巻市がおよそ一四万人であるのに対して、宮津市はおよそ一万七〇〇〇人にすぎない。[*1] しかし、中世には丹後国の国府が宮津湾内におかれ、また近世には宮津藩の城下町が築かれるなど、宮津湾周辺は古くから行政機関がおかれた地域でもあった。

当初は様々な組み合わせがあった日本三景が松島・橋立・宮島に固定されたのは、江戸時代の中頃である。[*2] この頃には庶民にも社寺参詣や物見遊山の旅が可能になったことで、多くの旅行案内書が刊行され、また都市部では旅の請負業者も現れる。こうした旅の大衆化の過程で、次第に日本三景が人々に共有されていった。宮津湾内には西国三十三所巡礼の札所である成相寺があったことも加わって、多くの旅人が訪れた。

「観光地」としての宮津湾の前提となったのは、交通網（道路網）の整備である。宮津から東には舞鶴までつながる道が、西には出石・久美浜までつながる道が、そして南には福知山を経て京までつながる道（京街道）が、それぞれ周辺の庄屋らによって整備されていた。交通網だけでなく、旅の途中で怪我をしたり、病気になったときにも、往来手形をもっていれば医療が受けられる仕組みが、幕府によってつくられた。こうして旅の安全性が高まったことも背景になって、宮津湾には全国各地から旅人が訪れたのである。[3]

明治に入ると、道路網に代わって鉄道網が陸上交通の主役となる。宮津の近隣でいちはやくそのチャンスを手に入れたのは、福井県の敦賀（つるが）であった。若狭湾の西端に位置する敦賀は琵琶湖までの距離が短く、琵琶湖水運を利用すれば、短い距離の鉄道で京都に接続できる。そのため一八八四（明治一七）年、敦賀－長浜間に日本海沿岸で最初に鉄道が開通した。鉄道によって京都・大阪と接続されたことで、敦賀港は急成長を遂げた。一八七八（明治一一）年の敦賀港の移出入価格（三二万五〇〇〇円）は、同じ福井県内の三国港（六八万円）や小浜港（四三万一〇〇〇円）と比べても、小さいものであった。[4]しかし敦賀港は、一八九六（明治二九）年に開港外貿易港に指定されたこともあいまって、一九〇六（明治三九）年の統計では、移出入価格（およそ二一七六万円）で三国港（およそ二二九万円）・小浜港（およそ一六三万円）に大きな差をつけることになった。[5]

鉄道の建設と海外貿易の開始が、敦賀港成長の大きな要因であった。当然、若狭湾岸の他の港町は、これらを実現しようと試みる。一八九〇年代にとくに活発な運動をみせたのは、若狭湾の西端に位置する港町、宮津であった。

帝国議会の開設

では、鉄道建設と海外貿易を実現するためには、地域有志はどうすればよいのか。その方法は、一八九〇（明治二三）年の帝国議会開設以前と以後で異なる。帝国議会がもった権限は、現在の国会と比べると小さなものではあったが、それでも法案に対する協賛権と予算の承認権をもつ。議会開設以前は、地域社会から中央政府に対する要望は、行政府への請願や陳情というかたちで行うほかなかったが、議会開設後は議会での立法という手段が加わったのである。

そのためには、地域の利害を代弁する政治家を議会に送り込まなければならない。帝国議会は貴族院と衆議院の二院制で、地方代表を送り込むのは主に衆議院である。発足時の衆議院議員選挙の制度は、「ほぼ小選挙区制」であったといわれる。議員定数三〇〇に対し、一つの選挙区から一人が当選する一人区の数は二一四、二人当選する二人区の数は四三であった。選挙資格・被選挙資格は、選挙人名簿作成までの一年間に、その府県で直接国税一五円以上を納めた成年男子に与えられた。直接国税は地租と所得税を対象とすることが別途定められたが、一五円の所得税を納めるためには一〇〇〇円以上の所得が必要であった。当時は給与所得でこれほどの収入を得られる者は多くなかったため、有権者のほとんどは地租を納める者すなわち地主となった。年齢制限もあり、選挙資格は満二五歳以上、被選挙資格は満三〇歳以上であった。立候補制ではなく、被選挙資格保持者であれば誰にでも、有権者は投票できた。政府がこのような選挙制度を用意した背景には、地域社会の多数から推されるような人格・識見をもった穏健な名望家が衆議院議員（代議士とも呼ぶ）として選出されるべきだとする認識があったからだといわれる。[*6]

第一回総選挙では、宮津を含む丹後地域（京都六区：一人区）では、元大蔵官僚の神鞭知常（こうむちともつね）と、民権派の有力者として知られる小室信夫（こむろしのぶ）の争いとなった。当選したのは神鞭で、その勝因は大蔵官僚時代に丹後地域の地価修正に尽力したことにあった。[*7]

地価修正とは、地租算出の基準となる法定地価を改めることで、税額を修正することである。一八八〇年代には、地価修正によって実質的な減税を要求する運動が全国的に活発であった。議会開設を目前にした政府も、これらの要求に応じて一八八七(明治一九)年と一八八九(明治二二)年の二度にわたって地価修正を実施した。主税局次長であった神鞭の影響力は大きかったようで、二度の地価修正で丹後地域はいずれも全国平均を上回る減租を獲得している。[*8]

帝国議会開設後も、全国的には地価修正運動が盛り上がった。それまでの政府・府県に対する請願や陳情ではなく、法案の成立によって地価修正を実現する可能性が生まれたからである。しかし地価修正問題をめぐっては、それによって地租が軽減される地域と、地租の増徴へとつながる地域が存在する。そのため衆議院で多数を占めた民党系は、地価修正問題で一致した行動をとることはできなかった。帝国議会設置を契機として日本にうまれた全国政党(自由党・立憲改進党)は、地域間の利害調整をはかる主体にはなっていない。その理由は、第一に地方問題よりも国家問題を担うべきだという党幹部のエリート主義にあり、また第二に全国政党といえども実質的には各地の政社の連合体にすぎないという政党組織の問題にあった。[*9] こうした状況で、議会に集結した各地の代議士は、それぞれの選挙区から出された要望を、超党派的な組織を結成することで実現しようと試みる。

特別輸出港への指定

議会開設前の地価修正によって丹後の地租問題は解決したと考える神鞭は、次なる地域の発展策として、宮津への鉄道建設と海外貿易振興に取り組んでいく。[*10] 一八九二(明治二五)年八月、宮津町の有志が中心となって、宮津商港・鉄道期成同盟会を結成する。同会が目指したのは、宮津港を特別輸出港に指定し、さらに京都・大阪・神戸へつながる鉄道を建設することであった。

特別輸出港制度とは、米・麦・麦粉・石炭・硫黄の五品目に限って地方港に外国貿易を認める制度である。一八八〇年代に日本政府は、開港以外の地方港から日本人による直輸出を試みた。その場合に問題になるのは、輸出のために必要な船舶である。当時の日本には十分な船舶がなかったため、外国船を雇い入れるほかなかったが、外国船を不開港場へ回航することはできない。北部九州で産出される石炭は重要な輸出品となっており、上海の輸入石炭市場で価格競争力を維持するためには、輸送コストをできる限り小さくする必要があった。[*11] また、結果的には主要輸出品とはならなかったものの、日本政府は断続的に米の輸出を試みていた。石炭・米などの重量物は、税関のある開港場まで回漕する費用がかさむ。そこで大蔵省は、一八八九（明治二二）年、これらの輸出関税をかけない無税品に限って輸出を認める特別輸出港規則を定めた。特別輸出港に指定されたのは、下関・門司・博多・唐津・口之津・三角・四日市・伏木・小樽の九港であった。宮津の有志は、宮津港をその一つに指定するように働きかけていく。

そのためにまず宮津の有志が行ったのは、議会への請願であった。貴衆両院に対する請願書の提出は、議員の紹介があれば非有権者でも認められており、一般的な手法であった。第一議会では一五二六件、第二議会では一三七〇件の請願書が提出されており、その賛同者数の合計は八六万人を超えている。第一回総選挙の有権者数はおよそ四五万人と比べても、かなり多くの人々が請願に加わっていたことがみてとれよう。[*12]

請願書をたずさえて上京した各地の有志は、議会に傍聴に赴いて、各地から選出された代議士に働きかけを行った。多くの代議士をつかまえるのには、議会に赴くのが最も簡単だったからである。議会の傍聴は、代議士に配布される傍聴券をもっていれば、非有権者であっても可能であった。各地から集まった有志は、議会に通ううちに請願方法の情報交換や傍聴券の融通などのネットワークを形成した。発足当初の衆議院については、その有権者数の少なさがしばしば指摘される。実際、第一回総選挙の有権者数は、全人口の一%にすぎなかった。しかし、議会には多くの非有権者が自らの要求を実現するために集まり、独特の政治空間をかたちづくっていたのである。*13

ともあれ、宮津の有志の活動の成果もあって、宮津港を特別輸出港に指定する法律案は、貴衆両院(第四議会)を通過した。大蔵省は宮津港では海外貿易の発展は見込めないと反対したが、法律案は議会を通過し、一八九三(明治二六)年三月、宮津港は特別輸出港に指定された。

通商国家論と地域社会

なぜ宮津の有志は、当時も決して一般的ではなかった特別輸出港という制度に着目できたのか。その先導者が神鞭であったことは間違いない。先述したとおり、神鞭は元大蔵官僚であって関税制度にも詳しく、また国粋主義グループに属する政治家でもあった。*14 政治団体としては複数の組織に分かれる国粋主義グループは、国際情勢に関する情報収集や認識共有の場をもっていた。東邦協会である。同会は、「東洋諸邦及ひ南洋諸島」についての研究、またその成果を公開するために、一八九一(明治二四)年に設立された学術団体である。副島種臣(そえじまたねおみ)や近衛篤麿(このえあつまろ)などの政治家、高橋健三や小村寿太郎などの官僚、志賀重昂(しげたか)や福本日南などのジャーナリストがその中心となった。*15

世界大での交通・通信ネットワークの革新が進むなかで、東邦協会の関心も交通・通信と、それがアジア情勢に与える影響へと向けられた。とくに注目されたのが、ロシアによるシベリア鉄道の建設である。ヨーロッパから極東まで移動する手段は、当時は地中海からインド洋を経て北上するルートが一般的であった。だが、このルートは時間的・金銭的なコストが大きいうえに、スエズ運河や多くの植民地をもつ英国の脅威も無視できない。そこでロシアは、ユーラシア大陸を横断する鉄道を構想し、一八九一年に着工した。

日本国内では、シベリア鉄道の軍事的脅威を警戒する声が多かったが、同時にその経済効果を期待する声もあった。東邦協会で通商国家論を主導した稲垣満次郎は、建設中のシベリア鉄道に加えて、アメリカ大陸で計画中のパナマ・ニカラグア運河、また一八八七年に開通したカナダの大陸横断鉄道などの世界交通網の拡充により、その焦点に位置する日本は、上海に代わるアジア経済の中心となりうる、と主張する。[*16]

神鞭を通じて、これらの議論にいち早く触れることができた宮津の有志は、他の港町に先んじて特別輸出港への指定を実現することができたのである。実際、宮津の有志が特別輸出港指定の理由として挙げたのは、シベリア鉄道の基点である新興都市ウラジオストクにおける都市建設のための石材、また食料としての生牛の需要であった。[*17]

神鞭が所属する国粋主義グループの後押しも、宮津の人々は得られた。たとえば、同じく東邦協会の幹部である海軍水路部長肝付兼行（きもつきかねゆき）は、各地での演説や雑誌への寄稿を通じて、シベリア鉄道開通後の日本海沿岸諸港には、大規模な倉庫と鉄道などの設備が必要だと論じている。そのなかで肝付は、すでに鉄道が開通している敦賀に次いで日本海の主要港にふさわしい港として宮津を評価した。[*18] また、やはり東邦協会の幹部であった貴族院議員の近衛篤麿は、大蔵省の抵抗を受けていた特別輸出港指定法案の貴族院での可決に導いたという。[*19]

鉄道敷設法と舞鶴線

特別輸出港の指定を実現した宮津の人々にとって、次の課題は鉄道の建設であった。一八八〇年代後半には、松方デフレ政策の効果が出始め、全国的に私設鉄道建設がブームとなっていた。しかし一八九〇（明治二三）年にはその反動から株価が暴落し、経済不況が起こった。そのため、開設したばかりの帝国議会には、全国から国家による鉄道建設（官設）を求める請願が寄せられた。

ところが、衆議院での多数を占めた民党勢力は民力休養（政費節減）を主張しており、鉄道建設に応じる気配はなかった。そのため鉄道建設が遅れていた地域の代議士は、超党派組織（鉄道期成同盟会）を結成して、民党・政府双方に働きかけることになる。鉄道期成同盟会に参加した代議士は、新潟や福井などの日本海沿岸選出の代議士が多かった。これらの地域は、太平洋側に比べて鉄道建設が遅れていたからである。一方、政府内部では、基本インフラとしての鉄道（幹線鉄道）は国家によって建設（官設）すべきだとの意見もあった。こうして、各地の鉄道建設を求める有志と、幹線鉄道の官設を目指す政府との意向が合致した結果、一八九二（明治二五）年六月、第三議会で鉄道敷設法が成立した。

鉄道敷設法の成立によって、地域社会から中央政府への利益要求ルートが確立した。同法の第二条では、官設されるべき鉄道路線が明記された。また第七条で、このうち今後一二年間で建設予定の九路線（第一期線）が記された。それ以外の路線は第二期線と呼ばれ、建設の優先順位が明示された。その結果、鉄道建設を希望する各地域の有志は、自らが希望する路線が第二条で記されていなければ第二条への明記が、また第七条に挙げられていなければやはり第七条への明記（第一期線への繰り上げ）が、それぞれ運動の目標となる。そのためには議会での法改正が必要であるから、貴衆両院での多数の支持を得ることが、鉄道の早期建設への必要条件となったのである。[*20]

鉄道敷設法は、鉄道建設をめぐるゲームのルールを大きく変更した。同法の成立以前は、各地の有志は、やみくもに有力政治家への陳情を繰り返すほかなかった。したがって、有力政治家へのコネクションをもつ地域が有利で、しかもその採否の基準も明確ではなかった。だが、同法の成立によって、各地の有志にとっては働きかける対象や要求すべき内容が明らかになり、また競合する他地域との関係も視覚化された。「利益政治」はしばしば批判の対象となるが、国家の内部で地域的な富の偏在を是正することそれ自体は、「全体の利益」にかなうだろう。「利益政治」に問題があるとすれば、その実現過程がベールに包まれており、特定の地域（業界・企業といいかえてもよい）のみが優遇されている印象を与えている場合である。鉄道敷設法の成立は、鉄道建設をめぐる政治過程をオープンにしたことに、その意義があるといえよう。

若狭湾沿岸では、京都から舞鶴に至る舞鶴線が第一期線に組み込まれた。その最大の理由は、すでに舞鶴への海軍鎮守府の設置が決定されていたことにあるだろう。舞鶴から宮津へは陸路で三〇キロメートルほどしか離れておらず、宮津の人々の期待も高まった。鉄道敷設法は民間企業による鉄道建設を排除するものではなく、舞鶴線は京都財界が中心となって設立された京都鉄道会社によって建設されることになり、同社は舞鶴から宮津への支線建設も計画に組み込んだ。これに対応して神鞭は、一八九六（明治二九）年に丹後鉄道株式会社を設立し、宮津から西方（兵庫県の城崎）へつながる鉄道を敷設することで、宮津を中心とする陸上交通網の整備を目指した。[*21]

日露開戦時（1904 年）の鉄道建設状況

超党派組織の限界

しかし、議会における超党派組織は、長期的には有効には働かない。なぜなら、地方利益をめぐる超党派組織は各地の利益を総合した「総論」を主導することができても、実際にそれを具体化する段階になると、各地個別の利害が対立して収拾がつかなくなるからである。

たとえば鉄道敷設法をめぐっては、一方で第一期線に指定された路線沿線の住民は同法の円滑な施行を望み、他方で第二期線に指定あるいは第一期・第二期どちらの指定にも漏れた路線の沿線住民は同法の改正に対立する。

を求める。鉄道敷設法の成立までは目的を共有できた各地の有志は、それが実践段階になると、相互

同様の現象は、特別輸出港の指定をめぐっても生じている。宮津港の成功をみた全国の港町の有志は、特別輸出港指定を認める法律案の提出案を画策した。一八九五（明治二八）年末の第九議会には、敦賀・境・浜田・唐津・青森・下関・門司・博多の八港が、相互に協力して、各港を特別貿易港に指定する法律案を提出した。しかし、各港の協調はあくまで衆議院を通過させるための一時的なものにすぎなかった。実際にこれらの八港がすべて特別貿易港に指定されるとは、それぞれの地域の代議士も考えておらず、どの港が特別貿易港になるかは貴族院での審議に委ねる方針が確認されていた。

こうした個別法の制定を求める地域社会からの要求に対して、大蔵省は一般法を制定することで対応しようとした。すなわち、税関出張所が設置されている港には海外貿易を認める内容をもつ開港外貿易港法案を、同じく第九議会に提出したのである。これにより、税関出張所の設置権限をもつ大蔵省が、どの港を貿易港にするかの決定権を手にする。個別法ではなく一般法で貿易港を指定するルールを確立することで、その権限を回収したのである。その代償として大蔵省はこれらの八港をすべて特別貿易港に指定することになったが、二年間の輸出入貨物価格が五万円に満たないときは税関出張所を閉鎖することとし、開港外貿易港の野放図な増加には一定の歯止めをかけた。*22

ともあれ、議会において各地の代表が相互に協力するだけでは不十分だということが、一八九〇年代半ばには明らかになった。各地の地方利益の総和は、必ずしも国家レベルの利益にはならない。それらの個別利益を政策として体系化する作業が必要になる。神鞭が宮津港の特別貿易港化に成功した

理由は、それが単なる地方利益の誘導にとどまらなかった点にある。神鞭を含む国粋主義者の国家構想と宮津の地域利害が一致した結果、貴衆両院での支持が得られたのであった。そうした機能が期待される政党が日本政治の主役になるには、もう少し時間が必要であった。

一方で、地方代表が集まって政策を議論する帝国議会の登場は、各地から中央政府への要求を序列化し、その実現過程をオープンにする結果をもたらした。帝国議会を頂点とする中央―地方関係が、その後の日本政治のひとつの基盤となっていくのである。

観光都市への回帰

しかし、東京を中心とする中央集権体制に順応することが、必ずしもその地域の繁栄を約束するわけではない。宮津は貿易港としては発展しなかった。神鞭は、一八九三（明治二六）年の宮津の特別輸出港指定直後に日露韓貿易会社を設立し、宮津とウラジオストクおよび朝鮮半島の元山（げんざん）と釜山などを汽船で結び、貿易を開始しようと試みた。宮津からは石材・食牛・米穀などを輸出し、また朝鮮半島から大豆や漁獲品などを輸入する計画である。さらにロシアの沿海州や釜山近海で漁業も行う計画も立てている。だが、いずれの試みも成功せず、日露戦後の一九〇七（明治四〇）年には同社は解散した。[*23]

海外貿易の試みがうまくいかなかった理由のひとつは、当初の目論見に反して、鉄道建設が順調には進まなかったことにあるだろう。京都―舞鶴間の鉄道建設の免許を得ていた京都鉄道会社は、一八九九（明治三二）年に京都―園部間の営業を開始したものの、日清戦後不況の影響を受けて舞鶴まで

明治末から大正中期の宮津港〔絵葉書〕

鉄道を建設することはできなかった。神鞭が設立した丹後鉄道株式会社も、鉄道を建設することなく同年には解散した。一方で、大阪‐福知山間の鉄道建設の免許を得ていた阪鶴鉄道会社は、一九〇〇（明治三三）年に当初の予定どおり完成させ、さらに福知山から宮津までの鉄道建設を目指したが、政府からの許可が下りなかった。結局、海軍鎮守府のある舞鶴までは政府によって建設されることになり、日露戦争を控えた一九〇四（明治三七）年に福知山‐新舞鶴（現在の東舞鶴）間が開通した。だが舞鶴から宮津への支線は建設されず、宮津まで鉄道が開通したのは、それから二〇年後の一九二四（大正一三）年のことであった。[*24]

この間、宮津の人々は貿易都市としての発展には見切りをつけ、天橋立を中心とした観光地としての発展へと、その方向性を切り替えた。天橋立は、もともとは文殊智恩寺の境内であったが、一八七一（明治四）年より官有林となっていた。その後、国有林野の整理に際して、天橋立は与謝郡へ払い下げられることとなり、舞鶴線の開通に合わせて郡営の公園として整備された。一九一九（大正八）年には、私設の展望台が設置されていた傘松地区も公園に編入され、観光地として整備されていく。

宮津に鉄道が通るまでは、これらの公園には舞鶴港から船に乗り宮津港を経由して向かうか、あるいは天橋立まで船で直接向かうのが一般的であった。しかし一九二五（大正一四）年に宮津から天橋立まで鉄道が延伸されたことで、観光客は大きく増加した。さらに成相寺のある成相山にはスキー場が設立され、また夏季には海水浴場を整備されるなど、一九二〇年代には観光都市・宮津の基礎が築かれることになったのである。[*25]

註

＊1　いずれも人口基本台帳（各市のホームページを参照）による。
＊2　上杉（二〇二〇）七〇頁。
＊3　『宮津市史　通史編下巻』三七二〜三八九頁。
＊4　中西（二〇〇九）三八四頁。
＊5　『日本帝国港湾統計　明治三九年・四〇年　前編』。
＊6　清水（二〇一三）七〜一四頁。
＊7　今西（一九九一）一一五頁。
＊8　今西（一九九一）五五頁。
＊9　前田（二〇一六）七頁。
＊10　飯塚（一九九一）三八一〜三八二頁。
＊11　安井（二〇一〇）八六〜八七頁。
＊12　末木（二〇一三）九五頁。
＊13　飯塚（二〇一二）六三〜六六頁。
＊14　飯塚（一九九一）三七四頁。
＊15　中川（二〇一六）二〜四頁。
＊16　中川（二〇一六）五一〜五三頁。
＊17　飯塚（一九九一）三八三頁。
＊18　稲吉（二〇一四）七一頁。
＊19　中川（二〇一六）六七頁。
＊20　松下（二〇〇五）五四頁。
＊21　飯塚（一九九一）三八五頁。
＊22　稲吉（二〇一四）一〇二〜一〇五頁。
＊23　『宮津市史　通史編下巻』八〇五〜八〇七頁。
＊24　『宮津市史　通史編下巻』八一三〜八一八頁。

＊25　『宮津市史　通史編下巻』七八二〜八〇〇頁。

第Ⅱ部

移動する人々

第6章

広島――軍隊と暮らす

広島は、瀬戸内海の西部に位置する港町である。近世には広島城の城下町として発展し、一八八〇年代に当時の県令によって本格的な築港工事が着手された。主要軍隊の駐屯地としての性格と港町としての性格を併せもったことから、対外戦争にあたっては日本軍の輸送基地としての役割を担うようになった。本章では、広島の港を行き来する軍隊を通して、軍隊と一般の人々との関わりについて考える。

軍都の誕生

広島・厳島神社の名産品といえば、杓子(しゃくし)である。広島湾に浮かぶ宮島の土産物屋には、大小様々な杓子がならんでいる。この杓子は、日清戦争を契機として全国に知られるようになったものである。広島は日本軍が大陸へ移動する際の拠点であった。日本各地から広島に集まった将兵たちは、すぐに戦地に向かうのではなく、出征するまでの数日から一カ月を広島で過ごす。その間、厳島神社に参

厳島神社の鳥居〔筆者撮影〕

拝することも多く、「杓子は敵をメシトル（飯取る）」という語呂合わせから、杓子を奉納することもあった。また、出征の際に郷土の親戚や知人らから餞別を受け取る兵士たちは、無事に帰還したときには返礼としておみやげを配る風習があった。帰郷の際にこの杓子を郷里へのおみやげとしたことで、厳島神社の杓子は全国的な知名度を得たのである。*1

　では、なぜ多くの兵士が広島を経由して各地に帰っていったのか。その最大の理由は、日清開戦当時の幹線鉄道が広島まで開通していた点にある。官営による東海道線は一八八九（明治二二）年には新橋から神戸まで到達し、神戸から下関までは山陽鉄道会社による鉄道建設が進められていた。日清開戦直前の一八九三（明治二六）年の時点で、山陽鉄道は広島まで到達していた。東北地方では、日本鉄道会社による鉄道建設が進められており、一八九一（明治二四）年には上野－青森間が開業している。日本海沿岸に位置する金沢と新発田（しばた）をのぞく本州のすべての衛戍（えいじゅ）地から、広島までの鉄道がつながっていたことになる。

　しかも、広島から戦地である朝鮮半島までは船で直航することが可能であった。広島郊外の宇品（うじな）では、一八八四（明治一七）年から一八八九（明治二二）年にかけて千田貞暁（せんださだあき）県令によって築港事業が

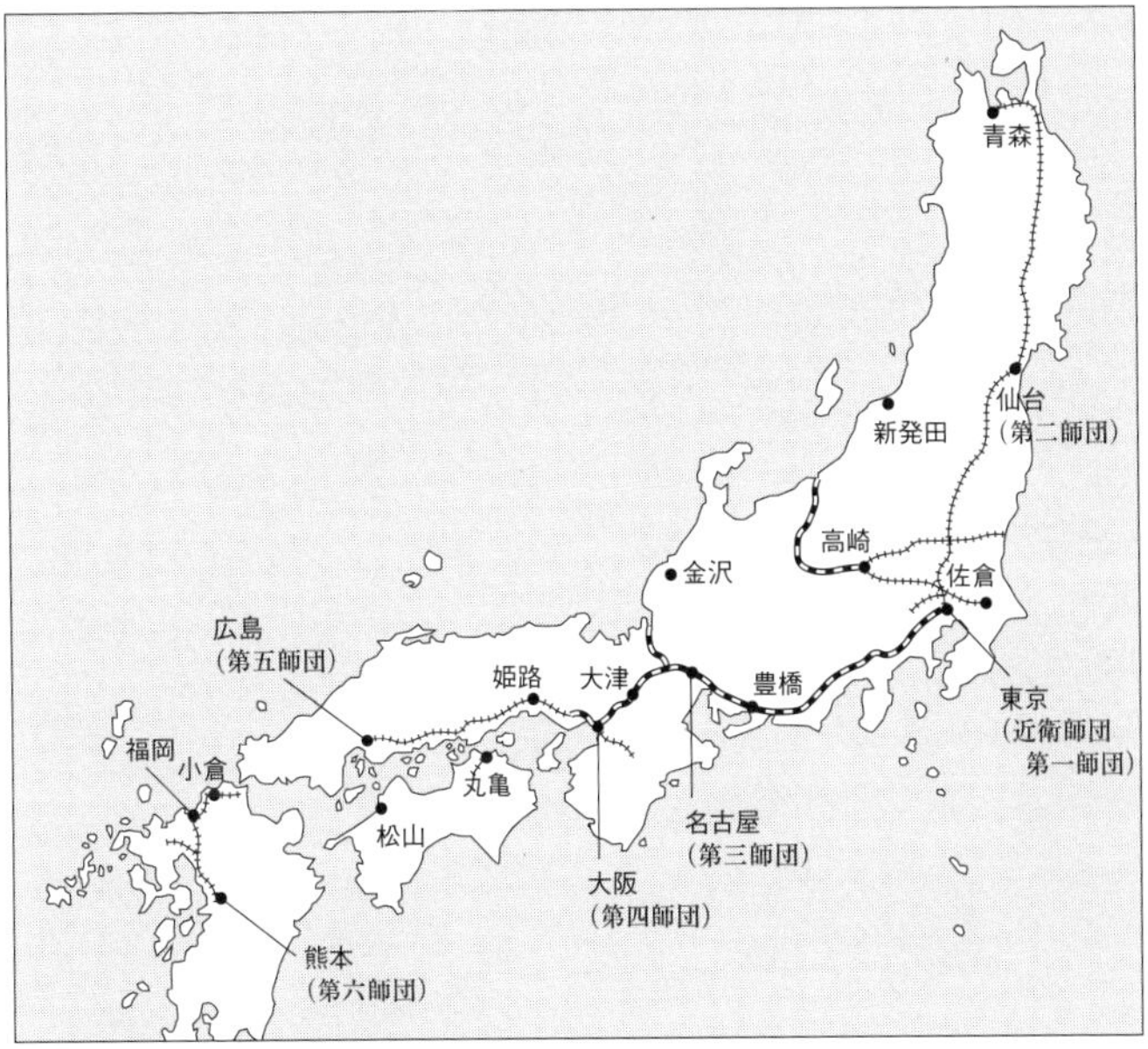

日清開戦時の鉄道と主要部隊駐屯地

行われており、大型船舶が入港可能であった。一八八〇年代には、各地の地方官は地域開発と士族の授産を目的として交通機関の整備を進めたが、千田もその一人であった。千田の宇品築港計画は、広島から浜田・松江・三次（みよし）へとつながる三つの県道と連動した、殖産興業のためのインフラ整備であった。[*2]それらの交通機関が、日清戦争においては将兵の輸送に使われることになったのである。

しかし、兵員の輸送基地としては、交通機関が整備されているだけでは不十分である。出征を待つ多くの将兵を収容できるような、ある程度の規模の都市でなければならない。日清戦争に際しては広島市内の寺院や民家に割り当てが行われたが、それでも十分でなく、付近の町村にも将兵は分宿した。[*3]また、負傷兵などを収容する医療施設も不可欠である。広島には一八七一（明治四）年から鎮台病院（のちに衛戍病院と改称）が置かれており、日清戦争中は陸軍予備病院の本院として活用された。[*4] さらに宇品港での輸送を担う人夫も、必要であった。兵員や物資を輸送するためには小型の船舶や、それらの船舶を扱う船頭が不可欠で、一八九四（明治二七）年一〇月時点で近隣の漁村から合計で九二隻の船が買い上げられている。[*5]

広島は、日清戦争以前も日本陸軍の主要な駐屯地であり、一八七〇年代には西日本で頻発した士族反乱の鎮圧の拠点であった。しかし、近代日本にとって最初の本格的な対外戦争である日清戦争に際しては、大本営や臨時仮議事堂がおかれるなど、他の軍事拠点とは異なる扱いを受ける。さらに日清戦後には、多くの軍事産業が広島近傍に立地するようになった。広島にとっての日清戦争とは、単なる軍事拠点ではなく「軍都」[*6]として発展していく契機となる事件であった。

日清戦争

日清戦争は、朝鮮半島をめぐる日本と清との戦争である。一八五〇年代以降、日本は西洋列強を中心とする国際秩序のなかに参入した。一方で、清は従来の東アジア国際秩序の維持を目指し、朝鮮半島は両者が衝突する舞台となった。日本は、朝鮮半島をロシア・清からの軍事的脅威を食い止めるための緩衝地帯として位置づけており、これに対して清は、朝鮮を「最後の朝貢国」として存続させようと試みた。いずれの国にとっても、自国に連なる政権を朝鮮国内に樹立することが重要であった。こうした国際環境の変化を受けて、朝鮮国内でも親日・親清両派の対立が激化するが、一八八四（明治一七）年の甲申事変以降は清が優勢であった。

一〇年に及ぶ安定期ののち、一八九四（明治二七）年春に全羅道で朝鮮政府に対する農民の反乱が起きる（東学党の乱）。日本政府は、これを朝鮮半島における劣勢挽回の好機ととらえ、同年六月には広島を拠点とする第五師団に対して、日本人居留民の保護を名目とした動員令を下した。これを受けて第五師団は、戦時編制の歩兵二個連隊に騎兵・砲兵・工兵・兵站部などを加えた混成旅団を直ちに派遣した。日本が清国に宣戦布告を行った八月初めには、第五師団の残りの部隊が宇品港から朝鮮半島へ移動した。さらに八月末以降は、第三師団（名古屋）・第一師団（東京）・第二師団（仙台）・第四師団（大阪）・近衛師団（東京）が、順次広島から大陸へと移動した。

　戦地に赴いたのは、将兵だけではない。各師団出入りの請負業者や移民会社によって集められた軍夫が、軍需品の輸送や連絡線の確保などを担った。軍夫とは、軍馬に代わって日本軍の補給業務を担った民間人（軍属）のことである。正規の軍人ではなく、服装も法被に股引・草鞋履きという姿であったが、戦争の遂行に不可欠な軍事輸送の大部分を担っており、およそ一五万人が戦地に派遣されたという。これは、戦地に派遣された正規の軍人数およそ一七万人にほぼ匹敵する数字である。軍夫には、義勇兵として従軍を志願していた旧民権家や旧藩士などに加えて、力士や博徒など種々雑多な階層の人々が参加した。*7

　多数の将兵・軍夫が滞在したことで、戦時中の広島市内は大いに賑わった。その反面、市内の物価は高騰し、兵士・軍夫が引き起こすトラブルも多かったようである。*8 軍隊が移動するたびに開かれる歓送迎式典も、地域住民にとっては負担となった。

広島周辺の主な軍事施設

コレラと戦争

日清戦争に限らず一九世紀の戦争では、戦闘で死亡する人数より、病気とくに伝染病で死亡する人数のほうが多かった。日清戦争における日本陸軍の死亡者一万三四八八名のうち病死者は一万一八九四名と、全死亡者の九割近くが病死である。[*9] 伝染病のなかでも多かったのはコレラで、病死者の半数以上が罹っていた。

コレラを中心とする伝染病は、将兵の輸送拠点である広島にも持ち込まれた。一八九四（明治二七）年七月には広島陸軍予備病院への患者の受け入れが始まり、戦争終結後の一八九六（明治二九）年三月までに五万人を超える患者が収容されたが、このうちおよそ一万人が伝染病患者であった。政府も一八九五（明治二八）年二月頃から防疫対策を本格化させ、同年五月には、総工費一五〇万円を投じて宇品港沖に浮かぶ似島（にのしま）に検疫所を建設した。似島検疫所は、最新の蒸気消毒装置を備え、一日に五〇〇〇〜六〇〇〇名の消毒ができる世界最大級の検疫所であった。[*10]

それにもかかわらず、同年四月から広島市内でもコレラ患者が増加し始めた。正規の軍人に比べて軍属・軍夫に対する衛生管理は不十分であり、また広島市民のあいだにもコレラに関する知識が十分でなかったことがその理由とされる。一八九五（明治二八）年二月から一一月までのおよそ一〇カ月間で、広島市内には三九一〇人のコレラ患者が発生し、二九五七名が死亡したという[*11]。

コレラ菌は、水や食べ物とともに体内に取り込まれ、腸内で増殖する。その結果、腸管内が損傷して血液中の液体成分が失われ、感染者は死に至る。したがって、コレラに対する有効な対策は、上水道を整備して清潔な水を供給することになる。日清開戦当時、日本国内で上水道が整備されていた都市は横浜・函館・長崎の三都市にすぎず、広島には水道は整備されていなかった。

そのため日清戦後の広島にとって、上水道の整備は喫緊の課題となった。そもそも多くの人馬が滞在し、また船舶に給水する必要がある軍都広島に、水は不可欠である。日清戦争中に多くの将兵が広島に滞在したことによって市内の水需要が高まり、付近の井戸水は枯渇したという。しかし、衛生行政を所管する内務省では、貿易都市である神戸・函館の水道の拡充を優先する方針が固まっており、広島の水道整備には国庫補助の見通しは立たなかった。

そこで陸軍は、日清戦争の臨時軍事費から広島市の軍用水道布設費として六四万円の支出を求め、内閣からの了解を得た。この軍用水道は、工事完了後の一八九八（明治三一）年には広島市に無償で貸し下げられた。広島市も工費を負担したが、それは工費総額の三分の一ほどにすぎなかった。当時の水道布設工事への国庫補助は総額の三分の一が一般的であったから、三分の二の補助を実質的に受けた広島市は、かなり優遇されたといえるだろう[*12]。

軍隊がもたらす利益と誘致活動

水道布設の事例からも明らかなように、第二次世界大戦以前の日本の地方都市では、軍隊が駐屯していることによって得られる利益は大きかった。

日本陸軍の編制は、一八八八（明治二一）年に部隊の移動を前提とする師団が基本単位となる。[*13] 一個師団には、二個旅団（一個旅団は歩兵二個連隊で構成される）に加えて、騎兵・砲兵・工兵・輜重（しちょう）の各部隊が置かれる。歩兵連隊の定員は平時二〇〇〇人弱で、師団の所在地には二個連隊および各部隊が常駐し、残る二個連隊は管内の別の場所に一連隊ずつ配置された。師団所在地にはおよそ六〇〇〇人、連隊所在地にはおよそ二〇〇〇人の消費人口がいたことになる。軍人に加えて、とくに騎兵・砲兵・輜重兵部隊には多くの軍馬が所属し、軍馬も大量の馬糧を消費した。これらの消費による経済効果は大きかった。[*14]

兵営の周辺には、軍人に日用品・嗜好品・その他サーヴィスを提供する商店が軒を連ねた。入営・除隊の際や休日には兵士の家族が訪れることもあり、兵営周辺には旅館も多かった。記念写真撮影のための写真館や土産物屋も、兵営周辺に多い業種である。また兵営から少し離れた場所に設置される遊郭も、軍隊所在都市に一般的な風景であった。[*15]

全国各地に所在する連隊は地元との関係を重視した。その理由のひとつは、徴兵によって集められる兵士は、本籍のある連隊区（一～二府県をその範囲とする）の連隊に入隊したことにある。日本の徴兵制は、その一般的なイメージとは異なって、成年男子の全員が兵役についたわけではない。陸軍は、費用対効果の面からも、少数の優秀な人材を選抜する志向をもっていた。[16] 時期によって内容は異なるが多くの免役条項があり、また体格・身体能力の検査があった。検査に合格した者もすべてが兵役についたわけではなく、そのなかから抽籤で選ばれた者だけが兵役についた。「不公平」な制度を導入したことになるが、この場合の陸軍にとっての問題は、兵役義務者のモチベーションにあった。兵役義務者には除隊後も予備役・後備役の負担がある一方で金銭的な代償は少なく、しかもその選抜に公平性がないとなれば、兵役を忌避する風潮は避けられないだろう。そこで陸軍は「郷土部隊」という意識を強めることで、地域の人々の軍隊・徴兵制への理解と戦時の後援へと結び付けていった。[17]

　軍隊には兵器・軍服などの工業製品が必要であり、軍隊所在都市ではこれらの工業も発達した。広島には、兵器の購買・検査・保管・修理を行う広島陸軍兵器支廠、軍服・軍帽・靴・背嚢（はいのう）などの調達・製造などを行う広島陸軍被服支廠がおかれた。食品工業とりわけ携帯性や保存性にすぐれた缶詰産業も、軍隊と結びつくことによって発達する産業である。[18] とくに中国地方は黒毛和牛の産地でもあり、広島（宇品陸軍糧秣（りょうまつ）支廠）では牛缶製造が発達した。近世までの日本では牛肉食は一般的ではなかったが、軍隊での経験を通じて全国的にその習慣が広まった側面もあるという。[19]

　軍需産業という点では、陸軍の師団・連隊が所在する都市よりも、海軍の鎮守府が所在する都市のほうがその経済効果は大きい。鎮守府には、艦船・兵器を整備する海軍工廠が併設されたからである。広島近傍におかれた呉鎮守府は、海軍工廠が大規模だったことで知られ、およそ二万人の職工が働いていた。呉ほど規模が大きくない鎮守府（横須賀・佐世保など）では、工廠に部品を納入するために民間の重化学工業が発展した。また、相次ぐ師団の増設・海軍工廠の拡張は、土木工事を必要とした。軍隊の土木請負から急成長した土木業者も少なくない。[20]

軍隊が所在することによって得られる利益は、以上のような経済的利益だけではない。都市の「風格」という非経済的な利益も大きかった。同程度の規模の都市であっても、軍隊が所在していることによって全国的な知名度は向上し、また中央政府および周辺都市からみた位置づけが変わることがある。同様のことは、高等教育機関や城郭の有無についてもいえる。[21]

日清戦争中から、軍隊のもたらす経済効果・非経済効果に期待する各地では、新設師団・連隊の誘致運動が活発化していた。陸軍側が師団・連隊の設置に際してなにより重視したのは、衛生面や交通網の充実度もさることながら、土地確保の容易さであった。陸軍の駐屯地には、兵営のみならず演習場など広大な土地が必要となる。事前の情報漏洩による土地の買い占め＝地価の高騰を、陸軍はなによりも警戒した。実際、日清戦後に新設された第一〇師団の所在地は、当初福知山が予定されていたが、地価が高騰したために姫路へと変更されている。師団・連隊の誘致をめざす各地は競うように土地を献納し、陸軍側がそれを促すこともあった。[22]

日清戦後の一八九五（明治二八）年末に召集された第九議会では、清からの賠償金を原資とする陸海軍の軍拡費が認められ、陸軍は七個師団から一三個師団へと増設されることになった。その結果、表6－1に示すとおり一八九五（明治二八）年末には、旭川・弘前・金沢・姫路・善通寺・小倉の各地に師団が設置されることが決定し、さらに敦賀や久留米など一六都市に新たに連隊が設置された。[23]

表 6-1　日清戦後の師団・歩兵連隊配置状況

師団名	師団の配置都市	旅団の配置都市	歩兵連隊の配置都市
近衛師団	東京	東京	東京（1）・東京（2）
		東京	東京（3）・東京（4）
第 1 師団	東京	東京	東京（1）・高崎（15）
		東京	佐倉（2）・東京（3）
第 2 師団	仙台	仙台	仙台（4）・仙台（29）
		新発田	新発田（16）・村松（30）
第 3 師団	名古屋	名古屋	名古屋（6）・名古屋（33）
		豊橋	豊橋（18）・静岡（34）
第 4 師団	大阪	大阪	大阪（8）・大阪（37）
		伏見	大津（9）・伏見（38）
第 5 師団	広島	広島	広島（11）・広島（41）
		山口	浜田（21）・山口（42）
第 6 師団	熊本	熊本	熊本（13）・鹿児島（45）
		大村	熊本（23）・大村（46）
第 7 師団	旭川	旭川	札幌（25）・旭川（26）
		旭川	旭川（27）・旭川（28）
第 8 師団	弘前	弘前	青森（5）・弘前（31）
		秋田	秋田（17）・山形（32）
第 9 師団	金沢	金沢	金沢（7）・金沢（35）
		敦賀	敦賀（19）・鯖江（36）
第 10 師団	姫路	姫路	姫路（10）・鳥取（40）
		福知山	福知山（20）・姫路（39）
第 11 師団	善通寺	松山	松山（22）・高知（44）
		善通寺	丸亀（12）・善通寺（43）
第 12 師団	小倉	小倉	小倉（14）・小倉（47）
		久留米	福岡（24）・久留米（48）

註：括弧内の数字は連隊番号。
出典：松下（2013）87 頁。

日露戦争

一九〇四（明治三七）年に勃発した日露戦争では、これらの新設師団もすべて動員された。日清戦争で勝利した日本であったが、朝鮮半島の中立化という目的は達成されなかった。清の敗北を受けて、大韓帝国（一八九七年に国号変更）政府内部で親露派が台頭したからである。ロシアは清政府内部の混乱にも乗じて南下を進め、一九〇〇（明治三三）年の義和団事件以降は満洲地域を占領した。ロシアは東アジアにおける不凍港を確保するために朝鮮半島を重視しており、他方で日本は、朝鮮半島の中立化から一歩進んで、韓国の保護国化をはかっていた。日露両国のあいだで妥協を探る動きもあったものの妥結には至らず、一九〇四（明治三七）年二月、日本はロシアとの戦争に突入する。

日露戦争は、日清戦争と比べて大規模な戦争であった。日清戦争が一八九四（明治二七）年八月から翌年四月までのおよそ九カ月間であったのに対し、日露戦争は一九〇四（明治三七）年二月から翌年九月までのおよそ二〇カ月間と期間も長かった。陸軍の動員総数は、日清戦争の五倍のおよそ九五万人にのぼる。当然、戦死者や戦傷者の数も多く、陸軍の戦死者はおよそ六万人、戦傷入院者はおよそ一三万人であった。[*24] 戦場での経験によるトラウマは日露戦争の頃から知られるようになり、日露戦後の一九〇六（明治三九）年には陸軍医学校で精神病学が開講された。[*25] また同年には戦場での負傷により働くことができなくなった兵士のために、廃兵院が整備された。

日露戦争に際しても、広島（宇品港）が軍隊の輸送拠点となった。長期間にわたって、多くの将兵

明治後期の宇品港〔絵葉書〕

を受け入れ続けた広島市民の負担は大きかった。兵士の宿舎にあてられた民家では、支給される賄料は十分でなく、衛生対策の指示は細かかった。軍隊の歓送迎に際しては、国旗の掲揚や提灯の常夜点灯、道路の両側に整列することなどが求められた。[*26] また軍隊の関係者以外にも、戦争景気にあてこんだ流入者も多く、治安も悪化した。[*27]

伝染病対策に関しては、大きな成果をあげた。日清戦争の経験もさることながら、義和団事件において連合国の一員としてフランス兵を広島陸軍予備病院で受け入れたことも、広島の医療体制を進展させる契機となった。市内の衛生管理の厳格化に加えて、似島検疫所も拡充されたことにより、避病院（伝染病専門病院）に収容される伝染病患者数は減少し、とくにコレラ患者は皆無となった。戦場での伝染病対策は欧米列国にとっても関心の対象であり、列国からの視線を意識した結果でもあった。[*28]

文明国というイメージへの意識は、捕虜に対する扱いにもみられた。日露戦争中に日本に送られた捕虜は七万人を超え、全国二七カ所に収容所が設置された。日本政府は、一八九九（明治三二）年に陸戦の法規を規定したハーグ条約に調印しており、これを遵守していることを対外的にアピールする意図もあって、捕虜の取り扱いに気を配った。捕虜の食費は、日本の兵士の食費の数倍にも上ったという。[*29]

メディアと戦争

文明国というイメージを強調するためには、メディアをコントロールする必要があった。しかし、それは容易ではない。なぜなら、当時の国際情報通信網は、海底電線を保持し、また主要国際通信社ロイターをもつ英国が、実質的に支配していたからである。そのため、日本政府は外国の通信社・新聞社の記者に対する便宜を供与し、また資金提供を行うなどの工作を行った。一八八〇年代には外国人記者個人に対する資金提供というかたちにとどまっていたが、[*30]一八九〇年代には通信社に対する資金提供へとその規模が拡大した。よく知られているのは、日本政府と英国の通信会社ロイターとの密約である。日清戦争以前の朝鮮半島をめぐっては、英国内の輿論は清に好意的であった。これを問題視した駐英公使青木周蔵は、年間六〇〇万ポンドの資金提供を行う代わりに、日本政府の情報収集活動と、日本政府が行う対外発信のそれぞれへの協力をロイターが行うという内容をもつ契約を、ロイターと結んだ。ただし、政府内部でもその実効性には疑問がもたれており、この密約は一八九八（明治三一）年には廃止された。[*31]

一方、日本国内の新聞社にとって対外戦争は大きなビジネス・チャンスであった。戦況報道は人々の興味をひき、また家族や知人が出征した人々にとっては切実な関心事となったであろう。日本全国の新聞発行部数は、日清戦争前の一八九二（明治二五）年にはおよそ二億四〇〇〇万部であったのが、一八九五（明治二八）年にはおよそ四億部に増えている。[*32] 広島では『芸備日日新聞』が最も大きな新聞であったが、同紙もやはり部数を伸ばしており、一八九二（明治二五）年におよそ一〇〇万部であった発行部数が、一八九五（明治二八）年にはおよそ一七〇〇万部と一七倍に伸びている。[*33]

発行部数の急増を支えていたのは、新聞社が派遣する従軍記者による観戦記であった。戦地に新聞記者が訪れて戦況を報道することは、すでに一八七七（明治一〇）年の西南戦争の頃からあったが、公式に新聞記者の従軍が認められるのは日清戦争以後のことである。[*34] 初期の従軍記者にはいわゆる新聞記者のみならず文学者や画家も多くおり、俳人として知られる正岡子規も新聞『日本』の記者として日清戦争に従軍した。子規も従軍許可がおりるまでの約二週間広島に滞在し、その様子を書き残している。[*35]

戦争の経験を重ねることで軍部によるメディアの統制も次第に進み、日露戦争に際しては派遣記者の数は一社につき一名と制限が加えられるようになった。また検閲も強化されたため、新聞社の報道競争は、独自性を競うのではなく、当局が発表する情報を如何に早く印刷して配布するかという競争へと変質していった。[*36]

発行部数の増加に応じて、新聞の影響力は大きくなっていく。日露戦争直前には戸水寛人などの「七博士」のロシア脅威論が大阪朝日新聞などの各紙に掲載され、日露開戦に向けた世論を形成した。また日露戦後には、対ロシア強硬派の意見書がやはり新聞各紙に掲載され、講話反対の世論を主導した。こうして醸成された講和反対論は、一九〇五（明治三八）年九月の日比谷焼き討ち事件へと発展した。[*37]

「郷土部隊」化の推進

日露戦争から帰還した将兵の多くは、広島を経由して、各地へ帰っていった。郷里で彼らを待っていたのは、盛大な歓迎式典である。賠償金の取れなかった講和条件への反対運動は各地で盛り上がったが、それは国民の「血の犠牲」意識の表れであった。帰郷する兵士を慰労するために、各地では停車場付近に凱旋門が設けられ、国旗や村旗による歓迎、慰労金・感謝状の贈呈などを行った。こうして、日露戦後には軍隊と地域社会の一体化が進んでいく。

戦死者に対する慰霊も、軍隊と地域社会を一体化させる装置であった。葬儀は、地域社会の有力者はもちろんのこと小学生が集団参列するなど、地域を挙げて行われた。各地では、戦没者慰霊のための銅像が建てられた。これらの費用は、寄付金などで賄われることが多かった。また軍隊所在都市では、招魂祭が春または秋の恒例行事として行われることとなった。[*38]

在郷軍人の組織化も、日露戦後には進められた。すでに述べたように、兵役を終えた軍人は、普段は地域社会で生業についているが、予備役・後備役として有事には軍隊に復帰することになっていた。日清・日露戦争を経て、地域社会には多くの在郷軍人が居住することになった。一方、在郷軍人の平時における訓練・統制を行い、地域社会から軍隊に対する支援・後援を得るためにも在郷軍人の組織化は不可欠であった。日露戦後には全国各地で在郷軍人会の設立が進み、一九一〇（明治四三）

表 6-2　陸海軍現役徴集率　　単位：人・%

年度	現役徴集数 (a)	徴兵相当の壮丁 (b)	a/b × 100
1891（明治 24）	20,689	361,422	5.7
1898（明治 31）	53,452	502,924	10.6
1911（明治 44）	104,803	524,121	20
1919（大正 8）	120,254	615,058	19.6
1929（昭和 4）	110,702	721,125	15.4
1936（昭和 11）	151,144	828,664	18.2

出典：吉田（2002）19 頁。

年には、その全国組織である帝国在郷軍人会が設立された。[*39]

日露戦後には、軍隊所在都市が増えた。戦争中に増設された六個師団はそのまま残され、日本陸軍は一九個師団編制となった。高田・宇都宮・豊橋・京都・岡山・久留米の六都市が師団所在地となり、これに加えて新たに一七都市に連隊が置かれた。陸軍定員の増加は、当然ながら徴集兵の増加をもたらす。表６－２に示すとおり、一八九一（明治二四）年の時点では、同世代の若者のうち兵役に就く者は五%程度であった。それが一九一一（明治四四）年には二〇%に達する。[*40]軍隊所在都市の数が増え、また実際に兵役に就く人々の累計数も増えた結果、地域社会の人々にとって軍隊は身近なものとなっていく。在郷軍人の政治的な影響力も、年を経るごとに増していくことになる。

註

＊1　鈴木（二〇一三）一三〇～一三七頁。
＊2　『千田知事と宇品港』
＊3　『新修広島市史　第二巻』五二一頁。
＊4　千田（二〇〇九a）三一七～三二〇頁。千田（二〇〇九b）一四二頁。
＊5　『広島県史　近代一』六二八頁。
＊6　本康（二〇〇二）二〇～二八頁。
＊7　大谷（二〇〇六）六～八、四七～四八頁。
＊8　『新修広島市史　第二巻』五二六～五二八頁。
＊9　山田（一九九五）二三三頁。
＊10　千田（二〇〇九b）一四三頁。
＊11　千田（二〇〇九a）三二六頁。
＊12　松本（二〇二〇）六三頁。
＊13　山田（一九九七）一四頁。
＊14　松下（二〇一三）七～九頁。
＊15　松下（二〇一三）一九三～一九八頁。
＊16　加藤（一九九六）五二～六九頁。
＊17　荒川（二〇二一）一一～二一頁。
＊18　坂根（二〇一四a）。
＊19　野間（二〇一四）一五九～一六〇頁。
＊20　坂根（二〇一四b）一三八～一四七頁。
＊21　辻村（二〇〇一）四二頁。
＊22　松下（二〇一三）七一～七三頁。
＊23　松下（二〇一三）八七～九一頁。
＊24　荒川（二〇〇四）九八頁。
＊25　中村（二〇一八）五二頁。
＊26　荒川（二〇〇四）九一～九三、九七頁。
＊27　『広島県史　近代一』六四七頁。
＊28　千田（二〇〇九b）一五一～一五五頁。
＊29　伊藤・宮脇（二〇〇四）一一頁。
＊30　大谷（一九九四）一〇九～一一一頁。
＊31　有山（二〇一三）一九九～二一八頁。
＊32　佐々木（二〇一三）一四三頁。
＊33　『広島県史　近代二』五九二頁。
＊34　渡邊桂子（二〇一七）二一頁。
＊35　末延（二〇一一）一五三～一五四頁。
＊36　佐々木（二〇一三）二四四～二四五頁。
＊37　佐々木（二〇一三）二四八～二五二頁。
＊38　白川（二〇一五）一四五頁。
＊39　荒川（二〇二一）九七～一〇〇頁。
＊40　吉田（一九九四）。

第7章

基隆(キールン)——植民地を経営する

台湾本島の北端に位置する基隆港は、切り立った山々に囲まれた天然の良港である。現在では台湾を代表する貿易港のひとつだが、本格的に発展するのは日本の統治下に入ってからである。築港と鉄道建設によって、日本は台湾を南方への勢力拡大のための橋頭保にしようと試みた。本章では、基隆築港と縦貫鉄道の建設によって、日本が台湾を自らの経済圏に組み込んでいく過程を描く。

命令航路の開設

基隆名物のひとつに「天婦羅(てんぷら)」がある。天婦羅といっても、魚介類や野菜に衣をつけて揚げたものではなく、魚のすり身を揚げたものである。日本でも「ごぼう天」のように魚のすり身を揚げたものを「天」と呼ぶことはあるが、基隆の天婦羅は、日本統治時代に九州出身者によってもたらされたものだといわれる。[*1] 二〇二一(令和三)年一〇月には、内閣総理大臣に就任した岸田文雄の曽祖父が、基隆で呉服店やカフェーを経営していたことも話題になった。[*2] 港町としての基隆の発展の歴史を、日本と切り離して語ることはできない。

基隆は、一七世紀にはスペインやオランダが、また一九世紀には清朝が軍事拠点として使用した港町であるが、それほど大きな港町ではなかった。伝統的には、台湾経済は対岸の福建省との結びつき

基隆の天婦羅（上）と今も基隆市街に残る旧岸田呉服店の建物（下）〔いずれも筆者撮影〕

が強かったからである。一八五八年の天津条約によって基隆を含む台湾の各港が開港に指定されて以降も、台湾から欧米への輸出品は厦門（アモイ）や香港を経由して輸出された。[*3] そのため台湾の主要港といえば、中国大陸との連絡に便利な台湾本島西岸に位置する淡水（たんすい）や安平（アンピン）などであった。同島北端に位置する基隆が港町として成長するのは、日本による領有以後のことである。

台湾の日本への割譲は、一八九五（明治二八）年四月に結ばれた清との講和条約（下関条約）で明記された。しかし、条約に明記されることと実効的に統治することは異なる。実際に日本が統治するためには、抵抗する現地勢力の平定が必要であった。清政府の命令を無視して現地に残った勢力は「台湾民主国」を立ち上げており、日本軍は一八九六（明治二九）年三月に台湾民主国を崩壊させるまでに、二個師団を超える兵力を投入せざるを得なかった。台湾民主国崩壊後も、漢族系住民の抵抗は一九〇二（明治三五）年まで続いた。さらに山間部に住む先住民の鎮圧に区切りがつくのは、一九一五（大正四）年のことである。[*4] 日本軍は、日清戦争の戦場である遼東（りょうとう）半島から直接台湾に向かっており、基隆は日本軍の上陸地点のひとつとなった。

軍事輸送の円滑化のためにも、鉄道と海運の整備は不可欠であった。[*5] 一八九五（明治二八）年八月、初代台湾総督の樺山資紀（かばやますけのり）は、基隆築港と台湾縦貫鉄道の建設を日本政府に要望している。その翌年には、神戸－基隆間の命令航路開設に関する契約が、台湾総督府と大阪商船とのあいだに結ばれた。

命令航路とは、船舶の大きさや往復回数などの政府機関から要請される条件のもと、補助金が下付される航路のことである。台湾総督府命令航路の受命は、大阪商船にとって急成長する好機となった。政府主導で設立された日本郵船は、日清戦前の一八九三（明治二六）年にはすでにインドまで、

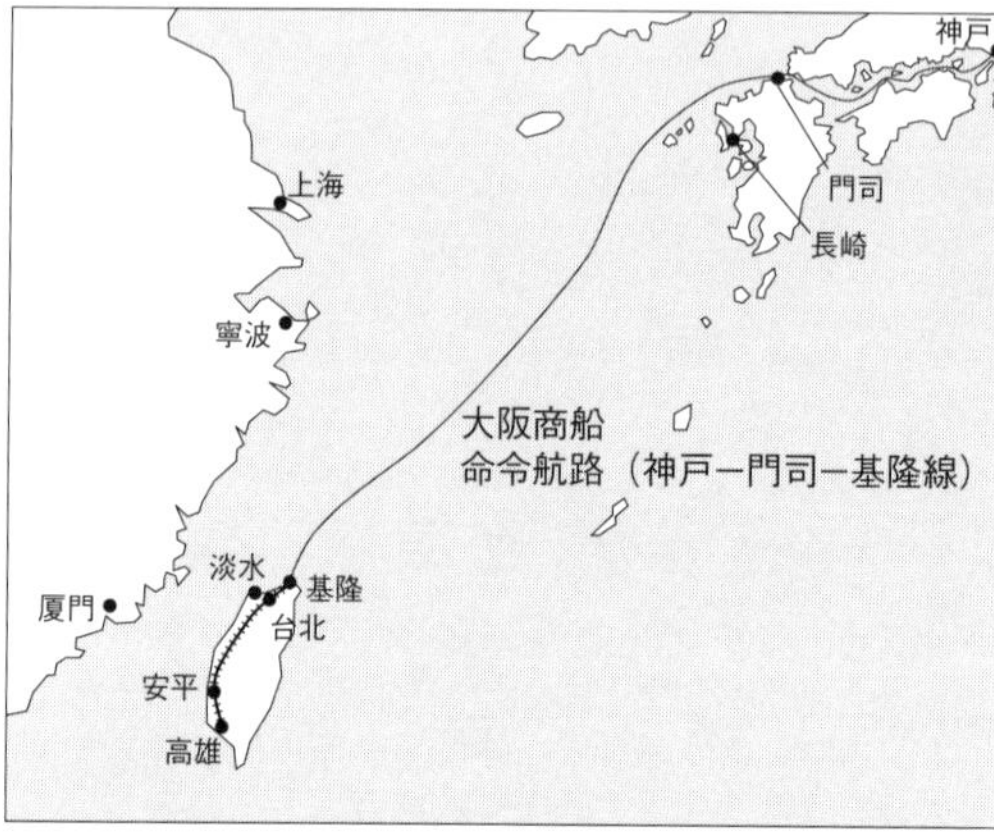

神戸－基隆命令航路と台湾縦貫鉄道

さらに一八九六（明治二九）年には欧州まで航路を拡大している。同社の欧州航路には六〇〇〇トン級の汽船土佐丸が投入された。これに対して瀬戸内の中小船主が合同することによって成立した大阪商船は、政府の保護もなく、せいぜい数百トン級の船舶で国内および朝鮮航路のみを運行しているにすぎなかった。しかし命令航路の受命に際して同社は増資と船舶の拡充を行い、台湾航路には三〇〇〇トン級の汽船を導入した。その結果、大阪商船は、日本郵船とともにナショナル・フラッグ・キャリア（当時は、「社船」と呼ばれた）のひとつとして数えられるようになる。*6

日清戦後経営と「海の日本」

台湾総督府の支援を受けた大阪商船は、日本本土（内地）と台湾をつなぐ内台航路のみならず、台湾沿岸航路、さらには台湾と中国大陸をつなぐ航路、中国大陸の内陸部へと入り込んでいく長江航路（華南航路）へと、その航路を拡大していく。華南航路の経営権は、日清戦争の講和条約である下関条約で獲得した。台湾を中継地点として中国大陸（華南地方）へと経済的進出を遂げることが日清戦後の外交政策のひとつの目標であり、大阪商船による航路拡大はそれを象徴するものであった。[*7]

それは、一八八〇年代後半から流行していた南進論のひとつの帰結でもあった。日清戦争直前の一八九三（明治二六）年一一月には、ハワイ王国で起きたハワイ在住米国人によるクーデタ事件（ハワイ革命）に対して、日本政府は邦人保護のために軍艦浪速（なにわ）を派遣している。当時のハワイにはおよそ二万五〇〇〇人の日本人移民が住んでおり、それはハワイ全体の人口の四割に相当した。ハワイ王国政府が、米国に対抗する意図もあって日本政府と日本人移民に好意的だった経緯もあるが、より重要なことは、海軍力を用いて日本人移民の生命と権利を保護する姿勢を日本政府が示したことであろう。海軍力を背景とした海運業の振興・貿易の拡大・移民の送り出しによる、国家の発展が目指されていたのである。

日清戦後経営では、海軍の軍拡が重視された。日清戦前に建造した四〇〇〇トン級の三景艦はほとんど役に立たなかったため、[*8]海軍は大型甲鉄艦による制海権の確保を重視するようになった。大型の軍艦には、長い射程をもつ大砲を積み込むことができる。より大型の軍艦をもつことで、制海権を確保しようと考えたのである。すでに建造中の甲鉄戦艦二隻に加えて、さらに甲鉄戦艦四隻（一万二〇〇〇～一万五〇〇〇トン級）と装甲巡洋艦六隻（いずれも一万トン級）を、日本政府は英国に発注した。この艦隊は、六六艦隊と呼ばれる。[*9]

一八九六（明治二九）年三月には造船奨励法・航海奨励法が成立し、造船業と海運業に対する補助が制度化された。その政策的効果についての評価は定まっていないが、[*10]ヨーロッパ・太平洋などの遠洋航路へと積極的に乗り出し始めた日本海運を、政府が積極的に後押ししていく姿勢を示したものである。東アジアの近海航路については、先述したように、台湾総督府や逓信省などによる個別補助が大きな役割を果たした。[*11]

さらに一九〇〇（明治三三）年には、中国で起きた義和団事件に乗じて、台湾の対岸の厦門にも居留民保護を名目に軍隊を派遣した（厦門事件）。日清戦後にはヨーロッパ列国による「清国分割」が進展したが、それは具体的には沿岸貿易港の租借権と、そこから内陸に向けて伸びる鉄道敷設権、さらに沿線の鉄道付属地における行政権・鉱山採掘権を、清政府から獲得するというかたちをとった。これらの権益を維持するための軍隊の駐留権も、清は列国に対して認めざるを得なかった。こうして各貿易港から伸びる鉄道の経済圏は、実質的に列国の統治下におかれることになる。これをまねて日本政府も、台湾の対岸にあたる福建省を自らの勢力圏にしようと試みたのである。ただし、このときには英・米・仏の三カ国が日本政府に対して抗議したため、日本政府は断念せざるを得なかった。

ともあれ、日清戦後には「海洋国家としての日本」の意識が高まっていった。一九〇二（明治三五）年一月には、日本は世界最大の海洋帝国である英国と同盟を結んだ（日英同盟）。同年六月には、総合雑誌『太陽』が「海の日本」と題した臨時増刊号を刊行している。そこでは海外貿易を通じた国家の発展が語られ、それを担保するものとして海軍の軍拡が主張された。[*12] 翌一九〇三（明治三六）年に大阪で開かれた第五回内国勧業博覧会では、明治天皇臨席のもと大観艦式が行われた。それは、日清戦後の海軍軍拡の成果をアピールする舞台でもあり、また国民の海に対する関心を呼び起こすことが目指された。明治期の南進論のひとつのハイライトであったといえよう。[*13]

台湾統治をめぐる混乱

台湾は、日本が対外戦争の結果として獲得した初めての領土であった。当時の日本政府にとって台湾を獲得するということは、大きく三つの意味をもった。

第一に、海外領土・勢力圏を通じて、経済的利益が獲得できると期待された。温暖な台湾では、樟脳（しょうのう）・茶葉（烏龍茶（ウーロン））がとれることが知られていた。樟脳は、クスノキを掘削・精製することによってつくられる。無煙火薬やセルロイドなどの原料になる化学材料である。当時の化学工業には欠かせない原料であり、世界の総生産量の九割以上を台湾で生産していたという。樟脳は、烏龍茶とともに、欧米への主要な輸出品となった。他方で、台湾を拠点として華南地方・南洋の市場を獲得し、日本製品（主に綿製品）の経済圏を拡大することも見込まれていた。[*14]

第二に、海外領土・勢力圏の獲得は、国家の安全保障上、必要な措置だとみなされていた。[*15]東邦協会の理論的指導者のひとりであった海軍水路部長の肝付兼行は、東シナ海・黄海・日本海という大陸を取り巻く海域を、ヨーロッパにおける地中海になぞらえている。英国はジブラルタル・マルタ・スエズという地中海の三大拠点をおさえることで、ヨーロッパの制海権を握った。東アジアにおいては津軽海峡・対馬海峡・台湾海峡がこれに相当し、この三大拠点をおさえれば日本は東アジアの制海権を獲得することができる、と肝付は述べる。[*16]第一章で述べたように、一八六〇年代には対馬海峡をめぐって日露は争ったが、一八九〇年代には日本は台湾海峡を日本のシーレーン（海上交通路）確保の観点から重要視するようになったのである。

第三に、海外領土・勢力圏の獲得そのものが、「一等国」の条件であると信じられていた。[*17] 一八六〇年代末に発足した日本政府の指導者は、まずは独立を維持することを、その後は「一等国」を目指した。その際にロールモデルとなった西洋列国は、ほぼ例外なく海外領土・勢力圏をもっており、日本がその獲得を目指すのは当然のことと考えられた。国家の威信という要素は、経済的利益や安全保障に比してあまり注目されない。だが、国家は常に経済・安全保障という点で合理的な行動をとるとは限らず、国家の行動を説明する際に決して無視できない要素である。

新興国日本は、欧米列国と肩を並べるためにも、海外領土・勢力圏の運営を円滑に進めなければならなかった。そしてこれらの目的を達成するため不可欠だと考えられたのは、日本人を送り出すことであった。それは短期の移住や寄留（移民）ではなく、現地に骨を埋める覚悟をもった定住者（植民）でなければならなかった。定住者が植民地に日本の習慣・文化・制度を持ち込むことで、日本の政治的な影響力を拡大することを日本政府や植民政策学者らは期待しており、短期的な移住や寄留は移住者個人の利益にはなっても、国家的な利益には直結しないと考えられていたからである。[*18] しかし、台湾にはその当時すでに二六〇万を超える人々が住んでおり、日本から植民することは容易ではなかった。[*19]

まず、台湾統治のビジョンをめぐって国内で対立が生じた。国内政治で勢力を伸ばしつつあった政党は、台湾にも本国と同じ法制度を採用する内地延長主義を主張した。しかし、議会での立法や予算措置を通じた介入を警戒した政府は、いまだ台湾征服戦争が継続中であることを理由に、日本の法制度とは切り離す特別統治主義を採用した。これにより、台湾総督は、帝国議会の協賛を経ずに律令

（法律にあたる）を施行する権限をもった。日本の法律を台湾に適用する場合は、勅令によることとなり、やはり帝国議会の協賛は不要であった。台湾総督に就けるのは現役の陸軍大将・中将に限られ、政党は実質的に植民地経営からは切り離されることになったのである。[*20]

もっとも、特別統治主義にもとづく台湾統治が、当初はうまくいっていなかったことも事実である。一八九六（明治二九）年一〇月に台湾総督となった乃木希典（のぎまれすけ）は、日本の統治に抵抗するゲリラを抑えられず、また総督府では大規模な疑獄事件も起こった。このような状況では、日本から定住者を送り込むこともままならず、経済的利益も得られなかった。しかも、第二次松方正義内閣が台湾関係費捻出を名目に地租増徴を主張したことへの反発から、日本国内では台湾売却論まで出るに至ったという。[*21]このような行き詰まりを打開し、台湾経営に道筋をつけたのが後藤新平である。

後藤新平による台湾経営

後藤は、一八五七（安政四）年、奥州水沢藩士の家に生まれた。明治維新の敗者の側に生まれた後藤の人生を大きく変えたのは、水沢に地方官として赴任してきた安場保和（やすばやすかず）である。安場は、給仕としてそばにおいた後藤を高く評価し、須賀川（すかがわ）医学校へと入学させた。同校を卒業後、後藤は愛知県病院に医師として勤務したのち、内務省衛生局につとめる。日清戦争に際しては、陸軍検疫部の事務官長として実務を担った。日清戦後、広島への水道布設の必要を主張したのも、後藤であった。[*22]このときに後藤は、陸軍省の高官であった児玉（こだま）源太郎の知遇を得た。一八九八（明治三一）年二月、児玉が台湾総督に就く際、後藤は民政局長（のちに民生長官へ改称）として抜擢される。

台湾経営にあたって、後藤はまず抗日ゲリラ（当時は、土匪と呼ばれた）を平定しなければならなかった。後藤によれば、抗日ゲリラの平定が困難である最大の要因は、総督府が台湾の旧慣を無視していることにあるという。後藤は、漢族系の地域有力者による既存の自治的警察機関を復活させて治安維持に取り組ませる一方で、ゲリラと一般住民を切り離し、ゲリラのみを武力掃討の対象とすることでゲリラを平定することに成功した。[*23]

このような穏健な統治政策は、アヘン漸禁政策などにも共通する。台湾にはアヘン中毒者が多く、乃木総督時代にはアヘンを即時厳禁とすることで、その蔓延を防ごうと試みていたが、それはうまくいっていなかった。これに対して後藤は、すでにアヘン中毒になっている者にのみアヘンの販売を認める専売制を採用した。アヘンの専売は総督府の収入にもなり、他方でアヘン中毒者を漸減させていくことになった。[*24]

統治基盤を安定させたうえで、後藤は台湾の経済発展のための積極策を打ち出していく。そのために後藤がなにより重視したのは、交通インフラの整備である。すでに述べたとおり、台湾北端の基隆と南端の打狗（タカオ）（一九二〇年より高雄に改称）の二つの港湾を整備し、そのあいだを鉄道でつなぐという構想は総督府内部にあったが、主として軍事目的で構想されていたこの計画は、応急的な整備を施すにとどまっていた。そこで後藤は、総額六〇〇〇万円の事業公債を発行し、台湾の自主財源によってこれを償還する計画を立てる。巨額の新規公債の発行には経済界からの反発も大きかったものの、後藤は本国政府（第二次山県有朋内閣）および議会（憲政党および憲政本党）と粘り強く交渉を続け、事業総額を三五〇〇万円におさえることで実現に導いた。[*25]

こうして台湾の割譲から五年を経て、一八九九（明治三二）年からようやく本格的な基隆港整備が着手されることになったのである。工事の内容は、三〇〇〇トン級船舶が入港できるように港内を浚渫し、また沿岸を埋め立てて繫船桟橋を整備するものである。大阪港で大観艦式が行われた一九〇三（明治三五）年には、基隆港でも繫船桟橋の共用が始まった。[*26]

では、これらの港湾から何を輸移出するのか。後藤はインフラ整備とならんで産業育成を重視した。台湾の主要産品としての樟脳・烏龍茶についてはすでに触れたが、これらに加えて後藤が重視したのは砂糖産業であった。後藤は、米国・ドイツなどで農業を研究していた新渡戸稲造（にとべいなぞう）を招聘し産業育成の方策を検討させたが、その新渡戸が注目したのが砂糖業であった。台湾では古くからサトウキビが生産されていたが、在来種は収穫量が少なかったため、新渡戸は品種改良と栽培方法の改善に取り組んだ。サトウキビから砂糖を製造するため、後藤は日本国内の資本家からの資金を引き出し、大規模な製糖会社（台湾製糖会社）を設立した。[*27]製糖会社は、原料や製品を運ぶために簡易な軽便鉄道を自前で建設し、総督府が建設した縦貫鉄道へと接続した。[*28]

こうして製糖業の基盤が築かれ、また鉄道によって運ばれたことで、台湾各地で生産された砂糖は打狗港に集中するようになった。一九〇七（明治四〇）年の打狗港の砂糖移出額はおよそ四九四万円であったが、そのわずか二年後の一九〇九（明治四二）年にはおよそ一九〇〇万円と急増した。[*29]

また後藤は、総督府がおかれた台北（タイペイ）の都市計画も重視した。総督府庁舎・総督官邸は壮大なもので、それらを中心にした広い道路は、権力の在処を如実に表した。[*30]後藤によれば、内地よりも立派な都市をつくることは、日本人が植民地に永住する気を起こさせるためにも重要なのだという。[*31]上下水道や公園・病院は、その統治者の技術力と文化水準の高さを示す。後藤は、都市の美観と威容がもつ政治的効果を重視していたのである。

地域社会の成立

台湾統治の実績をかわれた後藤は、日露戦後の一九〇七（明治三九）年一月、新たに設立された南満洲鉄道株式会社（満鉄）の初代総裁に就任する。基隆－打狗間の台湾縦貫鉄道が開通するのは、後藤が満洲へ旅立った後の一九〇八（明治四一）年のことである。その後、南端の打狗築港も着手され、一九一二（明治四五）年には打狗港にも三〇〇〇トン級船舶の入港が可能になった。[*32] これによって、それまで対岸の福建省の経済圏のなかにあった台湾は、日本の経済圏に組み込まれることになる。

まず縦貫鉄道の建設は、台湾経済の一体化をもたらした。台湾西部の平野には一〇〇以上の河川が山から海へと流れ込んでおり、各地の都市や集落はこれらの河川によって分断されていた。そのため台湾島内の相互の往来よりも、台湾海峡を挟んだ中国大陸との往来のほうが緊密であったという。縦貫鉄道の建設は台湾島内の移動を容易にして単一市場を形成するばかりでなく、台湾人としてのアイデンティティを強めることにもつながった。[*33]

鉄道が整備されると、その終着点である基隆と打狗に貨物が集中する。すでに述べたように、日本に領有される以前の台湾の主要港は淡水であった。輸出入額でみると、一九〇〇年代前半までは淡水港が台湾第一位の座を占めていたが、基隆築港の供用が開始される一九〇三（明治三六）年頃から淡水港と基隆港が拮抗し始め、一九一六（大正五）年には基隆港が逆転する。[*34]

こうして水運と中小港湾を中心としていた台湾の交通網は、基隆と打狗という二大港とそれにつながる鉄道によって再編された。基隆近郊には豊富な炭坑があり、石炭の補給港として適していたことも、基隆港の発展を後押しした。[*35] しかし、それは必ずしも自明のことではなかった。海運業者のなかには既存の主要港である淡水築港を主張する者があり、海軍にも打狗築港に異論を唱える者がいたからである。台湾の主要港としての基隆と打狗は、縦断鉄道を介して台湾を日本の経済圏に組み込むことを主張する後藤の植民地構想に由来するのである。[*36]

貨物が集中するようになると、港町としての基隆も発展し始める。基隆の人口は、一八九五（明治二八）年の時点ではおよそ二万人であったが、基隆築港が完成した直後の一九〇五（明治三八）年にはおよそ二万五〇〇〇人、台湾縦貫鉄道が完成した直後の一九〇九（明治四二）年にはおよそ三万人と、右肩上がりに増えていった。[*37]

基隆の都市整備（市区改正）は、築港工事が一段落ついたのちの一九〇五（明治三八）年から検討され始めた。貿易港である基隆の市区改正は、台北のような象徴性を重視するものではなく、より現実的な問題に対応するものであった。山々が海岸線まで迫る天然の良港であった基隆には市街地を建設するのに十分な土地がなかったために、増大する人口や貨物への対応が喫緊の課題だったのである。築港工事によって造成された埋立地およそ四万三〇〇〇坪を活用して、海岸線に併行して街並みを拡げる計画が立てられ、一九一七（大正六）年には完成した。これらの埋立地は、日本人の定住用に住宅として売り出され、一カ月ほどで完売した。[*38]

人口が増えると、住民たちの社交団体もつくられる。一九一〇（明治四三）年には、「基隆公益社」

大正末から昭和初期の基隆埠頭（上）〔絵葉書〕と現在の基隆港（下）〔筆者撮影〕

が結成された。基隆の地方行政機関には十分な財源がなく、商工業者からの協力を引き出すために、当時の基隆の地方行政機関の長（基隆庁長）が地域有力者にはかって設立させたものである。[39] この公益社のメンバーは、ほとんどが日本人であった。基隆における日本人と現地の台湾人の人口比は、日本統治期を通じてほとんど変わらず、台湾人が七〇%程度、日本人が二〇～二五%程度であった。[40] そのおよそ二割の日本人が、都市の名望家層のほとんどを占めていたのである。もちろん基隆庁長と近い関係にあり、複数の会社を経営した顔雲年のような台湾人もいたが、[41] それは少数派であった。

基隆の都市名望家は、当初は三井物産や大阪商船などの日本企業の支店長などであった。[42] そのため、彼らの多くは定住しなかった。基隆公益社を設立した木村久太郎は、台湾総督府の土木請負を中核事業に、回漕業・旅館・料理屋を経営して富を築いた人物であったが、彼も基隆に骨を埋めることはなく東京へ帰った。[*43]その後の基隆の地域社会を率いたのは、石坂荘作(そうさく)である。

群馬県で小学校教員をつとめていた石坂は、日清戦争に従軍した際の友人に誘われて、一八九七(明治三〇)年に台湾日報の特派員として基隆に移住した。その後、升や秤を売る石坂商店を開業し、印刷製本・酒造業など事業を多角化する。事業に成功した石坂は社会事業にも取り組み、夜学校や女学校を設立し、また図書館や公園なども整備した。石坂公園と名づけられた公園は、現在も中正公園と名前を変えて残されている。一九四〇(昭和一五)年に死去するまで、基隆に定住した。[*44]石坂のような人物が基隆をはじめとする各地に登場して初めて、日本による台湾統治は安定化したのだといえよう。

註

*1　片倉(二〇一六)二六頁。
*2　文春オンライン(二〇二一年一〇月一一日 https://bunshun.jp/articles/-/49220 最終閲覧日二〇二一年一二月一四日)田中淳「岸田文雄首相の祖先は、台湾・満州で成功した熱血ビジネスマンぞろいだった」。
*3　石坂(一九一七)五~一四頁。谷ヶ城(二〇〇四)一七五頁、同(二〇一二)五二~五五頁。
*4　飯塚(二〇一六)七~八頁。
*5　小林(二〇一五)六八頁。
*6　高橋(一九九三)二六九頁。片山(一九九六)二一七~二一八頁。
*7　矢野(二〇〇九)一〇九頁。小林(二〇一五)一〇~一一頁。
*8　原田(二〇〇七)八三頁。桑田(一九九五)一九五~一九七、二〇七~二〇八頁。
*9　室山(一九八九)三〇二~三〇八頁。

＊10　小風（一九九五）三二六～三二七頁。
＊11　小風（一九九五）三一一頁。
＊12　北岡（二〇一五）二一六～二一八頁。
＊13　竹村（二〇一二b）二八三～二八八頁。
＊14　ピーティ（一九九六）一九一～一九二頁。
＊15　ピーティ（一九九六）二四～二七頁。
＊16　柴崎（二〇一一）五頁。
＊17　ピーティ（一九九六）二八～三〇頁。
＊18　ピーティ（一九九六）二五四～二五五頁。
＊19　ピーティ（一九九六）八六頁。
＊20　小林（二〇一五）四九頁。
＊21　鶴見（二〇〇五）二七頁。
＊22　松本（二〇二〇）。
＊23　小林（二〇一五）五八頁。
＊24　北岡（一九八八）四五～四七頁。
＊25　小林（二〇一五）六一～六三頁。
＊26　井上（二〇二一）七六～七八頁。
＊27　鶴見（二〇〇五）三四一～三六四頁。

＊28　陳溥傑（二〇一九）八六～八八頁。
＊29　井上（二〇二一）一〇三～一〇四頁。
＊30　越沢（二〇一一）九三～一〇二頁。
＊31　越沢（二〇一一）一六〇頁。
＊32　井上（二〇二一）九九～一〇〇頁。
＊33　陳溥傑（二〇一九）九〇～九二頁。
＊34　井上（二〇二一）七九頁。
＊35　入江（一九三三）一二三頁。
＊36　簡（二〇一六）三八～四〇頁。
＊37　陳凱雯（二〇〇五）九一～九二頁。
＊38　入江（一九三三）一六五頁。
＊39　陳凱雯（二〇〇五）一四八頁。
＊40　陳凱雯（二〇〇五）九七～一〇〇頁。
＊41　入江（一九三三）一二四頁。
＊42　陳凱雯（二〇〇五）一三五～一三七頁。
＊43　入江（一九三三）一二九～一三一頁。
＊44　加部（二〇二〇）。

第8章 神戸——故郷を離れる

神戸は、大阪湾の西側に位置する日本有数の港町である。山手の洋館や南京町など日本に来た移民の存在を示す建物も多い。一方で、神戸は日本から最も多くの移民が出ていく町でもあった。本章では、「移民が出ていく町」としての神戸に注目し、日本からの移民が外交問題としてどのように扱われ、また移民たちが外交の影響をどのように受けたのか考える。

ブラジル移民とカフェー・ブーム

六甲山地と瀬戸内海に挟まれて東西に広がる神戸の町には、山から海へと市内を貫く道路が多くある。そのひとつ鯉川筋は、別名「移住坂」とも呼ばれる。山側の突き当りにはかつて国立移民収容所であった建物（現在の神戸市立海外移住と文化の交流センター）があり、海側の突き当たりにはかつて埠頭だった公園（メリケンパーク）がある。一九二八（昭和三）年に国立移民収容所が設立されてからは、移住希望者はこの鯉川筋を歩いて埠頭まで向かったことから、「移住坂」と呼ばれるようになったという。[*1]

神戸を出発した人々の移住先の多くは、ブラジルであった。日本からの最初のブラジル移民は、一九〇八（明治四一）年四月に貨客船・笠戸（かさと）丸に乗って神戸港を出発した七八一人である。彼らを引率

かつて移民船が出発した神戸港メリケン波止場（現在のメリケンパーク）に立つ希望の船出像（神戸港移民船乗船記念碑）（上）と、海外移住と文化の交流センター（旧国立移民収容所）（下）〔いずれも筆者撮影〕

したのは、土佐出身の民権派の壮士である水野龍（りょう）であった。[*2] 明治後期には政党に連なる実業家や壮士が、日本から海外への移民を斡旋する移民会社を経営していたが、水野もそのひとりである。自由党の有力者星亨（とおる）が、複数の移民会社の経営に関わっていたことはよく知られている。同様に、国粋主義者の多い熊本国権党や改進党・進歩党系の政治家も移民会社を経営した。移民の送り出しには、移住希望者を集められる地域社会の有力者と、行政機関への窓口となる行政経験者・議会政治家の両方が必要であり、[*3] その交差点に位置するのが政党であった。他方で政党の側からみれば、移民会社は重要な資金源であった。[*4]

水野の斡旋でブラジルに到着した移民が働いたのは、コーヒー農園であった。水野は、コーヒーの販路拡張を目指すサンパウロ州政府からコーヒーの無償提供を受けることと引き換えに、日本の主要都市に複数のコーヒー販売店を開業する契約を、同州政府と結んだ。この契約に基づいて一九一一（明治四四）年、水野は銀座にカフェー・パウリスタを開業する。同時期に開業したカフェー・プランタンが文人を主な顧客とした会員制の高級店であったのに対して、コーヒーを無償で仕入れることができたパウリスタは、学生も出入りする庶民的な店舗として営業したという。コーヒー一杯の値段は、プランタンが三〇銭であるのに対して、パウリスタでは五銭であった。[*5] またサンパウロ州政府との契約上、パウリスタは銀座だけでなく全国の主要都市にチェーン展開しており、日本におけるコーヒーの普及に水野とブラジル移民が果たした役割は大きい。

もっとも、コーヒーの普及は容易には進まなかった。神戸（三宮）にパウリスタが開店したのは一九一二（大正元）年のことであったが、当初は日本人はあまり来店せず、客の大部分は神戸在住のドイツ人だったという[*6]。パウリスタはコーヒーと軽食の提供にとどまったが、他のカフェーは酒類や洋食を提供し、女給を侍らせることで顧客を獲得した。その後、カフェーは社交飲食店としての性格を強めていく[*7]。

このような変質がありつつもカフェーが広まった背景には、急速な都市化の進展があった。市制・町村制が施行された一八八八（明治二一）年の時点で、いわゆる六大都市（東京・大阪・京都・名古屋・神戸・横浜）の人口はあわせて二五〇万を超える程度であったが、一九一八（大正七）年には六〇〇万を超えた。日本全体の人口に対する六大都市の人口の割合も、一八八八（明治二一）年の時点では六・五％であったが、一九一八（大正七）年にはおよそ一〇％となっている[*8]。

これらの都市に集まったのは、主として農村部の子女である。農家は基本的に単独相続なので、相続者以外の子女は、他の農家に養子先あるいは嫁ぎ先がみつからなければ離農しなければならない。彼らの多くは、都市に出て町工場・小売業・飲食店などで働いた。一般に彼らを労働者と呼ぶが、その一部は後に独立事業主（中間層）となった。また、富裕な農家の子弟は都市の学校に進学して学生となり、その後は官公庁や企業につとめる俸給生活者（サラリーマン）となることも多かった。それまでの中間層と区別して、彼らを新中間層と呼ぶこともある。大都市における新旧の中間層が集う場所として、カフェー文化が広まっていったのである。

移民と都市化、いずれの背景にも共通するのは農村部からの人の移動である。近現代の社会はこのような大規模な人の移動によって成り立っており、日本に限らず各国の政府は、程度の差はあれ、それを基本的には促進している。

表8-1　日本人渡航先別上位出身県

渡航先地域	年次	1位	2位	3位	4位	5位
ハワイ官約移民	1885～1894年	広島	山口	熊本	福岡	新潟
北海道移民	1886～1922年	青森	新潟	秋田	石川	富山
東拓（東洋拓殖会社）移民	1909～1920年	高知	佐賀	福岡	山口	岡山
ブラジル移民	1908～1941年	熊本	福岡	沖縄	北海道	広島
ペルー移民	1899～1923年	沖縄	熊本	広島	福島	福岡
満洲移民・義勇隊	1945年5月時点	長野	山形	熊本	福島	新潟
台湾	1930年	鹿児島	熊本	福岡	広島	佐賀
朝鮮在留者	1930年	山口	福岡	広島	長崎	熊本
樺太	1930年	北海道	青森	秋田	山形	宮城
関東庁	1930年	福岡	鹿児島	長崎	熊本	広島

出典：木村（2018）34頁。

移民送り出し港としての神戸

国際協力事業団（現在のＪＩＣＡ）の統計によれば、笠戸丸による移民以後、一九四一（昭和一六）年までの三四年間で、およそ一九万人の日本人がブラジルへ渡ったという。[*9] これは、日本の勢力圏であった地域（朝鮮・台湾・満洲）を除けば、ハワイのおよそ二三万人に次ぐ多さである。三番目に多かった移住先はハワイを除く米国でおよそ一〇万人であるから、ハワイとブラジルの二地域が第二次世界大戦以前の日本人の海外移住先として突出していることがわかる。

移民の出身地域には大まかな傾向がある。表８－１に示すとおり、ハワイへの移民は広島・山口・熊本・福岡の四県の出身者が多い。[*10] これは、一八八〇年代から九〇年代前半の官約移民制度において、府県がそのとりまとめ役を果たしたことによる。これら四県の知事は中央政府の有力者や国粋主義者につらなる人々が多く、そこに住む農民層はハワイ移住にかんする情報に接する機会が

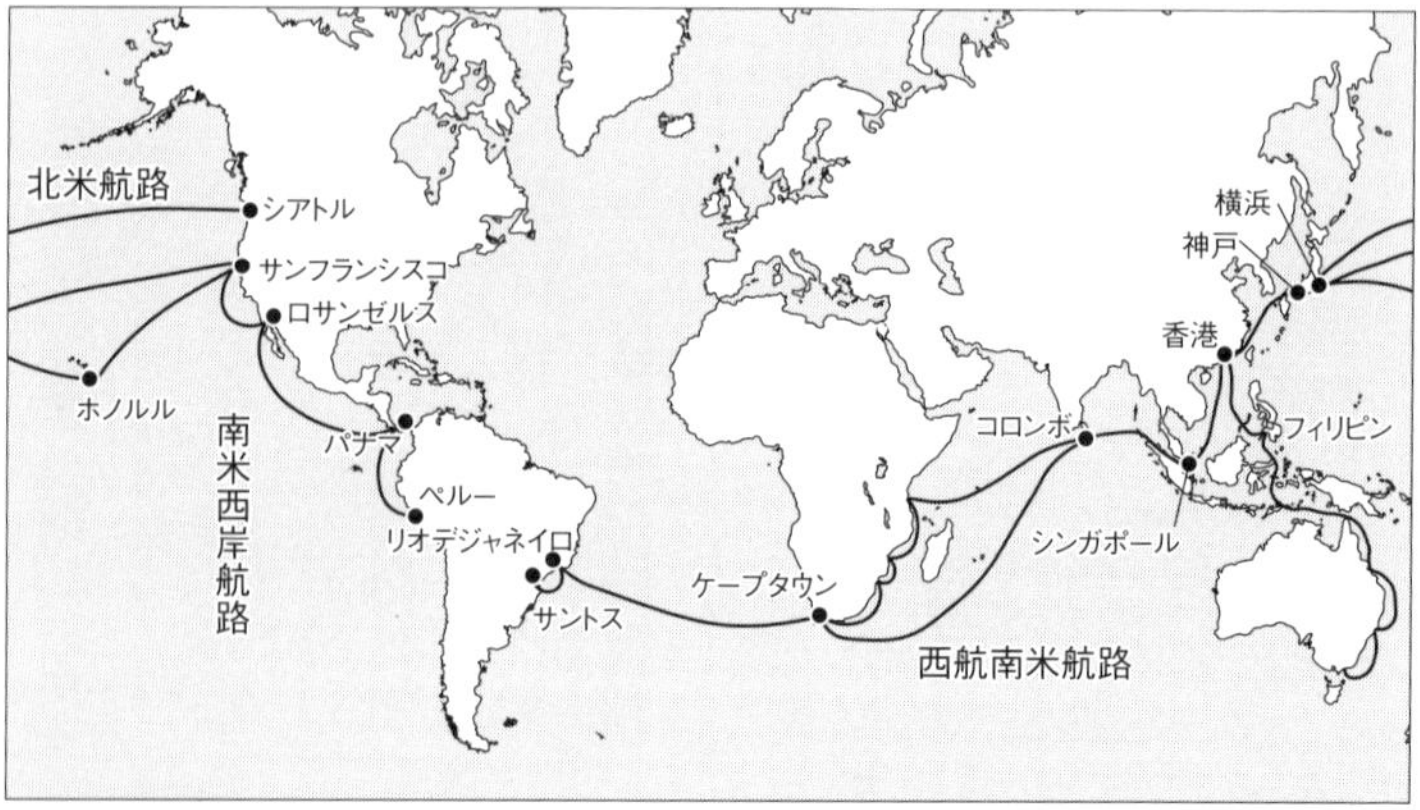

主要移民航路図

多かっただろう。郷里の先輩に誘われることも多かったと思われる。ブラジルに移住する人々も、熊本・福岡・沖縄・広島などの出身者が多かった。

対照的に、日本海沿岸の地域では北海道・樺太を移住先に選択することが多い。また富山・新潟からは、夏期に沿海州やカムチャッカなどのロシア領漁業（北洋漁業）に従事する人々も多かった。これも、近世以前の西廻り航路の伝統から北海道・樺太に関する情報に接する機会が多かったことによるものだろう。

海外への移住を希望する人々は、開港に立ち寄らなければならなかった。海外移住には旅券（パスポート）が必要であるが、当初は開港のある府県知事のみが旅券を発給する権限をもっていたからである。ハワイへの官約移民の開始によって日本からの渡航者が急増したことで旅券制度も整備され、一八九七（明治三〇）年以降、現在と同様に各府県によって旅券が発給されるようになった。*11 一八九九（明治三二）年には改正条約の施行に伴い開港の数も拡大したが、移民の輸送に使われるような大きな船舶は主要港にしか寄港しない。さらに、後述するように移民専用旅券の発行は横浜・神戸・長崎の三港に限られたこともあって、移住希望者はこれら三港に集まるようになる。

とりわけブラジル移民は、神戸に集まることが多かった。ブラジル移民は西日本出身者が多く、またブラジル移民の基幹ルートはインド洋からアフリカを経て西回りにブラジルに到達する西航南米航路であったからである。この航路は神戸港が基点であることが多かった。これに対して、北米航路や南米西岸航路の基点となる横浜港には、ハワイ・北米に加えてペルーなど中南米西岸への移民が立ち寄ることが多かった。[*12]

またハワイや北米への移民は単身者が多かったが、ブラジルへ移住した人々の多くは単身者ではなかった。移民の定住を望むブラジル政府が、家族単位の移住しか認めなかったためである。それでも移民の多くはブラジルで稼いだ後は日本に帰ってくるつもりであったが、日本からの距離が遠いこともあって、結果的にはほとんどの人が定住した。

移民宿と移民会社

一八九三（明治二六）年に米国系住民によるクーデタ（ハワイ革命）によりハワイ王国が倒れて以降、王国との契約にもとづく官約移民は停止された。代わって、民間の移民会社による「私約移民」が、ハワイへ渡るようになる。一九〇〇（明治三三）年に契約期間が満了したことにより、私約移民の送り出しはいったん禁じられたが、日本政府は翌年から移民のハワイ渡航を再び許可した（自由移民と呼ぶ）。これにより、日本からハワイへの移住は最盛期を迎えることになる。

国立移民収容所が設立される以前の神戸で彼らをサポートしたのは、移民宿と呼ばれる宿泊業者であった。移住希望者は、移民船の出航に間に合うように余裕をもって神戸に到着し、一〇日程度を移民宿で過ごす。その間、移住希望者は旅券を取得し、また身体検査（とくに伝染病・寄生虫などの検査）、予防接種、荷物の検査消毒などを済ませ、また移住に必要な物品をそろえなければならなかった。移民宿の番頭は、彼らの旅券申請の書類作成を代行し、また県庁への道案内、相手国での入国審査対策の情報提供などを行った。[*13] 神戸の移民宿は、ハワイ・北米への移民が急増した一八九〇年代末頃から登場したとされる。一九一〇年代になると七軒の移民宿が確認されており、いずれも木造二〜三階建で一軒あたり一〇〇人ほどを収容したというから、[*14] 合計で七〇〇名程度の移民が神戸市内で収容可能だったことになる。

神戸と同じく横浜や長崎にも、移民宿が軒を連ねた。移民宿には、労働者や留学生ばかりでなく、「写真結婚」で海外に渡ることになった花嫁、先に移住した両親から呼び寄せられた青少年など、多様な人々が滞在しており、そこで形成される人々とのネットワークは、渡航後の貴重な資源となったという。[*15]

地域社会と移民宿・移住先をつないだのは、移民会社である。移民会社は、移民船や現地での就業先などの斡旋、上陸手続きの代行などを請け負う代わりに、周旋料を移民・現地雇用者の双方から受け取った。先述したとおり、移民会社は、民権派・国権派問わず、壮士によって経営されることが多かった。[*16] これは、第4章で言及したように、一八八〇年代末に多くの壮士が米国西海岸に亡命していたことに由来する。移民会社は、移民の賃金を強制的に関係銀行に預金させることで、移民を拘束した。移民会社からの貸付金の利息負担も大きく、もちろん現地農場での労働も苛酷であったため、移民からの不満は大きかった。

移民会社は、代理業務を十分に果たさないこともあった。一八九七(明治三〇)年には、ハワイ移住民局の認可を得られなかったのにもかかわらず、移民会社が神戸から移民を送り出したために、強制送還されるという事態も発生している。送還された移民とこれから移住しようとする人々とあわせて二〇〇〇名ほどが神戸市内にとどまることになり、神戸市内は混乱したという。[*17]

壮士は、米国にわたっても政治活動家であることを忘れてはいなかった。ハワイ王国では欧米人にも参政権が認められていたため、彼らは日本人への参政権付与を求めて政治運動を展開した。一八九三(明治二六)年のクーデタ(ハワイ革命)に際しては、壮士の一部が王党派に加わっている。一八八〇年代と異なるのは、日本国内での壮士や対外硬派の政治的な影響力が大きくなっていたことであろう。一八九六(明治二九)年からは自由党の星亨が駐米公使をつとめており、星は資金源のひとつである壮士の運動を後押しした。その後の米国によるハワイ併合に際しては、星は米連邦政府に併合反対を伝え、日本政府に対してはむしろ日本がハワイを占領するよう進言している。先に述べたハワイからの移民が神戸に強制送還されたときには、第二次松方正義内閣はハワイ政府への抗議のために軍艦をホノルルへと派遣している。

海洋国家としての米国

一連の経緯は、当時のハワイにおいて日本人が最大の民族集団であったことと相まって、日本に対する米国の警戒の一因となったであろう。

一八九〇年代末頃から、米国は海外への膨張を開始している。一八九八年には、カリブ海のスペイン領キューバでの独立運動に対して、居留米国人保護を名目に、米国は軍艦メインを派遣した。その軍艦メインがハバナ沖で原因不明の爆発を起こすと、スペインとの戦争に突入した。この米西戦争では、カリブ海のみならず、スペイン領であったフィリピンおよびグアムが戦場となり、米国本土からの中継点に位置するハワイの軍事的重要性も高まった。戦争中の同年七月、米国はハワイを併合する。戦争は米国の勝利に終わり、米国はカリブ海でキューバとプエルトリコを、西太平洋でフィリピンとグアムを、それぞれスペインから獲得した。

こうして米国は海洋国家としての歩みを踏み出していく。海洋国家としての米国の課題は、大西洋と太平洋をつなぐルートの確保にあった。当時はまだパナマ運河は建設されておらず、南米大陸南端のマゼラン海峡を超えるルートは風が強く地形も複雑で危険であった。そのため米国東海岸の艦隊が太平洋に移動するためには、現実的には大西洋・インド洋経由で向かうしかなかった。東海岸と西海岸に分かれた米国海軍を一体的に運用するためには、パナマ運河を完成させる必要がある。しかもそれは他国によって経営されてはならず、自国の影響下におく必要があった。

一九〇三年には、コロンビアからパナマが独立した。現地の独立勢力を支援したのは米国であった。米国は、その見返りにパナマ運河の租借権と軍隊の駐留権をパナマ政府から獲得した。翌〇四年から、米国はパナマ運河の建設に着手する（完成は一九一四年）。同時に、米国は海軍軍拡にも乗り出した。

この間、その規模こそ比較にならないものの、米国と歩みを合わせるように海軍軍拡と海洋進出を続ける日本は、米国にとって懸念材料であった。一八九五（明治二八）年に台湾を領有した日本は、南進の傾向を強めていた。台湾と至近距離にあるフィリピンにも大陸浪人らは進出し、フィリピン独立運動にも加担している。日本政府は関わっていないとはいえ、ハワイでの壮士による王党派支援とならんで、日本の海洋進出が米国の海洋進出と抵触する状況が生まれていたといえよう。

日米両政府は、冷静にこの状況に対処した。一九〇五（明治三八）年九月には、日露戦争で日本が勝利し、関東州（旅順・大連）および南樺太を獲得した。戦争中の同年七月に、桂太郎首相兼外相とウィリアム・タフト米陸軍長官とのあいだで結ばれた桂＝タフト協定は、日本の朝鮮半島における優先的な地位と、米国のフィリピン統治を相互に承認し合うものであった。一九一〇（明治四三）年には、日本は大韓帝国を併合する。日本の大陸進出には米国の支持が不可欠であったし、他方で西太平洋における米国の軍備は未だ脆弱であった。両国政府は、お互いの勢力圏について尊重しながら、さらなる権益拡大に努めていくのである。

移民問題の顕在化

日露戦争における日本の勝利は、アジア各国に期待をもたらすと同時に、西洋各国のあいだに人種差別意識にもとづいた警戒心を呼び起こした。「黄禍論」である。こうした国際環境を背景に、一九〇〇年代には米国西海岸で日本人排斥の動きが強まっていく。

一九〇六（明治三九）年には、サンフランシスコ市で日本人学童隔離問題が起こった。米国がハワイを併合したことに伴い、より賃金の高い米国西海岸へ渡る日本人移民が増加した。一九〇〇年から一九〇七年までの八年間で、およそ三万八〇〇〇人の日本人がハワイから米国本土に渡っており、日本から直接米国本土にわたった人を加えれば、その数は四万三〇〇〇にのぼる。[*18] 低賃金で働く日本人移民に対する地元の労働者の反発は大きく、地元のメディア（新聞）も日本人移民を排斥する風潮に加担した。カリフォルニア州ではすでに一八七〇年代から中国人排斥運動が起こっており、中国人学童は一般の公立学校ではなく東洋人学校に隔離されていた。一九〇六年四月に起きたサンフランシスコ大地震による学校の被災を口実に、サンフランシスコ市は日本人学童も東洋人学校に隔離することを決定する。[*19]

この事件は、日本人移民と日本政府にとって複雑な感情を呼び起こした。日清・日露戦争の結果、多くの日本人は日本が「一等国」の仲間入りをしたと認識していた。一八九〇年代を通じて日本人移民のあいだでナショナリズムが高まっており、「二等国」である中国人移民と同等に扱われることに対する不満が起こる。日本政府も、同様の理由から米国政府に対して抗議する。

ただし、このときも日米両政府の対応は冷静であった。ローズヴェルト大統領は、サンフランシスコ市に閣僚を派遣し、決定撤回を求める。しかし、各州の権限が強い連邦制国家である米国では大統領のこのような行動はむしろ反発を招き、この問題はサンフランシスコ市からカリフォルニア州全体へと広がった。そこでローズヴェルトは、移民法を改正して日本人移民のハワイから米国本土への転航を禁止する案を提示し、カリフォルニア州の理解を得た。これを受けてサンフランシスコ市は日本人学童の隔離措置を撤回した。

米国との関係を悪化させたくない日本政府も、米国本土への日本人労働者の移住を自主的に規制した。日本政府は一九〇九（明治四二）年には移民専用旅券制度を導入し、その発行数を制限することで、移民の数を抑制しようとしたのである。これにより、米国本土に渡る日本人移民の数は一〇分の一ほどに減少した。[*20] なお、移民専用旅券の発行は、神奈川・兵庫・長崎の三県知事のみに認められた。[*21]

日米両政府は、妥結に向けたそれぞれの国内の環境を整備することも忘れなかった。一九〇七年、米海軍軍拡の成果を世界に示すために、ローズヴェルトは大西洋艦隊の戦艦一六隻・駆逐艦六隻他を世界一周航海に派遣した。船体を従来の灰色ではなく白色に塗ったことから、「グレート・ホワイト・フリート」と呼ばれた艦隊である。その狙いは、米国国内向けには、主力艦隊をハワイやフィリピンを含む東アジアに派遣することで、日本に対して毅然とした行動をとっていることをアピールすることにあった。

日本側は、この艦隊の日本寄港を米国に呼びかけた。そもそも日本国内の世論は、サンフランシスコ市の学童隔離問題についても、冷静な態度を貫いていた。同年一〇月に艦隊が横浜に寄港した際には、盛大な歓迎式典を開くことで友好ムードを演出した。日本では、ペリーの黒船をもじって「白船艦隊」と呼ばれ、日米友好の使節として迎えられたのである。これらの努力により、日米両国のあいだの移民問題はひとまず落ち着くことになる。[*22]

ブラジル移民の国策化

日米紳士協定によって、移民会社は米国本土以外の移住先を探さなければならなくなった。そのひとつが、一九〇八（明治四一）年から始まったブラジルへの移民であった。しかしブラジルへの移民事業が軌道に乗るまでには、まだ時間が必要であった。移民の収入は少なく、ストライキや夜逃げが頻発した。新規の移住希望者も集まらず、水野の皇国殖民会社は早々に経営に行き詰まり、事業を継続した別の会社も一九一四（大正三）年にはブラジルへの移民送り出しを中断した。しかし一方で、日本政府は海外へ移民を送出することが必要だと考えており、各移民会社を合同して海外興業株式会社を設立した。[*23]

海外興業はペルーやフィリピン、オーストラリアなど各地への移民を取り扱ったが、そのなかでも最も取り扱いが多かったのは、やはりブラジルであった。ブラジル移民が最盛期を迎えるのは、一九二〇年代半ば以降のことである。その背景には、やはり米国とのあいだの移民問題があった。一九〇七（明治四〇）年に日本政府が始めた米国への移民の自主規制は、すでに米国に居住している者の家族の渡航は禁じていなかったため、移民の多くは家族を呼び寄せることができた。とくに若い男性は、郷里の親族に縁談の取りまとめを依頼して、いわゆる「写真花嫁」を呼び寄せることも多かった。写真花嫁に対する米国内の批判が高まると、一九二〇（大正九）年に日本政府はこれを禁止したが、その後も米国内では移民を制限しようとする動きが強まった。

一九二四年には、いわゆる排日移民法（一九二四年移民法）が成立した。もっともこの法律は、そもそも日本人移民のみを排除した法律ではないし、また必ずしも日本人移民に対する反感からのみ成立したわけではない。この頃の米国では、ウィルソン大統領時代（一九一三〜一九二一年）の行政府中心主義に対する反発が高まっており、連邦議会は合衆国憲法で保障されている権限を回復しようと試みていた。米国へ入ってくる移民を制限する権限は、そのひとつとして扱われたのである。したがって日本政府による自主規制は、米国政府が行使すべき権利を日本政府に明け渡しているものとみなされたため、このときは意味をなさなかった。[*24]結果として、同法では有色人種は「帰化資格のない外国人」として扱われることとなり、日本からの米国への移民は全面的に禁じられることとなった。

ブラジルでも、アジアからの移民よりも、イタリアなどのヨーロッパからの移民受け入れを優先していた。一九二一年には、それまでサンパウロ州政府から日本人移民に支給されていた渡航費補助が廃止されている。しかしブラジル政府・議会でも米国の移民制限に対する批判は根強く、アジアからの移民制限は実現しなかった。[*25]

この頃の日本は農村不況が深刻化していた時期でもあり、政府とくに内務省社会局は困窮した農民のブラジルへの移民を後押しした。一九二三（大正一二）年には関東大震災の罹災者救済を名目として、ブラジル移民一一〇〇名に、一人当たり二〇〇円の渡航費を補助した。これをきっかけに日本政府によるブラジル移民への渡航費補助が始まり、一九二五（大正一四）年からはブラジル向けの全移民に渡航費二〇〇円を支給し、さらに移民会社の取扱手数料も全額政府負担とすることになった。こうして、ブラジル移民は国策化されたのである。[*26]

その結果、神戸は「移民の町」としての性格をますます強めることになった。ブラジル移民のほと

大正末から昭和初期の神戸港〔絵葉書〕

んどは神戸から出発しており、しかも関東大震災で横浜港も機能不全になっていたからである。兵庫県・神戸市また神戸の財界人も、移民送り出しの体制を整えることを目指すようになる。三者の主導で、日本とブラジルの親善を深め、また日本からブラジルへの移民を促進することを目的として、一九二六（大正一五）年五月、日伯協会が設立された。

同協会が最初に取り組んだ課題が、国立移民収容所の設置であった。日本と同様にブラジルへの移民送出国であったイタリアは、現地サンパウロだけでなくイタリア国内にも移民収容施設を整備しており、これに類するものを整備することが必要だとの認識が、移民関係者のあいだで共有されていた。というのも移住希望者や移民会社は、移民宿の設備や食事などに対して不満をもっていたからである。[*27] 日伯協会は、神戸に移民収容所を設置することを政府に建議し、これを内務省社会局が積極的に支持したこともあって、その二年後の一九二八（昭和三）年三月には、国立神戸移民収容所が開設された。[28] 移民収容所では、無償で十分な食事と清潔なベッドが与えられただけでなく、ポルトガル語や生活習慣の教育なども行われ、移民ができるだけ現地の習慣や風俗に馴染むように心がけられた。[29] この移民収容所とブラジル移民を描いた石川達三の小説『蒼氓』は、第一回芥川賞を受賞した。

こうして神戸からブラジルへの移民は最盛期を迎える。一九二八（昭和三）年から一九三四（昭和九）年までの六年間で一〇万人を超える人々がブラジルへ渡った。一九四一（昭和一六）年には太平洋戦争のために閉鎖されるものの、敗戦後の一九五二（昭和二七）年一〇月には外務省の神戸移住斡旋所として移民の送り出しを再開し、一九七一（昭和四六）年まで続けられた。神戸移民収容所とその後継施設によって送り出された移民の総数は、二五万人を超える。神戸の人々にとってごく身近な光景だった「移民さん」は、同時に国際政治における日本の立場に翻弄される人々でもあったのである。[30]

註

＊1　楠本（二〇〇四）一九頁。
＊2　間宮（一九九九）二八〜三二頁。
＊3　児玉（一九九二）二七五頁。
＊4　有泉（一九八三）二七九〜二八三頁。
＊5　長谷川（二〇〇八）六五頁。
＊6　林（二〇二〇）一八八〜一九〇頁。
＊7　野口（二〇一八）八三〜一二九頁。
＊8　季武（二〇一五）一〇二〜一〇四頁。
＊9　『海外移住統計』一二六頁。
＊10　木村（二〇一八）三四頁。
＊11　柳下（二〇一二）三四八頁。

＊12　山田（一九九八）六二～六四、一五一頁。
＊13　黒田（一九七八）九〇～九一頁。
＊14　黒田（一九七八）九一頁。
＊15　藤原（二〇一一）一五八頁。
＊16　松村（二〇〇九）三三八～三四四頁。
＊17　黒田（一九七八）八六～八七頁。
＊18　坂口（二〇一八）七七頁。
＊19　蓑原（二〇一六）二五～二八頁。
＊20　蓑原（二〇一六）四五～四七頁。
＊21　柳下（二〇一二）三五一頁。

＊22　蓑原（二〇一六）四九頁。
＊23　坂口（二〇一五）七六～七八頁。
＊24　蓑原（二〇一六）一七五頁。
＊25　三田（二〇一八）一二九～一三〇頁。
＊26　『ブラジル日本移民八十年史』八七頁。
＊27　原（一九六二）二八四頁。
＊28　楠本（二〇〇四）四五頁。
＊29　木村（一九九六）三六五～三七三頁。
＊30　楠本（二〇〇四）四六頁。

第9章

長崎——国境を越えてつながる

長崎は、九州西岸に位置する港町である。江戸時代にはヨーロッパとの唯一の交易拠点であったことで知られるが、それは長崎が江戸から遠く離れていたからこそ許された特権であった。首都から遠い港町は中央政府の統制が及びにくく、近代世界では各国の利害がぶつかりあう境界線ともなる。本章では、長崎を経由して行き来する留学生・亡命政治家その他の移住者と、国家との関わりについて考える。

「出島」以後の長崎

日本三大中華街とは、横浜中華街、神戸南京町（なんきんまち）、そして長崎新地中華街を指す。このなかで最も古い歴史をもつのは、長崎新地中華街である。江戸時代の長崎にはオランダ商人が居住する出島があったが、そのすぐ近くには唐人屋敷が建設され、多くの中国商人が活動していた。オランダのみならず清との貿易も許された長崎は、一七世紀から一九世紀半ばにかけて、日本における国際貿易の中心と

現在の長崎新地中華街〔筆者撮影〕

なった。だが、一八五八（安政五）年に安政の五カ国条約が締結された後は、国際貿易の中心は大きな消費地を背後にもつ横浜・神戸へと移っていった。

その後の長崎貿易を支えたのは、第一に石炭である。長崎港の南には高島炭鉱や、軍艦島として知られる端島炭鉱があり、豊富な石炭が産出された。高島炭鉱は、一八六八（慶応四）年に英国人グラバーと佐賀藩の合弁事業として本格的な採掘が始まった。端島炭鉱では、高島炭鉱で培われた海洋炭鉱の採掘技術を生かして、一八七五（明治八）年から本格的な採掘が始まった。これらの炭鉱はいずれも佐賀藩（鍋島家）の所有であったが、一八八〇年代から九〇年代にかけて三菱へと譲渡された。

また、長崎は造船の町としても知られる。現在でも山手の外国人居留地跡に上ると、長崎湾の対岸に造船所が見える。一九〇九（明治四二）年に設置された電動クレーンは、今なお現役である。一九〇〇年代から一九二〇年代初頭にかけて、五〇〇〇～二万人ほどの従業員が造船所で働いた。当時の長崎の人口は一五万～二五万人ほどであるから、同造船所が近代長崎にあたえた影響は大きい。*1

しかし、港町としての近代長崎を特色づける最大の要素は、東アジア最大の国際都市であった上海との近さである。上海には多くの長崎出身者が渡り、また長崎には欧米系商人やロシア海軍人など多くの外国人が上海経由で訪れた。[*2] 欧米系商人は夏の上海からの避暑地として、ロシア海軍人は冬のウラジオストクからの避寒地として、それぞれ長崎を利用した。

なかでも最も大きな存在感を誇ったのは、華僑（中国商人）のネットワークであろう。すでに述べたように、一六〇〇年代から長崎には多くの中国商人が来航して貿易に従事していたが、その多くは、福建・三江（江蘇・浙江・江西の三省の総称）・広東などの出身であった。日本とこれらの地域のあいだには季節風が吹いており、帆船の時代も相互の連絡が比較的容易だったからである。

安政の五カ国条約締結後は、上海に近いこれらの地域の商人が、欧米系商人の通訳・使用人として日本にも来航した。彼らの一部はその後商社として独立し、上海を中心としたアジア間貿易に従事する。日本からは海産物・工業製品などを輸出し、アジア各国からは米・大豆・綿花などを輸入した。彼らは、寧波や天津などの中国沿岸港から朝鮮各港へ、またマカオやルソンなどの東南アジアへと貿易ネットワークを形成しており、長崎もその拠点のひとつであった。[*3] また、長崎を足場にして神戸・横浜へと進出し、成功する華僑も多かった。[*4]

留学先・亡命先としての日本

こうした中国南方を出身地とする華僑ネットワークの存在は、一九世紀末に清から多くの留学生が来日し、また政治活動家が日本に亡命するひとつの背景となった。

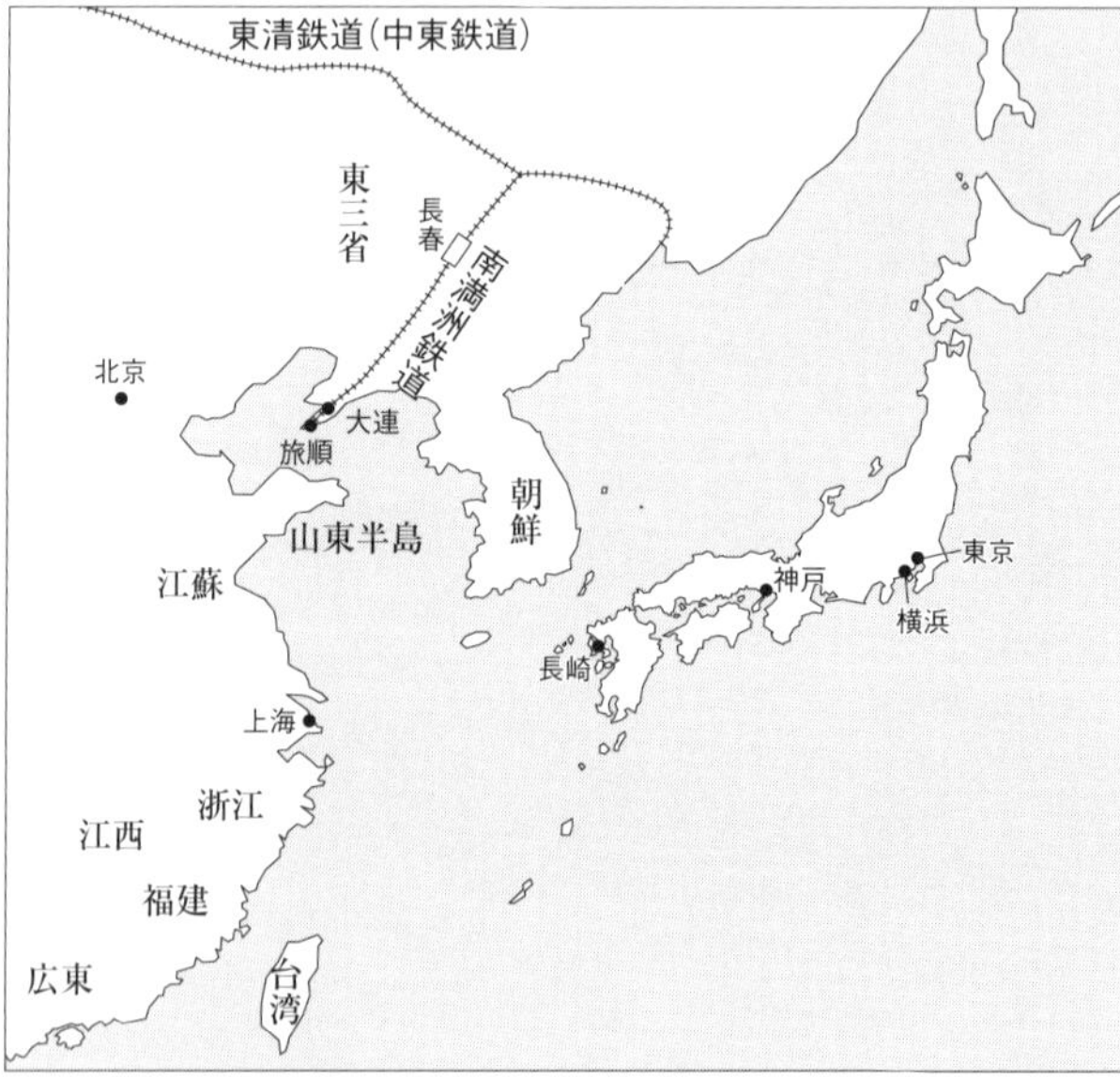

長崎と東アジア各都市

日清戦争以後、政治制度の近代化（西洋化）を目指した清から、日本への留学生は急増した。その理由は、欧米へ留学するよりも日本に留学するほうが費用を抑えられること、また漢字を使用していることから教育効果も高いと考えられたことにある。

日本政府も清からの留学生の受け入れに積極的で、高等師範学校の校長をつとめていた嘉納治五郎に、留学生受け入れのための学校（弘文学院、のち宏文学院）を設立させた。さらに一九〇〇年代には、法政・明治・早稲田などの私立専門学校も清からの留学生受け入れを開始した。一九〇五（明治三八）年には、中国における伝統的なエリート選抜試験である科挙が廃止され、留学先の学位をもって代えることが可能になったこともあり、清から日本への留学熱はピークを迎える。一九〇六（明治三九）年には、その数は一万人を超えたといわれる。[*5] のちに中国で言文一致活動を展開する魯迅、中華民国の最高指導者となる蒋介石も、この時期に日本で学んだ。

留学生のほとんどは東京で学んだが、長崎にも清からの留学生が多く訪れた。長崎医学専門学校（現在の長崎大学医学部）には、一九〇五（明治三八）年から一九一一（明治四四）年までの六年間で五〇人を超える留学生が所属している。[*6] 一九〇五（明治三八）年に設立された長崎高等商業学校（現在の長崎大学経済学部）にも、多くの留学生が学んだ。長崎名物として知られる「ちゃんぽん」は、これらの留学生に安価で栄養の豊富な食べ物を提供しようと、長崎華僑の陳平順が発明したものといわれる。[*7] 国家の支援が期待できない華僑のあいだでは、相互扶助組織（幇）が発達しており、成功した華僑が、同郷出身の後進を支援することは一般的であった。

留学生のみならず、清から国外へ亡命した政治家も日本へ来航することが多かった。一八九八（明治三一）年には、清政府の元高官で、急進的な改革（戊戌の変法）に失敗した康有為・梁啓超が日本に亡命してきた。康・梁ともに広東省出身であり、同郷の華僑の支援が期待できた。実際、梁に神戸（須磨）の住居を提供したのは、広東省出身の神戸華僑・麦少彭であった。[*8] 梁は華僑の教育のための学校（神戸華僑同文学校。現在の神戸中華同文学校）建設を提唱したが、その資金を提供したのも、麦をはじめとする神戸華僑であった。なお、日本国内のアジア主義者も梁を支援しており、同校の名誉校長には犬養毅が就任している。

同じく広東省出身の革命家・孫文も、華僑ネットワークをたよって複数回来日している。兄の孫眉がハワイへ移住して成功した農場主だったこともあって、孫文は同地で教育を受け、また現地での華僑との交流を経て漢人としての民族意識をもつようになった。一八九四年にハワイで清朝打倒を目的に掲げた政治団体・興中会を結成する。その後、広州で武装蜂起を計画したが、事前に発覚したために世界各地で亡命生活をおくることになる。[*9]

日本に孫文が滞在するきっかけを作ったのは、大陸浪人の宮崎滔天(とうてん)であった。一八九七(明治三〇)年、当時の第二次松方正義内閣の与党・進歩党の有力者のひとりであった犬養毅から大陸情勢の調査を指示された宮崎は、横浜に潜伏中の孫と出会い心酔する。[*10] 宮崎は犬養に孫を紹介し、革命運動を支援する体制を整える。玄洋社の頭山満(とうやまみつる)や平岡浩太郎も孫を日本政府要人に紹介し、また資金を提供するなどの支援を続けた。これ以後、孫は中国人留学生とも交流を深め、東京をひとつの拠点として革命の準備を進めていく。

満洲権益と辛亥革命

こうして、清を立憲君主制へ移行させようとする立憲派であった康有為・梁啓超と、清朝の転覆を企てる革命派であった孫文が、同時期に日本に滞在することになった。もちろん、清政府もこの状況に対して手をこまねいていたわけではなく、日本政府に対して彼らを日本国外へ追放するように要請した。康はシンガポールへと拠点を移し、孫も日本を事実上追放される。[*11]

清政府は、亡命政治家を支援する華僑ネットワークの統制にもつとめた。一九〇三(明治三六)年には、米国・日本・東南アジアの各都市の華僑に、公的団体である「商務総会(商会)」の設立を命じた。長崎では、神戸・横浜よりも早く、一九〇七(明治四〇)年八月に、長崎華商商務総会(長崎商会）が設立されている。また、神戸・横浜での華僑学校は、先述したとおり立憲派によって設立されたものであったが、長崎の華僑学校は、領事館が中心になって設立したものであり、その教育内容も儒教を中心理念としたものであった。[*12] 地理的に大陸と近い長崎の華僑社会は、神戸・横浜の華僑社会に比べて、清政府の影響力が大きかったといえよう。

日本のアジア主義者のなかには、日本に滞在する康有為・梁啓超（立憲派）と孫文（革命派）を支援し、また合流させようとする動きもあったが、彼らは相容れなかった。その理由は、立憲派と革命派のあいだで、「中国」という国家の構想について違いがあったからである。

東アジアにおける伝統的な国際秩序では、領域の境界は曖昧であり、また領域内においても、中央の政治権力は均等に影響力を及ぼすわけではない。領域内に住む人々にとっても、中央の政治権力への帰属意識には、その物理的・精神的距離にしたがって濃淡がある。政治制度の近代化（西洋化）とは、曖昧であった領域の境界に明確な国境線を引き、その国境の内側に住む人々を均質化（国民化）していくプロセスである。日本が近代国家化をすすめていく過程で、その領域の範囲には様々な選択肢があったように、清が近代国家化を進める場合にも、その領域の範囲は必ずしも自明ではない。しかも清朝は満洲人の王朝であり、漢人にとっては異民族による支配であった。清朝の体制内エリートであった康有為・梁啓超と、反満革命論を唱える孫文とでは、近代国家としての「中国」のイメージが異なるのは、当然であったといえよう。[*13]

そして日本のアジア主義者が革命派を支持する理由も、まさにこの点にあった。あくまで漢人による共和国の樹立を目指す孫文は、そのための支援が得られるならば、見返りとして領土の一部を分割してもよいと考えていた。[*14]日本のアジア主義者のなかには、そのような見返りを求めないロマン主義者もいたが、中国における革命の成功が、同時に日本の大陸権益を拡充するものだという判断も確かにあったのである。

それは見方を変えれば、清朝にとって満洲は祖先の地として重要であったことを意味する。従来、清政府は満洲地域への漢人の移住を制限するなど、同地域を特別視していた。しかし、列強による清国分割や米国における中国人移民の排斥などを契機として「中国ナショナリズム」が高まると、清政府は、満洲＝東三省（現在の遼寧・吉林・黒竜江の三省）に、他の漢族の地域と同様の地方制度（督撫重権）を施行した。地方の軍事権・財政権をもつ総督と巡撫をおき、その下に現地の武装勢力を掌握することで、ロシアや日本の満洲進出に対抗し、また「中国」としての一体性を創出しようと試みたのである。[*15]

奉天巡撫に就いた唐紹儀は、米国に留学経験のある親米派でもあり、米国の協力を仰いだ。この頃の米国は、列強による清国分割に乗り遅れたこともあって、各国が中国大陸に排他的な勢力圏を形成することに批判的であった（門戸開放政策）。日露戦争で日本を支持したのも、満洲において日本がロシアよりも開放的な政策をとると期待していたからであった。しかし、米国の意に反して日本は日露戦争の終了から一年以上満洲に軍政をしいており、米国人を含む外国人の行動は制限された。とくに米国国務省のなかで、日本の満洲政策に対する批判が高まった。[*16]

米国国務省は日本に圧力をかけるが、その結果、日本はロシアに接近し日露協約が結ばれる。このように、満洲権益をめぐって日本とロシアが接近し、一方で日本と米国・清との関係が緊張するなかで辛亥革命が起こる。

一九一一（明治四四）年一〇月、武昌での革命派の蜂起が各地に波及し、清の南半分が革命軍の勢力下に入った。内戦の勃発にあたって、多くの中国人留学生が長崎を経由して大陸に戻った。長崎医学専門学校の中国人留学生は、日本国内の他の中国人医学生らとともに赤十字隊を組織して中国に渡り、中立の立場で、清軍・革命軍双方の救護にあたった。[*17] 彼らを支援したのは長崎の華僑で、医薬品などを提供した。[*18]

当時、米国にいた孫文は、一連の革命派の蜂起に関わっていなかった。孫が欧米での資金調達を終えて香港に到着したのは、同年末のことである。ところが、その頃には革命派内部の統率も乱れており、国際的に知名度の高い孫が臨時大総統に就任した。

孫を支援し続けてきた犬養毅も、一九一一年末には上海に渡って革命軍を激励しており、翌年一月八日には南京の臨時総統府で孫と会見した。[*19] 同じく孫を支援してきたアジア主義者の内田良平は、革命政府の外交顧問への委任状を受け取っている。犬養も内田も、当時は日本政府内にいたわけではない。当時の第二次西園寺公望内閣は新政府の承認に慎重であったが、であるからこそ、日本の大物政治家の支持は、孫らにとって重要な意味をもったであろう。

長崎華僑と中華民国

長崎華僑は、辛亥革命の勃発までは革命派への支援を表立って行うことはなかった。すでに述べたとおり、清政府の影響力が相対的に大きかったからである。孫文は、辛亥革命までに長崎を六回訪問していたが、長崎華僑と接触した形跡はみられないという。[20] 神戸では、神戸華僑に加えて、川崎造船所の松方幸次郎やマッチ製造業の瀧川辨三など神戸財界の有力者も、立憲派・革命派への支援を行っていたが、長崎財界ではそうした支援もみられない。長崎出身の貿易商であり映画会社社長でもあった梅屋庄吉は、孫文の友人として、また有力な支援者として知られるが、梅屋の事業の拠点は香港および東京であった。[21]

　辛亥革命の勃発は、こうした状況を一変させた。長崎華僑も革命派を支持する姿勢を鮮明にし、革命軍による南京陥落の際には提灯行列を行った。[22] 梅屋庄吉が経営する映画会社Mパテー商会（のちの日活）は辛亥革命の記録映像を撮影し、長崎でも上映した。こうして多くの人や物が行き交う長崎でも、革命を支持する雰囲気が盛り上がった。

　しかし革命軍は北京まで攻め上ることはできず、清政府とのあいだで和解する必要が生じた。一九一二年二月には、英国をはじめとする列強の支持を受けた袁世凱とのあいだで、袁を臨時大総統とすることを条件に、清朝の解体（皇帝の退位）と、南北統一した形での中華民国の成立に合意した。

　臨時大総統を退いた孫は、全国鉄路総辨に就任した。孫は、国家の統一のためには交通インフラの整備が重要であることを理解しており、外資の導入による鉄道・運河・港湾の建設などの内容をもつ大交通網建設計画を立案している。さらに三井物産など日本企業の投資を呼び込むため、鉄鋼会社（漢冶萍（かんやひょう）公司）の日中共同経営計画を進めた。これを支えたのは、呉錦堂など日本で成功した華僑や松方幸次郎などの神戸財界人であった。日本の支援を必要とした孫は、一九一三（大正二）年に日本を訪問している。その往路と復路でそれぞれ孫は長崎を訪問したが、とくに復路では長崎華僑が主催する盛大な観迎会が開かれた。[*23]

新しく成立した中華民国は、領域としては清朝の版図を引き継いでいたが、これは日本のアジア主義者にとって、想定外の事態であった。満洲は当然のことモンゴル・チベット・新疆までが中華民国の領土となったからである。これでは、日本のアジア主義者が想定していた満洲権益の確保は到底みこめない。孫文も、この頃には「東三省は我の完全なる領土」と述べている。[*24] こうして日本のアジア主義者と中国の革命派とのあいだの協調に軋轢が生じるようになる。

それでも孫は、日本のアジア主義者に頼らざるを得なかった。はやくも一九一三年には、「中国」の再統合のために強力な政府を志向する袁世凱と、議会制を重視する孫ら国民党とのあいだの対立が深まったからである。一九一三年二月には、国民党の指導者であった宋教仁が暗殺された。七月、孫らは武装蜂起を画策するが鎮圧され、日本に亡命する（第二革命）。当時の第一次山本権兵衛内閣は、亡命の受け入れに難色を示したが、政府を説得したのは、犬養毅や頭山満であった。

再起を期す孫は、一九一四（大正三）年六月に東京で中華革命党を結成する。しかし、革命の貫徹のために強いリーダーシップ（＝自身への服従）を求める孫の姿勢は、革命派内部の反発を招き、革命派は分裂した。

こうした状況のなかで、ヨーロッパでは第一次世界大戦が勃発する。その直前の一九一四（大正三）年四月に発足していた第二次大隈重信内閣は、これを機に大陸権益を拡充しようと試みた。同年八月にはドイツと戦争状態に突入し、一一月にはドイツが勢力圏としていた山東半島を占領する。加藤高明外相は、この山東半島を取引材料に日本の満洲権益を拡充しようと考えた。というのも、日本が満洲にもっていた権益は、ロシアが一八九七年に清から獲得したものを引き継いだものであったからである。これらの権益は期限付きであり、旅順・大連の租借権は一九二三年には返還しなければならなかった。

一九一五（大正四）年一月、加藤外相は中華民国に対して、のちに「二十一カ条の要求」と呼ばれる一連の要求を提出した。その内容は、山東半島のドイツ権益の継承（第一号）・旅順大連などの満洲権益の期限延長（第二号）・漢冶萍公司の日中合弁化（第三号）・中国沿岸部の不割譲（第四号）・中国政府への日本人顧問の招聘（第五号）などであった。加藤の狙いは、強圧的な要求をすることで、中国側の妥協を引き出すことにあった。袁世凱は、英米に対して日本の要求内容をリークすることで、これに抵抗しようと試みた。最終的には、英米の調停もあって、中国側の抵抗が最も大きかった第五号を削除し、第一号の山東半島の権益については大戦後の交渉に委ねることで、一九一五（大正四）年五月、日中両国は妥結した。

一連の交渉は、日中両国の人々に大きな不満を残すことになった。強圧的な要求を突き付けられ、また飲まされた中国側の不満は当然であるが、一方で日本側にも一度突き付けた要求（の一部）を撤回させられた、というイメージが残ったからである。長崎の『東洋日の出新聞』の社長であった鈴木天眼（てんがん）は、革命派を長く支援してきたアジア主義者の一人であったが、二十一カ条要求の一部取り下げを強く批判した。長崎市内では、「国権擁護長崎県民大会」が開かれ、鈴木はそこでも対中強硬論を主張した。[*25] 長崎は日中外交の最前線であり、人々の交流が盛んであったからこそ、期待を裏切られたときの反発も大きくなったといえよう。

日華連絡航路の開設

その後も、長崎は日中関係の最前線であり続けた。第一次世界大戦以前と以後で異なるのは、長崎から上海へ向かう人々も格段に増えたことである。上海に居住する日本人は、一九〇〇（明治三三）年にはおよそ一〇〇〇名程度であったが、一九一五（大正四）年にはその一〇倍にあたる一万人を超えた。これは、英国を抜いて上海に居留する外国人数では第一位となる数字である。[*26] 上海の日本人のほとんどは共同租界の北側にある虹口（ホンキュウ）地区に居住したため、同地区は日本人街と呼ばれるようになった。

上海の日本人が増えた背景には、日本資本の上海への進出――とりわけ日本紡績業による現地工場の建設（在華紡（ざいかぼう）と呼ぶ）があった。第一次世界大戦以前の日本紡績業は、主として日本で生産した綿糸や綿布を中国市場へと輸出していたが、第一次大戦期に日本国内の賃金水準が上昇したことで、日本で生産する優位性が失われた。また、二十一カ条要求に対する抗議運動の一環として日本製品の不買運動（日貨排斥運動）が展開された際にも、在華紡の製品は不買運動の対象外とされていたことから、その後は日本企業の上海への進出が加速した。[*27]

上海に居留する日本人のうち、その割合が最も高かったのが長崎県出身者である。一九三〇年代には上海居留日本人の一割程度が長崎県出身者で、明治・大正期にはその割合はもっと高かったといわれる。[*28] 上海居留の日本人には、「会社派」と「土着派」の二種類があった。会社派は在華紡や銀行のような日本企業から派遣された駐在員で、居留期間も短く、その多くが旧英国租界の高級住宅に住んだ。土着派は中小の商店主やサーヴィス業、雑業につく人々で、その多くが日本の生活を捨てて移り住んだ者である。[*29] 虹口の日本人街に集住したのは「土着派」の人々で、長崎出身者のほとんども「土着派」であった。

こうした長崎と上海の経済関係の緊密化を受けて、長崎港の整備も進んだ。一九一六（大正五）年には長崎の地域有志によって「長崎発展期成同盟会」が結成され、彼らによる内務省・衆議院への陳情活動も活発化した。こうした活動の成果もあってか、一九二〇（大正九）年からは第三期長崎港改良工事が国庫補助を受けて着工された。出島前面の海岸を埋め立て、八〇〇〇トン級船舶が接岸可能な岸壁を造成するものである。一九二三（大正一二）年春に部分的に完成し、同年五月からは日本郵船の長崎－上海定期航路（日華連絡航路と呼ばれた）が開設された。[*30] それまでも横浜や神戸発の定期航路が長崎に寄港することはあったが、長崎を基点とする上海航路としては最初の定期航路である。

昭和前期の出島岸壁と日華連絡船〔絵葉書〕

こうして長崎と上海の関係はさらに緊密化していく。しかし上海に居留する日本人が増えるということは、現地で排日運動や戦争が起こったときに巻き込まれる日本人が増えるということを意味する。その際、地理的に近い長崎の人々は、上海居留の日本人の支援にあたることになった。一九二七

（昭和二）年には、中国での内戦の勃発（北伐）を受けて多くの上海居留日本人が内地へ引き上げたが、長崎市はこれらの避難民に対して住宅を提供した。[*31] また一九三二（昭和七）年には、その前年に始まった満洲事変が上海にまで飛び火した（第一次上海事変）。これを受けて長崎市は、上海居留日本人に対して食糧支援などを行うほか、一時的に日本へ避難した日本人が事変収拾後に再び上海へ戻るための資金も援助している。[*32] 長崎と上海は日中関係をつなぐ国際都市であり、それゆえにこの二つの都市の関係は、日中両国の外交関係を象徴するものとなっているのである。

註

＊1 永田（一九九九）四九〜五一、一〇八〜一〇九頁。
＊2 川島（二〇一五）四二〜四四頁。
＊3 古田（二〇〇〇）。
＊4 陳東華（二〇二〇）六五頁。
＊5 鹿島（二〇一七）二七二〜二七九頁。
＊6 見城（二〇一九）。
＊7 陳優継（二〇二〇）二四五頁。
＊8 竹村（二〇一二a）二六六頁。
＊9 深町（二〇一六）一一〜三〇頁。
＊10 宮崎（一九九三）一七八〜一八三頁。
＊11 中島（二〇一七）二四六頁、陳・安井（二〇〇二）七二頁。
＊12 陳東華（二〇二〇）八四頁。
＊13 久保田（二〇一一）二八五〜二八六頁。
＊14 深町（二〇一六）四〇、四八頁。
＊15 岡本（二〇二〇）一六四頁。
＊16 角田（一九六七）三五八〜三六三頁。
＊17 見城・坂本（二〇二〇）。
＊18 川島（二〇一五）五三頁。
＊19 児野（一九八四）一三九頁。
＊20 陳東華（二〇一一）一〇六頁。
＊21 車田（一九七五）一七六〜一九一頁。
＊22 陳東華（二〇二〇）八八頁。
＊23 陳東華（二〇一一）一〇六頁。
＊24 久保田（二〇一一）二八六頁。

＊25　横山（二〇〇六）一六七頁。
＊26　高綱（一九九五）一二一頁。
＊27　高村（一九八二）一〇一〜一一二頁。
＊28　横山（二〇一七）一四六頁。

＊29　高綱（一九九五）一二三〜一二五頁。
＊30　『長崎市制六十五年史』一四四六頁。
＊31　横山（二〇一七）一一九頁。
＊32　横山（二〇一七）一二六、一三七頁。

第10章

下関——技術が発達する

下関は、瀬戸内海の入り口に位置する交通の要衝である。古くから大陸への窓口として、また沿岸航路の中継地点として栄えたが、明治以降は遠洋漁業の根拠地としての機能も加わった。本章では、林兼商店と共同漁業という下関を拠点にした二つの水産企業の競合を軸に、技術の革新が遠洋漁業の範囲の拡大をもたらし、それが国家間の外交上の争点へと発展していく様子を考察する。

二つの水産会社——林兼商店と田村汽船漁業部

関門海峡本州側東端の小高い丘の上に、巨大なシロナガスクジラのモニュメントがたっている。瀬戸内海と豊後(ぶんご)水道を見下ろすようにたつこのクジラは、かつては下関市水族館の付属施設(鯨館(くじら))であった。二〇〇〇(平成一二)年に同水族館が閉鎖された後も鯨館だけが残されたことからも、このクジラが下関市のシンボルのひとつとして市民に受け入れられていることがうかがえよう。

昭和中期の下関市水族館と鯨館〔絵葉書〕

なぜクジラなのか。それは、この鯨館を寄贈したのが下関を拠点にする水産会社・大洋漁業であったことによる。大洋漁業は、かつては下関市に本拠地をおいたプロ野球球団をもち、その球団は本拠地を神奈川県（川崎市・横浜市）に移した後も長くホエールズの愛称を使用した。南極海（南氷洋とも呼ばれる）でとれるシロナガスクジラは、下関から海洋を通じて世界に羽ばたいていく同社の姿を、象徴的に示していたのである。

大洋漁業の前身である林兼（はやしかね）商店（以下、表記は林兼商店で統一する）が、下関に本店をおいたのは、一九一三（大正二）年のことであった。[*1] 創業者の中部幾次郎（なかべいくじろう）は、兵庫県の明石を拠点に、南は高知、西は五島（ごとう）列島などから鮮魚を買い付け、大阪へと運ぶ鮮魚仲買業を営んでいた。一九〇三（明治三六）年に大阪で開かれた内国勧業博覧会で石油発動機に着目し、二年後には日本初の発動機船「新生丸」を就航させた。これにより、明石から大阪への所要時間は従来の半分以下（四～五時間）に短縮されたという。[*2]

一八八〇年代から二〇世紀初頭にかけての日本の勢力拡

大は、林兼商店の活動範囲も拡大させる。朝鮮南部はタイやイワシなどの豊富な漁場であり[3]、すでに江戸時代末ごろから、瀬戸内の漁民は出漁していたといわれる。一八八三（明治一六）年に結ばれた「朝鮮国に於て日本人民貿易の規則」によって、日本人に朝鮮近海での漁業が認められたことにより、朝鮮出漁は本格化した[4]。京阪神地方から日本各地へと輸送先を拡大しようと中部は考え、その拠点を下関へと移したのである[5]。一九一〇年代以降、中部は、鮮魚仲買から漁業の直営に乗り出し、さらに水産加工・造船・機械工業へと関連事業を拡大した。

下関には、林兼商店のほかにもう一つ大きな水産会社があった。田村汽船漁業部（現在の日本水産）である。田村汽船漁業部創業者の田村市郎は、一八六六（慶応二）年、のちに藤田財閥の共同経営者となる久原(くはら)庄三郎の三男として、長州の萩に生まれた。実弟に、日立鉱山を中心として一九一〇年代に久原財閥を形成し、一九二〇年代末には政界に転身した久原房之助がいる。実母の生家である田村家の養子に入った市郎は、一九〇七（明治四〇）年、父・庄三郎から分与された資金を元手に水産業──朝鮮の水産物売買に加えて、汽船トロール漁業と北洋漁業に進出した。林兼商店と田村汽船漁業部が拠点をおく下関は、日本を代表する遠洋漁業の根拠地のひとつとなった。

遠洋漁業の拡大

汽船トロール漁業は英国で発展した漁法で、袋状の網を海底に投じ、汽船で曳くことで大量の魚介類を捕獲する。一九〇七（明治四〇）年に、長崎の貿易商によって日本に導入されてその実用性が確認されると、田村汽船漁業部は汽船トロール漁業に乗り出した[6]。主な漁獲物はタイ・ヒラメ・タチウオ・グチ・エソなどで、マダイなどの高価格帯の魚は東京・京阪神方面へ送られた。グチ・エソなどの低価格帯の魚は練り物の原料とされた。田村汽船のほかにも多くの企業が参入したが、あまりにも漁獲量が大きく沿岸漁業を圧迫したため、一九〇九（明治四二）年には所管大臣の許可制となり、禁漁区が設定された。[*7]

汽船トロール漁業を中心に事業を展開した田村汽船漁業部に対して、林兼商店は機船底曳網漁（きせんそこびきあみりょう）を事業の中心においた。機船とは石油発動機船のことで、蒸気機関で動く汽船と比べてエンジンの重量・容積ともに小さく運転費も安かったため、小規模の漁業者にも導入が容易であった。そのため明治末以降、全国の漁業者に普及が進んだ。[*8] 機船底曳網漁も、やはり沿岸漁業者とのあいだに対立が生じ、一九二一（大正一〇）年には府県知事の許可制となり、禁漁区が設定された。[*9]

沿岸漁業者と汽船トロール漁業者・機船底曳網漁業者との対立は、植民地でも同様であった。日本近海での汽船トロール漁業が禁止されたため、一九一〇（明治四三）年頃には多くのトロール船が朝鮮近海に進出した。その結果、一九一二（明治四五）年六月には、朝鮮総督府もトロール漁業を総督の許可制とし、さらに漁場を東経一三〇度以西の東シナ海・黄海に限定した。[*10] 台湾でも同様であった。機船底曳網漁に対しても、一九二〇年代以降、同様の規制がかけられた。

こうして、汽船トロール漁業・機船底曳網漁いずれも遠洋（主として東シナ海・黄海）の漁場への進出を余儀なくされた。それを支えたのは、技術の発達である。東シナ海・黄海での漁業は一航海に一〇日以上必要となり、効率化が求められる。田村汽船漁業部は漁船の大型化に乗り出し、これに対応できない中小の汽船トロール漁業者を合同して、一九一九（大正八）年には共同漁業株式会社に統合した。[*11] 第一次世界大戦後の不況のなかで、共同漁業はさらに買収を進め、昭和期には汽船トロール漁業者の七割が共同漁業の傘下に入ったといわれる。他方で林兼商店も、冷蔵運搬船をいち早く取り入れるなど、技術革新に努めた。その結果、林兼商店は機船底曳網業者の集積を進めることができた。[*12]

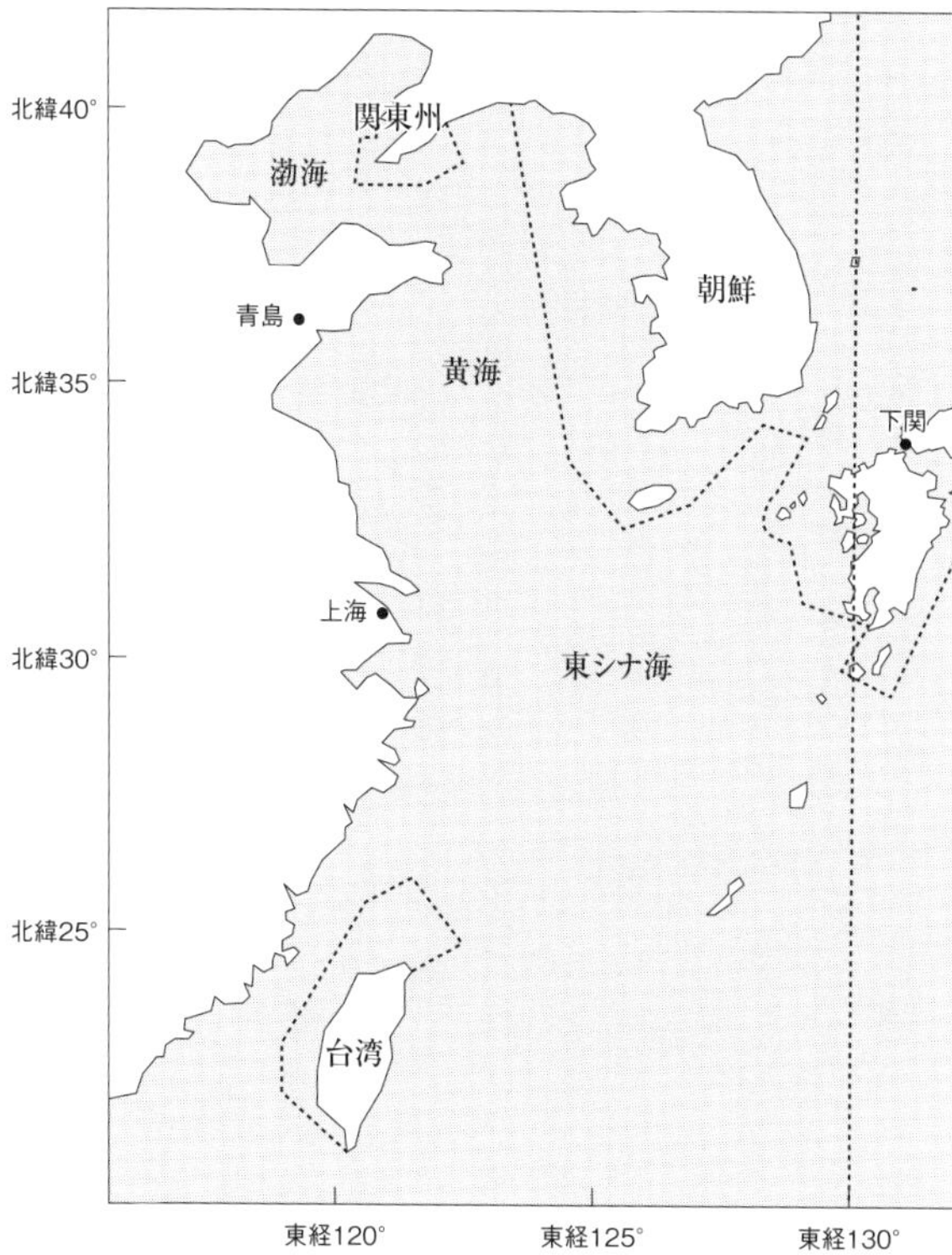

トロール漁禁止区域〔片岡（2013）138 頁をもとに筆者作成〕

政府による規制がきっかけとなって漁業の企業化が進み、下関を拠点とする共同漁業と林兼商店の二社が、日本の遠洋漁業を代表する企業として生き残ることになったといえよう。

第一次世界大戦中に日本が山東省のドイツ権益を獲得し、また一九一九（大正八）年のヴェルサイユ会議でもその維持が確認されたことによって、日本の漁業者による中国近海への進出は加速した。当然、中国側との対立は避けられなかった。とりわけ一九二二（大正一一）年に青島を中国に還付して以降は、中国政府による日本人漁業者の排斥政策が進められた。

海洋資源をめぐる国際ルールが確立するのは、第二次世界大戦後のことである。[*13]一九二〇年代には、領海の定義すら論争的だった。伝統的には沿岸から三カイリ（およそ五・五キロメートル）とする考え方が定着していたが、二〇世紀の初めには、これまで述べきたように沖合漁業が発達したことから、沿岸から一二カイリ（およそ二二キロメートル）とする考え方も提唱され始めた。領海の外側にある公海では、どこの国の漁船も自由に操業できる。領海が三カイリのままでは、自国の沿岸のすぐそばで他国の漁船が操業してしまう。漁業技術の進展に伴って、領海の範囲が国際紛争の要因となりつつあったのである。[*14]

北洋漁業の展開

こうした事情は、北太平洋でも同様であった。樺太沿岸では、朝鮮沿岸と同様に江戸時代後期より日本人によるニシン・サケ・マスなどの漁業が行われており、それは一八七五（明治八）年の樺太千島交換条約によって樺太全島がロシア領となった後も続いた。樺太にとどまらず、日本海の対岸にあたる沿海州やアムール川河口付近さらにはカムチャッカ半島へと、日本人が漁業を行う範囲は次第に広がっていった。こうした日本人による漁業が行われている北方の水域（沿海州・カムチャッカ半島沿岸・オホーツク海・ベーリング海など）を「北洋」と総称することが、一九三〇年代には一般的になったという。[*15]

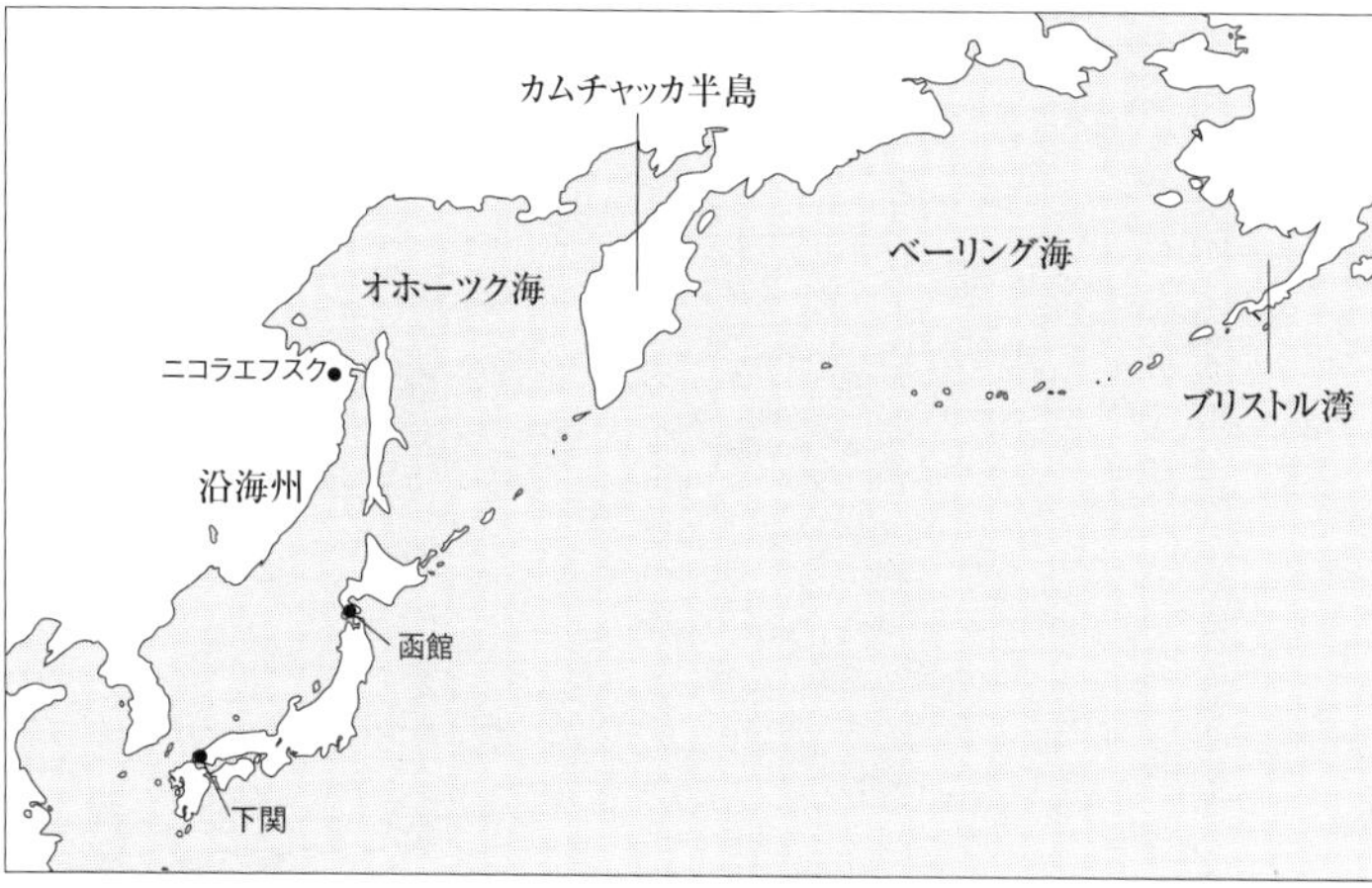

北洋漁業が展開された主な水域

沿海州やカムチャッカ半島はロシア領であるから、日本人が漁業を行うためには、ロシア当局から許可を得る必要がある。ロシア当局（プリアムール総督府）は一年ごとに海岸の漁区を競売によって貸し出しており、日本人漁業者はこれを落札して漁を行った。彼らは春先に北洋に渡り、春から初夏にかけてはニシン、夏から初秋にかけてはサケ・マスをとり、漁期が終わると帰国した。ニシンは肥料用であり、水揚げしたニシンを茹でて絞り、その残りかすを乾燥させる。サケ・マスは食用で、日本から大量の塩を持参して塩漬けにした。[*16]

ロシア当局は、当初は日本人による漁場開拓を歓迎したが、一八九〇年代以降は自国の漁業者を保護する姿勢を強め、外国人への漁場貸与を制限するようになる。これに対して日本の漁業者は、ロシア人から名義を借りることで漁業を継続した。ロシア人が経営した漁区でも、ロシア人漁業者は日本人漁業者から漁船や漁網などを購入するほか、漁獲物を日本人漁業者に売却しており、実際には両者は共存関係にあった。[*17]
日露戦争の結果、日本人による北洋漁業は拡大した。ポーツマス条約によって南樺太が日本領になったことに伴い、同地の漁場は日本の漁業者によって独占された。さらに、一九〇七（明治四〇）年には日露漁業条約が結ばれ、ロシア政府は外国人に対する漁区の貸し出し制限を撤廃することになった。

こうして北洋漁業は最盛期を迎えるが、その従事者は日本海沿岸とりわけ新潟の漁業者が多かった。江戸時代に蝦夷地の海産物を扱った廻船問屋のなかから、明治以降、樺太以北の漁場へ進出する漁業者が現れたからである。新潟港は安政の五カ国条約で指定された開港場のひとつでありながら、ヨーロッパ諸国との貿易はほとんどなかった。そのことが、かえって対ロシア貿易へと新潟の貿易商の意欲を駆り立てた。[*18]

なかでも大きく成長したのは、新潟県三条出身の堤清六（つつみせいろく）によって設立された堤商会である。堤は、日露漁業条約が締結された一九〇七（明治四〇）年に堤商会を設立し、カムチャッカでサケ・マスを買い上げて輸入した。翌年からは、漁区を借りて自らサケ漁に乗り出した。ところがカムチャッカでとれるベニザケは、日本近海でとれるシロサケなどとは異なり、当時の日本では食用としては好まれなかった。そのため堤商会は漁場に缶詰工場を建設し、ベニザケを缶詰にして欧米へと輸出した。[*19] こうして缶詰生産を開始したことによって、北洋漁業は貴重な外貨獲得の手段として政財界からひろく注目されるようになる。

ロシア革命と北洋漁業

下関の漁業者のうち、いちはやく本格的に北洋漁業に進出したのは、田村市郎であった。日露漁業条約締結後、田村は一井組を設立して北洋漁業に乗り出す。当初は樺太のニシン漁に乗り出したが、ニシン漁が不振とみるや、カムチャッカでのサケ漁業へと転じた。一井組も、やはり缶詰を製造して欧米へ輸出した。一九一四（大正三）年には一井組は日魯漁業株式会社へと組織を改める。

ところが、その二年後の一九一六（大正五）年には、田村は北洋漁業からの撤退を決意する。第一次世界大戦の勃発により缶詰需要は高まったものの、資材や船舶価格も高騰しており、経営が安定しなかったからである。加えて、先行する堤商会などと比べて、日魯漁業は缶詰生産能力に劣るという問題もあった。毎年の漁獲高という不安定要素に左右される北洋漁業よりも、船舶の売買や貸し出しに業態を転換することで、安定的な収入を得ようと考えたのである。[*20]

結果的には、田村の判断は正しかったといえるだろう。その直後から、ロシア情勢は急速に不安定化する。一九一七（大正六）年には、ロシア革命が起こった。同年末には極東ロシアでも革命派（ソヴィエト勢力）が実権を握るようになるが、反革命派（白衛派）も勢力を維持し、革命派と反革命派の二元体制が現れる。翌一九一八（大正七）年八月には、日本を含む連合国による干渉戦争が始まり（シベリア出兵）、一九二〇（大正九）年にはアムール川河口に位置するニコラエフスクで、日本軍と現地勢力（パルチザン）とのあいだの衝突事件も起こった（尼港事件）。同年七月には、日本軍が樺太北部とアムール川河口地域を占領する。こうして極東ロシアには、革命派・反革命派・日本軍が併存する状況がうまれた。
めまぐるしく情勢が変わるなかで、日本人漁業者と共存関係にあったロシア人漁業者の多くは没落した。ロシア当局による漁区の貸し出しは継続されたが、その価格は急騰した。日本の占領区域では、日本軍によって漁場の貸し出しが行われ、実質的にはロシア人漁業者は締め出された。[*21]
このような状況で、日本人漁業者は互いに合同することで経営体質を強化し、また中央政財界・軍部に接近することでその利権の拡大を図った。一九二一（大正一〇）年三月、堤商会や日魯漁業などが合併して、新たな日魯漁業株式会社（一九九〇年にニチロに改称。現在のマルハニチロ）が発足する。新しい日魯漁業には三菱などの中央資本が参加し、本社は函館から東京（丸の内）へ移された。同年からは、日本海軍の保護のもと、現地政権から漁区の貸し出しを受けずに漁業を敢行する「自衛出漁」が始められた。
日魯漁業のねらいは、これらの地域での優良漁区の経営を、既得権益化することにあった。一九〇七（明治四〇）年に結ばれた日露漁業条約は一二年の期限付きであったから、一九一九（大正八）年に失効している。一九二二（大正一一）年には、日本軍がニコラエフスク・沿海州から撤退し、極東にもソヴィエト政権が確立した。社会主義国家として誕生したソヴィエト連邦は、北太平洋における漁業も国営化を目指しており、競売による漁区貸し出し制度の存続は危ぶまれた。[*22] 日本人漁業者の圧力団体（露領水産組合）は、日本政府に対して優良漁区の継続的な経営を求めた。これに応えたのは、当時、日露協会会頭であった後藤新平である。ソ連側との交渉で後藤は、日ソの国交が回復し、新たな漁業協定が結ばれるまでのあいだは、例年どおりの出漁を認めさせた。

とはいえ、ソ連側との交渉が、日本の漁業者にとって不安定要因であったことには違いない。それを解消する手段は、やはり技術の発達によってもたらされた。

一九一〇年代末には、船上でのカニ缶詰製造が実用化された。[*23] カニ肉は傷みやすいため、日本まで持って帰ることができず、また缶詰製造の際には真水で洗浄する必要があると考えられており、それまでは十分に商品化することができなかった。だが、海水を利用してカニ肉を洗浄する技術が開発されたことを契機として、一九二〇年代には母船式漁業（いわゆる蟹工船）が展開される。

母船式漁業とは、工船を中心とした船団によって操業される漁業である。船団は、缶詰製造設備をもつ母船（工船）と、独航船・川崎船などの漁労船、および食料・燃料などの補充と製品搬出のための仲積船によって構成される。あまり動き回る必要がない母船には、数千トン級の古い貨物船が用いられることが多かった。かつてブラジル移民を運んだ笠戸丸（第8章参照）も、一九三〇年代末には蟹工船として用いられた。[*24] 独航船は、独力で漁場まで向かう漁船であり、数十トン級の発動機船が使用された。川崎船は、母船に積み込まれた漁船で、和船型の船舶であった。[*25] 独航船・川崎船が漁獲したカニを母船に積み込み、母船で製造された缶詰は、仲積船で日本に輸送された。製造されたカニ缶のほとんどは、やはり欧米向けに輸出された。[*26]

母船式漁業は、海上ですべての作業が完結するため、ソ連政府から漁区を借りる必要がない。一九二五（大正一四）年には日ソ基本条約が、一九二八（昭和三）年には日ソ漁業条約が結ばれた。新たな条約でも競売による漁区の貸し出し制度は維持されたが、母船式漁業ならば、借区料の支払いやソ連当局からの干渉を避けられる。そのため多くの日本人漁業者が参入した。カニだけにとどまらず、サケ・マスなどの漁業も、いきおい母船式漁業として操業されることになる。共同漁業・林兼商店も、それぞれ母船式漁業に参入し、好成績を上げた。

しかし、母船式漁業には三つの問題があった。第一は、小林多喜二の『蟹工船』でよく知られるような、労働者の待遇の問題である。蟹工船も、北洋での沿岸漁業と同様に、春から夏にかけて四カ月ほど出漁する。夏期の北太平洋では日照時間が長く、雑夫として缶詰製造に携わった労働者は、朝の三時から夜の一一時まで働いたという。[*27] 母船の外には当然出られず、使用者による漁夫・雑夫に対する暴行や虐待、さらには漁夫・雑夫のあいだでの暴行や虐待も頻発した。

第二は、ソ連との領海をめぐる衝突である。ロシア・ソ連は、早くから領海一二カイリを主張していた。日本は領海三カイリを主張しており、日本の漁業者はカムチャッカ沿岸から三カイリ離れた海域で沖取り漁業を展開した。ソ連は沿岸から三〜一二カイリの海域での日本人による沖取り漁業を黙認したが、それでもしばしば日本漁船が三カイリ以内に侵入することがあり、ソ連当局による拿捕事件が起こった。[*28] 一九三〇年代以降、ソ連も母船式漁業に乗り出すと、日ソの漁船同士の衝突事件も頻発する。日本海軍による漁船の警護は継続された。

第三は、漁業資源の枯渇問題である。移動範囲が小さいカニは、乱獲の影響を受けやすい。一九二〇年代半ばには北海道沿岸ではタラバガニの枯渇が顕著になり、北海道庁は一九二七（昭和二）年から五年間の禁漁措置をとっている。樺太沿岸でも、カニの漁獲高が激減したという。[*29] サケ・マスも乱獲によって価格が暴落し、漁獲高の規制が必要となった。乱獲のひとつの要因は、漁業者のあいだの過当競争にあった。そのため、政府の主導で蟹工船業者とサケ・マス漁業者の合同が進められ、蟹工船は共同漁業を中心とする企業に、サケ・マス漁業は日魯漁業を中心とする企業に統合された。

築港と捕鯨をめぐる競合

政府主導で共同漁業・日魯漁業へと統合が進められたことによって、林兼商店はカムチャッカの漁場を失った。そのため、より遠い漁場に進出せざるを得なかった。日本からみて、カムチャッカのさらに先にあるのはアラスカである。アラスカ近海もベニザケの豊富な漁場であった。一九三六（昭和一一）年六月から八月にかけて、日本の漁業者から要請を受けた農林省は、林兼商店のトロール船「天洋丸」を傭船して、アラスカのブリストル湾の漁業資源調査を行った。当然、米国の漁業者は反発した。米連邦政府が日本政府に抗議したため、アラスカ沖でのサケ漁は断念せざるを得なかった（ブリストル湾事件）。

北方への進出を阻まれた林兼商店は、南極海での捕鯨に目をつける。すでに林兼商店は、一九一八（大正七）年に土佐捕鯨を買収して、日本近海での捕鯨に乗り出していた。だが、やはり乱獲によって近海のクジラは減少し始めており、ノルウェーや英国が捕鯨を行っていた南極海への進出を計画する。捕鯨は、第一に欧州向けの鯨油の輸出、第二に鯨肉の日本への輸入が、その主な目的となる。母船でクジラを加工する必要があり、林兼商店は一万六八〇一トンの母船（日新丸）を含む八隻の船団を新造した。これらの船団による捕鯨は、一九三六（昭和一一）年から一九四一（昭和一六）年まで

昭和中期の下関漁港〔絵葉書〕

続けられた。

　こうして日本からより遠い地域を漁場とすれば、大型船が必要になる。その根拠地にも大きな水深をもった広い港湾が必要となるため、一九二〇年代には下関港も手狭に感じられるようになった。

　下関港の修築をめぐっても、林兼商店と共同漁業はライヴァル関係となった。遠洋漁業の基地には、大規模な船舶修繕施設と冷蔵施設が必要になる。林兼商店はすでに自前の造船所を下関にもっており、さらに一九二四（大正一三）年には六〇〇〇トンの冷凍魚を収容できる冷蔵庫を下関・彦島に建設し、この地域を林兼商店の水産加工基地とした。これらの施設を生かすために、下関漁港修築にあたって林兼商店は既存の港を改修すること（内港案）を主張した。これに対して共同漁業は、大型化する漁船に対応できるよう、既存の港の外側に新たに外港を築造する案（外港案）を主張した。最終的には、修築費が小さくて済む内港案が採用され、共同漁業は下関の対岸にあたる北九州（戸畑）に拠点を移すことにな

昭和初期の戸畑漁港〔絵葉書〕

った[*30]。

しかし、小規模な内港案としたことは、長期的にみれば得策ではなかっただろう。下関港の水深は浅いままであったため、南氷洋の捕鯨に向かう日新丸は入港できなかった。陸揚げされた鯨肉の多くは下関で冷蔵・加工されたものの、捕鯨船団は神戸を母港とせざるを得なかった[*31]。

共同漁業が戸畑へ移転した背景には、築港案をめぐる対立と前後して久原財閥の再編が行われたこともあった。第一次世界大戦の反動不況によって久原財閥は経営危機に陥り、親族の鮎川義介（あいかわよしすけ）がその再建にあたることになった。一九二八（昭和三）年末には、久原財閥は日産コンツェルンとして再出発を図り、共同漁業もその一翼を担うことになる（一九三七年には日本水産と改称[*32]）。鮎川は、すでに一九一〇年代末から製鉄所を建設するなど戸畑の沿岸開発を進めており、同地に共同漁業の冷蔵・冷凍・加工施設を集約することで一大漁業基地へと転換させることを目指したのである。

日産コンツェルンの一員となった共同漁業は、南方にも漁場を拡大した。第一次世界大戦の結果、日本はドイツがもっていた南洋諸島を、国際連盟の委任統治領として統治することになり、一九二二（大正一〇）年には、そのための国策会社（南洋興発株式会社）が設立された。南洋でとれるカツオは鰹節（南洋節）として内地へ送られるほか、マグロはツナ缶として米国に輸出された。一九三四（昭和九）年には、共同漁業は子会社として南洋水産株式会社を設立し、フィリピンを根拠地としてカツオ・マグロ漁業を展開した。[*33]

南極海での捕鯨をめぐっても、共同漁業は林兼商店とライヴァル関係にあった。共同漁業は一九三三（昭和八）年に東洋捕鯨を買収し、一九三四（昭和九）年には試験的に南極海での捕鯨を実施している。両者は、競うように捕鯨母船を建造し、南極海での捕鯨を行った。一九三七／三八年には、両社で合計五五八一頭のクジラを捕獲した。[*34]

南極海捕鯨へは、日本のみならずドイツやオランダも参入を始めており、それまで同海域での捕鯨を独占していたノルウェー・英国の反発を引き起こした。捕鯨をめぐる国際競争の激化は、乱獲による鯨油価格の低下と資源の枯渇をもたらすため、両国は新興捕鯨国を国際協調の枠組みのなかに取り込もうと試みた。一九三七（昭和一二）年には、ノルウェー・英国を中心に国際捕鯨協定が発効しており、一九三八（昭和一三）年からは日本も参加に向けた協議を始めた。しかし、交渉が難航するあいだに第二次世界大戦が拡大し、日本の国際協定への参加は戦後にもちこされた。

以上のように、二〇世紀に入ると技術の発達に伴って、漁業は大規模化した。それは必然的に漁業の企業化をもたらし、また漁業をめぐる国家の役割を増大させた。国家は、食糧確保と外貨獲得という二つの目的のために遠洋漁業者を保護したが、それは外国との交渉によって利権を確保しなければならないということを意味した。日本を取り囲む海は、前近代までは天然の障壁としての役割を果たしていたが、近代に入ると海はむしろ各国が利権を競い合う場所へと変質した。漁港はそのための根拠地としての役割を、今なお果たし続けている。

註

＊1 大佛（一九五八）一一〇頁。
＊2 『大洋漁業八〇年史』二二七頁。
＊3 『広島県移住史 通史編』二二九頁。
＊4 神谷（二〇一八）三一頁。
＊5 『大洋漁業八〇年史』二三〇頁。
＊6 『日本水産百年史』四一頁。
＊7 片岡（二〇一三）一三四～一三六頁。
＊8 二野瓶（一九九九）一三五～一四三、一七七～一七九頁。
＊9 片岡（二〇一三）一四二頁。
＊10 片岡（二〇一三）一三八頁。
＊11 『日本水産百年史』五四頁。
＊12 片岡・亀田（二〇一三）四〇頁。
＊13 濱田・佐々木（二〇二〇）六五～六九頁。
＊14 曽村（一九八八）七八～七九頁。
＊15 神長（二〇一四）一七七～一八〇頁。
＊16 神長（二〇一四）二二一頁。
＊17 富田（二〇一〇）一三一頁。
＊18 『新潟市史 通史編三』一六八～一六九頁。
＊19 神長（二〇一四）一六〇～一六二頁。
＊20 『日本水産百年史』五九頁。
＊21 神長（二〇一四）八二頁。
＊22 神長（二〇一四）七七頁。
＊23 宇佐美（二〇一三）二九頁。
＊24 宇佐美（二〇〇七）三〇八～三一三頁。
＊25 大海原（二〇一六）一四二頁。
＊26 『日本水産百年史』九五頁。
＊27 宇佐美（二〇一三）一〇〇頁。
＊28 富田（二〇一〇）一九五頁。
＊29 『日本水産百年史』九〇～九二頁。
＊30 大佛（一九五八）一二八～一二九頁。
＊31 『大洋漁業八〇年史』二四二頁。
＊32 『日本水産百年史』一四二頁。
＊33 濱田・佐々木（二〇二〇）三九、四五頁。
＊34 板橋（一九八七）七二頁。

第Ⅲ部　拡大する都市

第11章

大阪──公共サーヴィスを提供する

大阪港は、横浜・神戸と肩を並べる日本有数の大港湾である。しかし、横浜・神戸の場合と異なり、大阪港は港湾整備に際して国家の支援をほとんど得られなかった。そのため市と民間企業が共同して大阪港の整備に取り組んだ。社会資本整備にあたっては、公的セクターのみならず、民間セクターが果たす役割も大きい。本章では、日本経済の中心であった大阪を対象に、実業家が政治において果たす役割について考える。

商人が作った山

大阪港のランドマークといえば、直径一〇〇メートルの大きさをもつ天保山(てんぽうざん)大観覧車である。そのすぐそばに「日本一低い山」と書かれた小さな看板がひっそりと立っている。この「日本一低い山」をめぐっては、長く続くライヴァル関係がある。ひとつはもちろんこの天保山であるが、もうひとつは仙台市の日和山(ひよりやま)である。国土地理院の地形図に天保山が「山」として掲載されるまでは、標高

天保山に立てられている「日本一低い山」の看板〔筆者撮影〕

六メートルの日和山が「日本一低い山」であった。しかし、一九九六（平成八）年に標高四・五メートルの天保山が国土地理院の地形図に掲載されると、天保山がその称号を得る。その後長く天保山が「日本一低い山」であったが、日和山が二〇一一（平成二三）年の東日本大震災の津波で削られてその標高が三メートルになり、現在では日和山が「日本一低い山」となっている。*1

天保山と日和山の双方に共通するのは、いずれも港に関わる人工の築山だということである。日和山の歴史はそれほど古くなく、一九〇九（明治四二）年に地元住民が海辺の観測と海からの目印のために築いたのがその始まりだという。*2天保山の歴史はもう少し古く、一八三一（天保二）年に築かれた。大阪港は淀川の河口部にあたるため、上流から土砂が絶えず流れ込み、時がたつにつれて船が入れなくなってしまう。そのため定期的に「川浚（かわざらえ）」と呼ばれる浚渫（しゅんせつ）工事が行われたが、なかでもこの年の川浚は大規模なもので、その土砂で築かれた山が天保山である。*3

この川浚の資金を拠出したのは、大坂の商人である。川浚は淀川流域全体を対象とした大規模なものでその総工費は銀二五三〇貫に上ったが、このうち大坂奉行所からの支出は、その四分の一にも満たない銀六〇〇貫であった。工費の大部分を担ったのは大坂商人とその周辺地域の住民で、彼らは従来から河川整備のための税（冥加金）を納めていたが、さらに上納金と工事を担う労働力（人夫）まで拠出した。[*4] このように、大阪（大坂）における港湾整備は、伝統的に公的セクターのみならず民間セクターからの資金拠出によって担われてきたのである。

港湾整備は、船舶を安全に停泊させるための防波堤建設や浚渫を、その主な内容とする。その費用の大きさはもちろん、求められる技術水準の高さや工期の長さなどの負担に民間企業では耐えられないことから、近代日本では中央政府が建設することが一般的であった。ところが、大阪港のすぐそばには神戸港があり、中央政府は神戸港整備を優先した。そこで国に代わって大阪市が築港工事を担ってきたが、大阪港は淀川という大河川の河口にあって常に土砂が流れ込み、また遠浅であるという地形のために、大阪築港の工費は膨れ上がる傾向にあった。一八九七（明治三〇）年に着手された築港工事の工費総額は二〇〇〇万円を超えるもので、大阪市はその負担に耐え切れなかった。着工後もたびたび築港工事の打ち切りが検討され、一九一五（大正四）年にはついに市営築港は中断される。

紡績業と築港

このときも、市に代わって民間セクターが築港工事を引き継いだ。その先陣を切ったのは、住友財閥である。別子銅山などの鉱山経営を主たる事業としていた住友家は、一八九五（明治二八）年に住友銀行を設立し、この銀行を中核として事業を多角化させており、一八九九（明治三二）年には住友

明治末から大正中期の安治川口部。奥にみえるのは住友倉庫〔絵葉書〕

倉庫を設立している。住友倉庫は大阪港周辺に倉庫の建設を進めてきたが、大阪市が築港事業を中断したのを受けて、一九一六（大正五）年八月に大阪市に対して桟橋築造と護岸工事の許可を出願する。大阪市も、住友倉庫に桟橋工事を委託する代わりに、埠頭の優先使用権を与えることに合意した。三井系の東神倉庫や三菱系の東京倉庫も新たに私営桟橋の築造に乗り出し、市営築港の北側にあたる桜島周辺はこれらの民間企業によって繋船設備が造成されることになる。[*5]

住友が築港工事に乗り出した背景としては、当時の大阪経済の中核が紡績業であった点が指摘できよう。近畿地方では近世から綿作が盛んであり、一八八〇年代以降、大阪の木綿問屋を中心に外国製の紡績機を導入した機械紡績業が起こった。ところが国産の綿花は繊維が短いために機械紡績に向かず、また生産される綿糸も太くなる。そこで一八九〇年代以降、原料となる綿花をインドから輸入することで綿糸の低価格化と高品質化を図った。生産された綿製品は主として中国市場に輸出されたが、一八九四（明治二七）年には綿糸輸出税が撤廃されたこともあり、一八九七（明治三〇）年には輸出が輸入を上回った。[*6] 神戸港から陸揚げされるインド綿花と中国向けに輸出される綿製品が、大阪経済を支えていたのである。

しかし神戸港の倉庫も決して十分ではなく、綿花は野積みされている状態にあった。一九〇五（明治三八）年には暴風雨によって綿花が雨水と海水で濡れてしまうという事件も起こり、これをきっかけに大阪の紡績業者を中心に輸入綿花を大阪港へ陸揚げさせようとする動きが顕在化した。一九〇六（明治三九）年には、住友倉庫も輸入綿花の取り扱いを開始している。[*7] 住友倉庫の出願を皮切りに多くの民間企業が臨海部の埋め立てを出願し、大阪港北部にかけて工業地帯が形成されることになる。[*8]

インドからの綿花輸入は、綿製品のみならずマッチ・石鹸・洋傘などの生活雑貨の生産・輸出を促した。なぜなら、貨物の輸送は「片道」だけでは成り立たないからである。インドから日本まで来た貨物船を、空の状態で返すわけにはいかない。これらの生活雑貨は、西洋化した生活には必需品であるが、その製造に高度な技術を必要とするわけではない。そのため、阪神地域の実業家は、低廉な労働力を使ってこれらの製品を大量生産することで、主として中国向けに輸出した。[*9]

生活雑貨のアジア向け輸出は、日本経済全体に与えるインパクトも大きかった。たとえばマッチの輸出額は、一九〇八（明治四〇）年の時点で全輸出品目中の八位である。[*10] なお、これらの商品を取り扱ったのは、日本を含むアジア地域に通商ネットワークを張りめぐらせる、華僑（中国商人）や印僑（インド商人）であり、のちには三井物産や伊藤忠商事など日本の商社も加わった。

「政治の主役」としての実業家

以上のような活気を背景とすれば、大阪における政治の主役が実業家となるのは必然であろう。ここでいう「政治の主役」とは、単に市長や市会議員といった公的な制度にもとづく狭義の政治権力の担い手を指すのではない。政治を定義するのは難しいが、さしあたり、人々のあいだの利害対立のもととなる価値観や規範を生み出す行為とでもしておこう。そうすれば、これらの制度（市長・市会議員といった役職）がなくても政治がなくなるわけではないし、実際にはこれらの制度の外で世の中の仕組みが形作られている場合も多いことが理解できよう。

二〇世紀初頭の大阪では、築港のみならず、多くの公共サーヴィスが実業家によって提供された。たとえば住友家は、学芸・文化の支援にも熱心であった。一九〇〇（明治三三）年には、住友家の当主・友純は、大阪府立図書館（現在の大阪府立中之島図書館）の建物とその蔵書を寄付している。また住友家は天王寺に広大な邸宅をもっていたが、一九二〇（大正九）年に大阪市が市立美術館の建設を決定すると、友純はその邸宅を美術館の建設用地として寄付した。現在の天王寺公園である。豪商が学芸・文化のパトロンとなるのは、近世以来の大阪の伝統であったし、また友純が米国に旅行した際に米国の実業家から寄付文化を学んだ結果でもあった。*11

住友家は敷地の提供にとどまったが、二〇世紀の初頭には自らの骨董・美術コレクションを一般に公開する数寄者も現れた。一九〇六（明治三九）年に三溪園を一般公開した横浜の生糸商・原富太郎や、一九三〇（昭和五）年に大原美術館を設立した倉敷紡績の大原孫三郎がよく知られる。関西地域では、一九三一（昭和六）年に酒造業・嘉納治兵衛が白鶴（はくつる）美術館を設立している。

なかでもスケールが際立っていたのは、神戸を拠点とする川崎造船所の松方幸次郎だろう。松方正義の三男である幸次郎は、海軍とのコネクションをもっており、軍艦製造の受注によって川崎造船所を拡大させた。第一次世界大戦期には、世界的な船不足もあって莫大な利益をあげる。幸次郎自身も欧州事情の調査・船舶の売り込みのために欧州に渡るが、そこで絵画・彫刻など一万点を超える美術品を買い集めた。幸次郎に美術品収集の趣味はなく、国家に代わって本格的な美術館を日本に設立する構想だったという。[*12] 昭和恐慌の影響もあってその構想は実現しなかったが、第二次世界大戦後に幸次郎のコレクションが国立西洋美術館の所蔵品として公開されている。

このほかにも、教育（甲南学園・灘中学校）・医療（甲南病院）・協同組合（灘購買組合）・娯楽（茨木カンツリー倶楽部）など、実業家によって新たに提供され、そして人々の価値観や規範に影響を与えた公共サーヴィスは多い。[*13]

小林一三と私鉄文化

交通インフラから文化・教育・娯楽にいたるまで、人々の生活を大きく規定した事業として特筆すべきは、やはり鉄道であろう。

日本各地の鉄道は、一八八〇年代後半の企業勃興期には民間企業によって建設された。しかし一般運送は国家の手によって担われるべきだという理念のもとに、一九〇六（明治三九）年に制定された鉄道国有法によって、ほとんどの鉄道が国有化された。

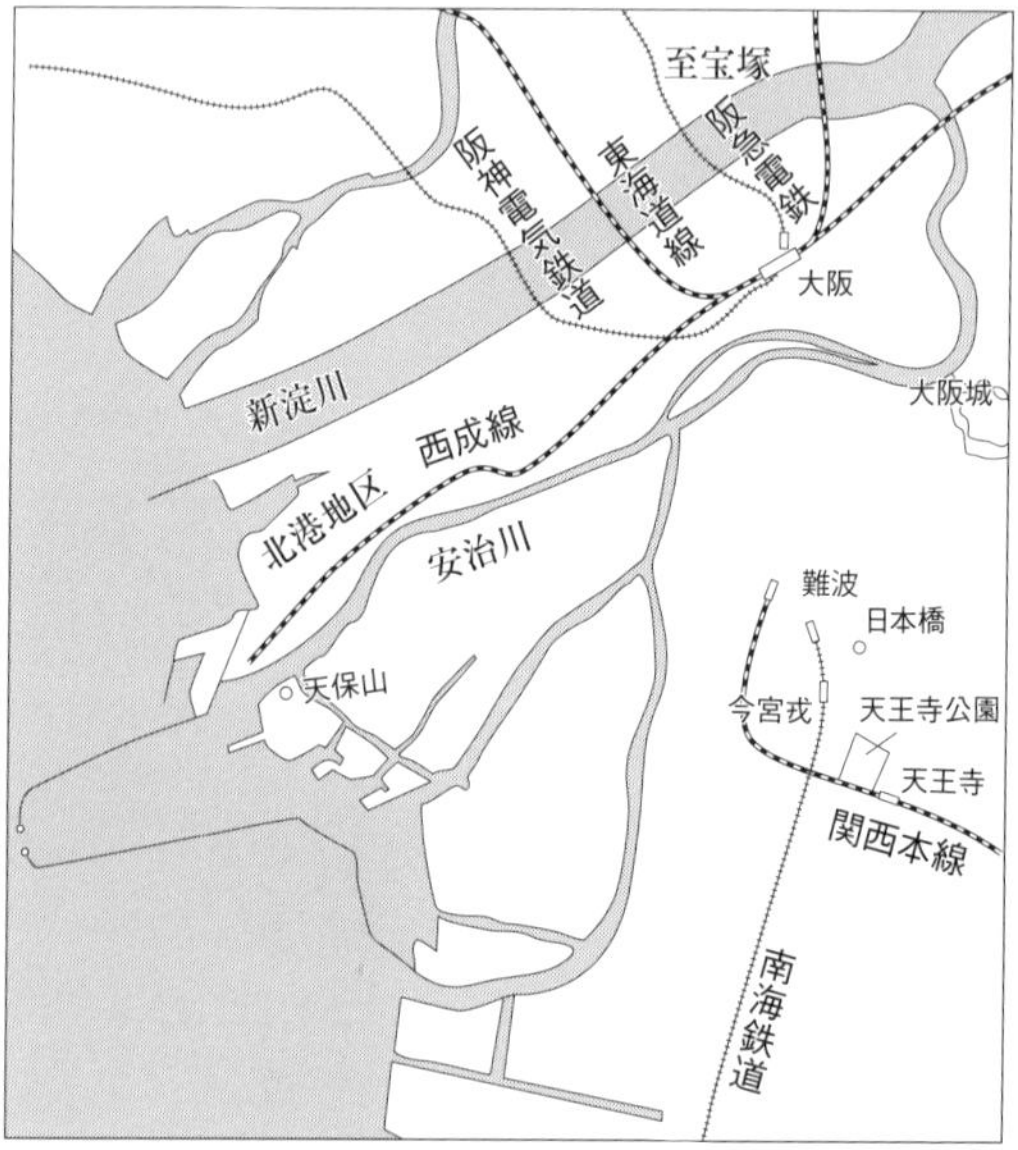

大阪港とその周辺の主要鉄道（大正期）

ただし一地方に限定された鉄道は国有化を免れたため、大阪と周辺都市をむすぶ阪神電気鉄道や南海鉄道（現在の南海電気鉄道）は、私鉄として存続した。さらに一九一〇年代にかけて関西地域では、箕面有馬（みのおありま）電気軌道（現在の阪急電鉄）、京阪電気鉄道、阪堺電気軌道、大阪電気軌道（現在の近畿日本鉄道）などの私鉄が新たに設立された。その数の多さばかりでなく、国鉄の論理に必ずしも従わない関西の私鉄の経営方針、また私鉄によって形成される関西の生活文化圏を指して、「私鉄王国」と呼ばれることもある。

関西における私鉄文化を牽引したのは、箕面有馬電気軌道（一九一八年に阪神急行電鉄に改称。以下、阪急で統一する）の経営者・小林一三である。小林は、一八七三（明治六）年に山梨県の酒や絹を扱う問屋の家に生まれた。慶應義塾を経て三井銀行に入行し、大阪支店に配属される。その当時の上司でのちに北浜銀行を設立する岩下清周に見出され、一九〇七（明治四〇）年、三井銀行を退職して阪急の創設・経営に関わるようになった。

小林の実業家としての活動で特筆すべきは、第一に、鉄道のみならず沿線の住宅開発・娯楽施設の整備・デパートの経営などを一体的に構想したことである。

大阪の梅田から郊外（箕面・宝塚）へと至る阪急の沿線には、開設当初は田んぼや畑しかなかった。終点の箕面には寺社や府立公園、宝塚には温泉などの行楽地があったが[*14]、それだけでは経営は安定しない。インド綿の輸送が片道では成り立たないのと同様に、鉄道経営も梅田から郊外への片道輸送では成り立たないのである。そこで小林は沿線に分譲住宅地を開発し、郊外から梅田方面への輸送客を確保しようと試みた。そのために、大阪の中心部に通うサラリーマンに対してローンで住宅を販売する仕組みを構築した。また、終点の宝塚新温泉の集客力を高めるため、一九一三（大正二）年には少女唱歌隊（のちの少女歌劇団、現在の宝塚歌劇団）を登場させた。同年には沿線の豊中に新駅と運動場を開設し、一九一五（大正四）年には、この豊中運動場で第一回中等学校野球大会（現在の全国高等学校野球選手権大会）が開催される。一九二九（昭和四）年には、日本初のターミナルデパートである阪急百貨店を梅田駅前に開設した。

小林は、これらの経営戦略を展開するにあたって、マスメディアを活用した。宝塚少女歌劇団が知名度を獲得できた背景には大阪毎日新聞（現在の毎日新聞）による紹介があり、中等学校野球大会は大阪朝日新聞（現在の朝日新聞）の主催であった。他の私鉄も同様の戦略を採用した。こうして、平日は都心部に電車で通勤するサラリーマンが、新聞や雑誌で情報を入手し、週末には観劇・スポーツ観戦・ショッピングを楽しむという、二〇世紀型の中産階級の生活スタイルが広がっていく。

第二に特筆すべきは、これらの一体的な運営は、たんなる一企業の経営戦略というよりは、小林の理想の実現であったということである。

工業化は、大気汚染・騒音・人口増加の要因となり、居住環境を悪化させる。そのため、二〇世紀初頭の英国では、鉄道で都市とつながった郊外に、新たなコミュニティ（田園都市）をつくる構想がうまれた。小林による郊外開発は、この田園都市構想の影響を受けている。

小林が提供した「庭付き一戸建て」は、住む場所と働く場所の分離を促し、「家庭」を生活の基盤におく環境を人々に与える。さらに、新興分譲住宅地では商店が少なく、生活必需品が入手しづらいため、住民に適切な価格で提供するための購入組合を阪急が経営し、また社交団体としての「倶楽部」も結成された。このように、健全な環境で暮らす中産階級が、購入組合・社交倶楽部などで協同・協調精神を養うことで健全な市民精神が育まれると、小林は考えたのである。[*15] これは、ひとり小林のみの考えではなく、当時の新興実業家の多くに共有されているユートピア像でもあった。

そして実際に、小林が提唱したような生活スタイルは、それが「健全」であったかどうかはともかく、二〇世紀を通じて（インターネットが普及するまでは）、日本人の生活に広く浸透していった。このように、人々の価値観や考え方にまで影響を及ぼすユートピアをつくろうとする活動は、それ自体が「政治」といえるだろう。

実業家としての小林の特筆すべき第三の点は、「反官思想」である。小林は、その生涯を通じて自由主義経済を信奉し、官に対する反発精神をもっていたといわれる。もちろん、その要因を、彼の生い立ちなどの環境（小林は、武士の影響力が相対的に弱い甲州に生まれ育ち、福沢諭吉の慶應義塾に学んだ）に求めることもできる。だが、ここでは彼の展開した事業に即して、理解しておきたい。

田園都市構想に着目したのは、新興実業家だけではなかった。日露戦争後の内務官僚にとっての課題は、戦争で疲弊した地域社会とりわけ町村財政の立て直しにあった。内務省地方局が『田園都市』と名付けた書籍を刊行するのは、小林が阪急を設立したのと同じ一九〇七（明治四〇）年のことである。もっとも、内務官僚が考える田園都市は、新興実業家が考えたような市民のコミュニティとしての田園都市ではなく、日本の伝統的な農村を改良したものとしての田園都市であった。[16] 内務官僚は、戸主会・主婦会・青年会などの行政補助組織を各町村に結成させることで、中央集権体制を再編成していく（地方改良運動）。[17]

鉄道事業をめぐっても、小林はしばしば「官」である鉄道院（一九二〇年に鉄道省に昇格）と対立し、そのことを誇っている。政治思想史家の原武史によれば、小林は、阪急に鉄道院・鉄道省からの天下りを一切受け入れず、また阪急と国鉄の線路が交錯する梅田において、阪急の線路が国鉄の線路の上を走ることにこだわったという。[18] また小林は、阪急を退いたのちの一九三〇年代には東京電燈の経営にあたり、電力の国有化に反対した。その理由は、「役人にとっては、その事業の発展は、自分の所得と直接関係がない。これに反して、民間事業家にとっては、その事業が発展すれば、それだけ自分の利益が増える」[19] という、きわめて素朴な民営化論であった。

田園都市構想にせよ、鉄道・電気事業にせよ、いずれにも一貫しているのは、政府よりも自分のほうがうまく経営できるという自信である。だからこそ、「官（＝政府）」との対抗意識を強める。しかし一般論としては、公共サーヴィスの民営化の是非はその事業単独ではかるのではなく、社会的影響も考慮に入れるべきであろう。

都市労働者の生活

実際、小林による郊外ユートピアは、都市の中産階級のみを対象としたものであって労働者はその視野には入らない。英国における田園都市構想のコンセプトは職住接近にあり、労働者階級のための都市形成と土地の共有を目指したものであった[*20]。中産階級の理想郷を目指した関西地方におけるそれとは、明らかに性格が異なる。それはもちろん小林だけでなく、新興実業家に共通する問題である。住友友純は、天王寺の広大な邸宅を手放したのち、阪急沿線の住吉村に本邸を構えた。それは、ただ慈善だけが目的だったのではなく、工業化に伴って天王寺近辺の住環境が悪化したからでもあった。

近代大阪を支えた紡績業やマッチ・洋傘などの生活雑貨製造、またそれらの輸送は、低廉な労働力によって成り立つ産業である。これらの都市労働者にとって切実だったのは、「寝るところ」と「食べ物」の問題であった。家族経営の事業であれば、都市部・農村部いずれも「寝るところ」と「食べ物」は雇い主によって提供されるが、企業の被雇用者となると、それらを自分で確保しなければならないことも多くなる。

紡績工場で働いたのは、農村部から出てきた若い女性（女工）であった。よく知られるように、彼女たちの労働環境は決してよいものではなかったが、その多くは紡績会社の寄宿舎に住み、食事も提供された。その点では、まだ恵まれた環境で働いていたといえるだろう。また、男性の工場労働者も安定的な収入を確保できた。

より深刻なのは、不安定な雇用環境で働く日雇い労働者であった。彼らの多くは長屋に住んでいたが、家賃の支払いが滞ると、木賃宿と呼ばれる簡易宿泊所に寝泊まりするようになる。一九二〇年代半ばの時点で、大阪の日本橋付近の長屋の家賃は月一〇円程度、釜ヶ崎の木賃宿の宿泊費は三畳一室で一泊五〇銭程度であった。月額でみれば木賃宿のほうが高いが、布団などの生活用品が不要であり、トータルでみれば生活費を抑えられた。[*21] 木賃宿には、独身男性だけでなく家族で泊まり込む人々も少なくなかった。食事は、一食一〇銭から二五銭程度で米と副食が食べられる一膳飯屋などでとることが多かった。[*22]

成人男性は、屑拾いや貨物輸送(仲仕)、雑労働(人夫)に従事した。一九二四(大正一三)年の調査では、屑拾いの多くは月収が二〇円以下である。仲仕はそれよりも賃金は高かったが、天候に仕事量が左右されるため、実収入は不安定で低くなる傾向にあった。マッチ製造など、力が必要でない仕事には女性や子供が就いた。一九一七(大正六)年の調査では、マッチ職工の賃金は一日に一七～一八銭であったという。[*23] 工場労働者の多くは一日に二～三円の収入を得ていたことと比べると、いずれも収入は低い。[*24] ちなみに、小林が一九一〇(明治四三)年に阪急沿線の池田室町で売り出した分譲住宅の価格は二五〇〇円から三〇〇〇円で、そのうち二割を頭金に一〇年ローンを組んだ場合、月々の支払いは二四円程度であった。[*25]

米騒動と大阪市社会事業

このように貨幣経済に組み込まれた労働者にとって、物価(米価)の上昇は、切実な問題となる。第一次大戦期の好景気は、確かに日雇い労働者の収入を増加させた。一定数の労働者は、不安定な日雇い生活から脱出して、工場労働者となって安定的な収入を得ることもできた。[*26] ただし、月給生活者は、日給生活者よりも賃金に物価上昇が反映されにくく、生活は相対的に苦しくなったという。不足した労働力を補ったのは、朝鮮半島から流入した労働者であった。一九一〇（明治四三）年には在阪朝鮮人は二四三人にすぎなかったが、一九一八（大正七）年には、その数は五〇〇〇人を超えた。[*27] 彼らが歓迎されたのは低い賃金でも働くからで、同じ仕事でも、日本人労働者と比べて朝鮮人労働者のほうが収入は少なかったという。[*28]

一九一八（大正七）年の夏になると、米価が急速に上昇し始める。日本政府がロシア革命への干渉（シベリア出兵）を検討し始めたとの情報を得て、投機目的での米の買い占めが起こったからである。大阪の鶴橋では、八月一日の段階で三九銭五厘であった白米一升（およそ一・五キログラム）の値段が、わずか一週間で四八銭にまで上昇した。八月九日には、西成郡の今宮で米屋が襲撃された。さらに一五日にかけて、今宮・天王寺から大阪市内全域に騒動は拡大した。[*29] いわゆる米騒動である。

大阪の米騒動は、八月二〇日には収束した。皇室・大阪府・大阪市・実業家などからの資金拠出による米の配給・廉売が行われ、また中央政府が軍隊を動員して鎮圧にあたったことによる。だが、その後も労働環境の向上や賃金の上昇を求める労働争議が頻発した。

都市労働者の社会問題に「スピード感」をもって対応したのは、中央政府でも実業家でもなく、大阪市であった。一九一八（大正七）年から一九二〇（大正九）年頃にかけて、大阪市は社会事業を急速に体系化させる。すでにみたとおり、都市労働者にとって切実なのは、「寝るところ」と「食べ物」の問題である。大阪市は、一食一五銭で食べられる簡易食堂を市内各地に設置し、また一人一泊一三銭で泊まれる共同宿泊所も整備した。宿泊所のなかには職業紹介所・理髪所も併設し、労働者に便宜をはかった。さらに、公設市場を設けて食料品や日用品を適切な価格で購入できるようにした。託児所・乳児院・産院を設置し、実費のみの徴収で労働者が利用できるようにもした。また、集会室・図書室をそなえた市民館を建設し、そこで講演会や音楽会などの娯楽も提供した。*30 大阪市は、これら一連の事業を矢継ぎ早に実施していくのである。

内務省に社会局が設けられ、中央政府が社会問題に本格的に取り組むようになるのは一九二〇（大正九）年のことであるから、大阪市の対応がいかに迅速であったか確認できよう。実業家が労働問題に本格的に対応するのは、労働争議がさらに激しくなった一九二〇年代以降のことである。

市営築港工事の再開

民間セクターによる公共サーヴィスの提供は有効ではあるものの、万能ではない。公的セクターと民間セクターが共同して補い合うのが望ましい姿だといえるだろう。住友をはじめとする倉庫会社が引き継いだ大阪の築港工事も、民営のみで成り立つものではなかった。そもそも大型船を入港させるための大規模な浚渫と防波堤建設が市営築港工事で行われていたからこそ、倉庫会社は地先の小規模な埋立や陸上施設の整備に専念できたのである。

一九一五（大正四）年に中断された市営築港であるが、奇しくもその年は第一次世界大戦の影響で日本の景気が上向いた年でもあった。その結果、大阪港へ集散する貨物も急増する。一九一〇年代前半には移出入合計で七〇〜八〇万トンで推移していた集散貨物量は、一九一五（大正四）年にはおよそ一二〇万トンにまで急増する。築港工事で造成された埋立地にも、倉庫のみならず造船所や鉄工所などの製造業が進出した。また翌一九一六（大正五）年三月には、後藤新平内相が大阪港と幹線鉄道をつなぐ臨港鉄道を早期に敷設する意向を示した。[*31] そもそも大阪市営築港が中断に追い込まれた要因は、大きく二つあった。ひとつは工事費償還のための埋立地売却が進まなかったことであり、もうひとつは大阪港が鉄道と接続していないために荷主が利用を望まなかったことである。[*32] 築港工事を中断して一年ほどのあいだに、どちらも改善の目途がついたことになる。

こうして市営築港工事再開の気運が高まり、一九一七（大正六）年には新しい築港設計案も完成した。内務省との折衝の後、同年一〇月には予算案が大阪市会を通過し、一九一八（大正七）年九月より市営築港工事は再開された。

市営築港の北側では、民間主導の築港が進められた。一九一九（大正八）年には、住友などの倉庫が立ち並ぶ安治川の北側に、住友その他の周辺の埋立権所有者が中心となって大阪北港株式会社が設立される。同社は、合計一〇〇万平方キロメートルを超える埋立地を造成し、多くの企業がその埋立地に進出した。この地域は、その後は重工業地帯として発展していく。[*33] こうして大阪港は、公的セクターと民間セクターの共同により、その整備が進められることになったのである。

小林をはじめとする新興実業家は、確かに日本に新しい文化をもたらした。だが、営利事業によってのみ実現する文化は、社会の一部でしかない。阪急沿線の中産階級のユートピアと、日本橋・釜ヶ崎周辺の労働者の生活は、社会の両面である。小林がこだわった「反官（=反政府）」は、それ自体が「政治」であり、実業家が政治と切り離されているわけではない。官公民を横断する「政治」が必要とされる所以である。

註

＊1　『日本経済新聞（電子版）』二〇一九年一二月一七日「大阪・天保山 vs.仙台・日和山　日本一低い山は?」。（https://www.nikkei.com/article/DGXMZO53415230W9A211C1AA1P00/ 最終閲覧二〇二一年一一月二七日）
＊2　『河北新報』（仙台圏版）二〇一四年五月二〇日「日本一低い山再び?」。
＊3　『大阪港史　第一巻』二九〜三〇頁。
＊4　服部（一九九五）一八七〜一八九頁。『新修大阪市史　第四巻』五一三〜五一五頁。
＊5　『新修大阪市史　第六巻』四七〇〜四七一頁。
＊6　高村（一九八二）三二頁。
＊7　『住友倉庫六十年史』四〜一三、一九〜二三頁。
＊8　『大阪築港の一〇〇年　上巻』一一六〜一二一、一三四〜一三八頁。
＊9　『新修大阪市史　第六巻』三二七〜三三二頁。
＊10　木曽（一九八六）七八頁。
＊11　竹村（二〇一二b）三八頁。鈴木（二〇一二）二二六〜二四〇頁。
＊12　矢代（二〇一九）二三頁。
＊13　竹村（二〇一二b）三七〜五三頁。
＊14　鈴木（二〇一九）二一頁。
＊15　鹿島（二〇一八）八八〜九〇頁。
＊16　竹村（二〇一二b）一二四頁。
＊17　『新修大阪市史　第六巻』一〇一〜一〇三頁。
＊18　原（二〇二〇）。
＊19　小林（一九六二）二六頁。
＊20　竹村（二〇一二b）二六頁。
＊21　陳東華（二〇二〇）六五頁。
＊22　湯澤（二〇一八）三五頁。
＊23　木曽（一九八六）八〇頁。
＊24　木曽（一九八六）七三頁。
＊25　原（二〇二〇）一〇四頁。
＊26　布川（一九九三）一三三頁。『新修大阪市史　第六巻』五〇六頁。
＊27　佐々木（一九八六）一六四頁。
＊28　湯澤（二〇一八）一〇一頁。
＊29　『新修大阪市史　第六巻』五一八頁。
＊30　玉井（一九八六）二五四〜二七〇頁。

＊31　『新修大阪市史　第六巻』四七二〜四七三頁。
＊32　『大阪築港の一〇〇年　上巻』一一六頁。

＊33　『大阪港史　第一巻』四五七〜四七一頁。

第12章

小名浜——利益をまとめる

小名浜は、太平洋沿岸の東京と仙台のほぼ中間に位置する港町で、現在では東北地方有数の臨海工業地帯でもある。しかし、江戸時代には幕府直轄領であったことから、明治期に新たにつくられた福島県という行政領域のなかで存在感を発揮することは難しかった。本章では、港町の成長に不可欠な後背地域との連携を如何に構築するのか、という近代の港町に共通する課題を考える。

寄港地としての繁栄と鉄道開通による衰退

小名浜港の東側、水族館やショッピング・センターの喧噪からやや離れた場所に石碑と胸像が立っている。石碑は「港の祖」小野賢司を顕彰したものであり、胸像のモデルは「港の父」小野晋平である。小名浜は、江戸時代の中頃に東廻り航路の主要港として位置づけられるようになり、繁栄の基礎を築いた。一七四七（延享四）年には幕府の直轄領となり、[*1] さらにペリー来航後に蒸気船の燃料とし

小名浜港に立つ小野賢司を顕彰する石碑（上）と小野晋平の胸像（下）〔いずれも筆者撮影〕

て石炭需要が高まると、その積み出し港として繁栄した。小名浜港の後背地には常磐炭田があったからである。ところが、一八九七（明治三〇）年の水戸－平間の鉄道（日本鉄道磐城線。現在のＪＲ常磐線）開通を契機として、小名浜港は衰退してしまう。鉄道開通前の一八九六（明治二九）年の小名浜港の石炭取扱量はおよそ一四万トンであったが、その三年後の一八九九（明治三二）年には三万トンにまで落ち込んだ。[*2] このような衰退から小名浜を立て直した父子として、小野賢司・晋平は顕彰されているのである。

なぜ、鉄道は小名浜を経由しないルートを選択したのだろうか。その理由のひとつとして、同鉄道は常磐炭を東京へ輸送することを主たる目的としており、山沿いのルートが合理的であったことがある。もうひとつの理由として、小名浜には政治の後押しがなかったことも指摘できよう。集合的な利益に、もともと「かたち」はない。その集団をどのように切り取るかによって、たとえば身分・職業・収入・年齢・宗教・イデオロギー・地域など、その「かたち」はどのようにも変わり得る。これらの社会的な諸制度が、利益に「かたち」を与えるといってよい。一八七八（明治一一）年に府県会が設置されて以来、日本では府県を単位として集合的な利益が集約・表出されることが一つの典型になった。全国政党の支部は府県単位で設置され、帝国議会の議員も、その時々で選挙区割りに変更はあるものの、府県を単位として選出された。

小名浜は、府県という新たな利益の枠組みのなかでは不利な立場にあった。福島県の政治的な中心は、内陸（会津・中通り）の若松・福島や、沿岸部（浜通り）でも平など、かつての城下町である。幕府の直轄地であったうえに内陸部と切り離された小名浜は、福島県政への影響力をもち得なかった。実際、一八九八（明治三一）年から一九一七（大正六）年までの九年間、小名浜を地盤とする県会議員は登場していない。[*3] 一八世紀から一九世紀にかけて、小名浜は海を通じて江戸＝東京と直結することによって発展してきた。ところが、府県制の定着と鉄道の普及によって、二〇世紀の初頭には「辺境」へとその立場を転換させることになったのである。

政党と鉄道

こうした状況に立ち上がったのが、小名浜で酒造業を営んでいた小野賢司であった。一九〇三（明治三六）年に小名浜町長に就任した小野は、県会・県庁に対して、繰り返し小名浜港修築の必要性を訴えた。[*4] 後ろ盾となったのは、炭鉱経営者で衆議院議員・福島県会副議長の経歴ももつ石城（いわき）郡の有力者、白井遠平である。白井の支援もあって、一九〇六（明治三九）年末には小名浜港修築を求める衆議院議長宛の請願と内務大臣宛の意見書が、それぞれ福島県会で議決された。*5

その際、小名浜築港問題は鉄道問題と関連づけられる必要があった。福島県を南北に貫く鉄道は、一八八七（明治二〇）年に日本鉄道によって開通している。福島県政界ではこれに続いて福島県内を東西に貫く鉄道（磐越線）の敷設が課題となっており、一八九六（明治二九）年には郡山から若松を経て新潟（新津）へとつながる岩越鉄道会社が設立された（現在のＪＲ磐越西線）。小名浜町の有志が頼った石城郡の有力者の関心は、石城郡の中心である平と郡山をつなぐ平郡鉄道（現在のＪＲ磐越東線）の敷設にあった。平から、さらに小名浜まで鉄道を延伸すれば（平小鉄道）、小名浜は福島県全域の貨物を集めることが可能になる。それは、小名浜港の利益と福島県全体の利益とを一致させる効果をもたらすだろう。

なによりこの時期には政党が鉄道敷設を重視していた。一八九〇年代半ばには、政党は地租軽減などを求める消極主義から、各地の産業振興をはかる積極主義へと転換した。自由党系の政党（憲政党・立憲政友会）にその姿勢は顕著にみられたが、非自由党系の政党（進歩党・憲政本党・立憲国民党・立憲同志会・憲政会・立憲民政党）も、各地の産業振興を軽視したわけではない。なぜなら、議会の多数派を目指す政党にとって選挙民の意向は無視できず、しかも選挙資格が制限されていた当時において両党の支持層は重なり合っていたからである。選挙権を有していたのは各地の豪農であり、彼らは地域社会の指導者（地方名望家）として、その地域の発展に強い関心をもっていることが多かった。

一九〇七（明治四〇）年に福島市で開かれた政友会の東北大会では平郡鉄道の敷設推進が議決され、翌〇八（明治四一）年末から開かれた第二五議会では、衆議院で平郡鉄道敷設の建議が議決された。さらに一九一〇（明治四三）年末から開かれた第二七議会では、平郡鉄道を第一期線に組み込む内容をもつ鉄道敷設法の改正がなされた。同じ第二七議会では、小名浜港の改良を求める建議案も衆議院で議決された。国民党もこれらの法案改正・建議提出に熱心であったが、手柄は衆議院での多数を握る政友会が独占した。[*6] これをみて、石城郡の有力者であった白井遠平は政友会に入党した。[*7] 一九一一（明治四四）年のことである。石城郡の主な政治家も白井にしたがって政友会へ入党し、小野もまた政友会に入党した。[*8]

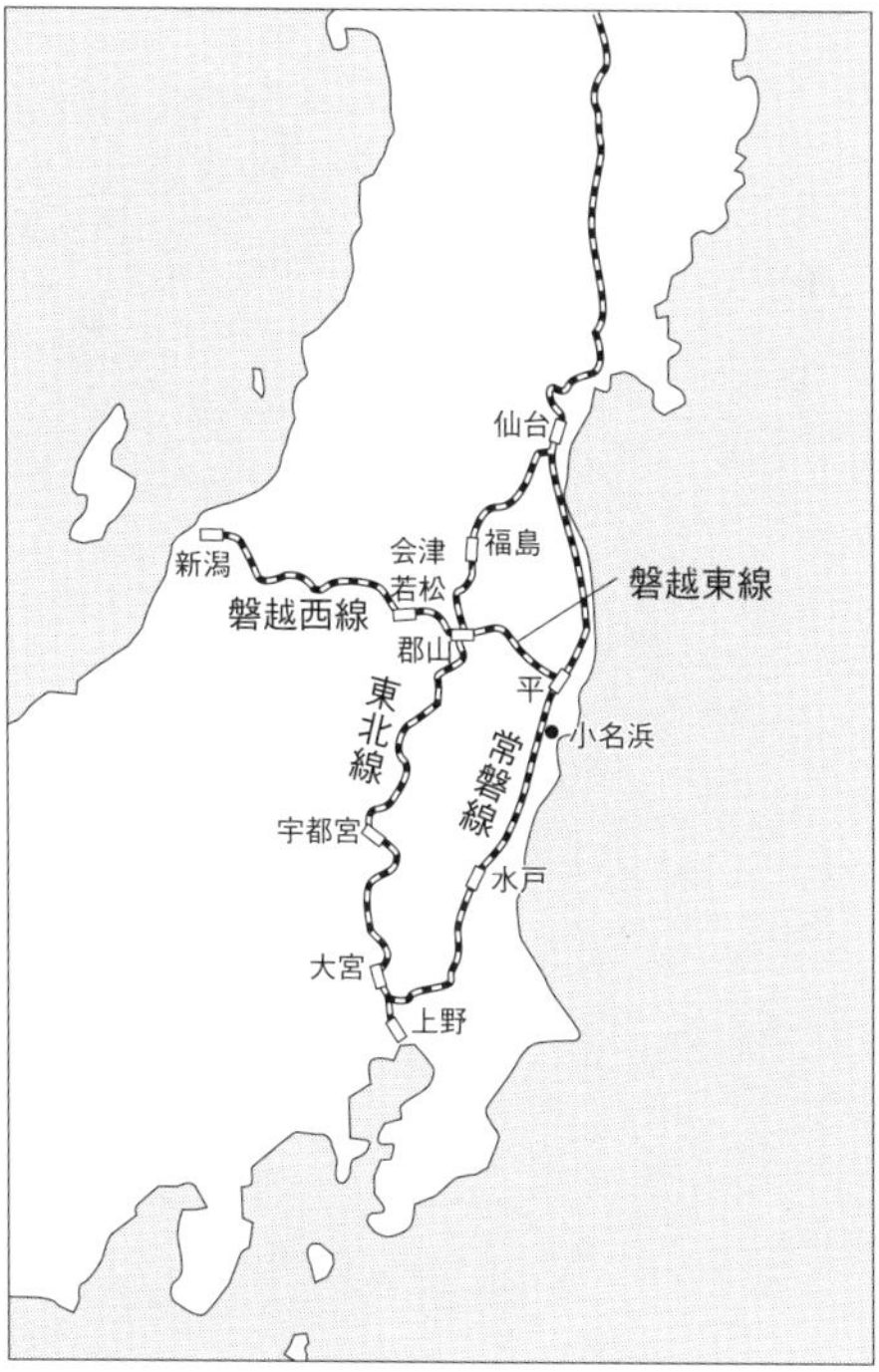

福島県を通る主要鉄道（大正期）

官僚と港湾

しかし、政友会は万能ではない。鉄道敷設のように議会内の多数派工作でその勝敗を決するのでは、地方利益をめぐって政友会の分裂を招きかねない。そのため中立的な機関での合理的な基準に基づいた判断が求められるようになり、港湾修築の優先順位を決めるために、各省の担当者や港湾土木の専門家を集めた港湾調査会が内務省内に設置された。

港湾調査会は一九〇六（明治三九）年に港湾の全国調査を行い、この調査をもとに全国の港湾修築方針を定めた。その方針とは、国家がその整備に関与する港湾を、第一種重要港（横浜・神戸・敦賀・関門）・第二種重要港（青森・塩釜・船川土崎・東京・四日市・大阪・境・長崎・鹿児島）の一四港に限定し、第一種重要港は内務省が工事を行い、第二種重要港には最大で総工費の二分の一の国庫補助を与えるというものであった。[*9] それはすなわち、これらの重要港以外の港湾の修築には内務省は関与せず、また国庫補助も行わないということを意味していた。小名浜は、第二種重要港はおろか、その候補として内務省土木局が作成した全国一一九の港湾リストからも漏れている。[*10] 内務省からの補助の道筋を実質的に閉ざされたといえよう。

そこで小野賢司が考えた策が、漁港として修築することであった。漁港——漁業に特化した港湾という概念は、それほど古いものではない。土木工学者の土井良浩によれば、日本での最初の用例は一八九一（明治二四）年であるという。[*11] 遠洋漁業がひろまったことによって、大型漁船の安全な碇泊を可能にし、また漁獲物の加工・貯蔵施設を備えた根拠地＝漁港が必要とされるようになった。商港であっても漁港であっても、築港工事の第一段階は防波堤を築造して平穏な水面を確保するのを目的とするのが通例で、そして防波堤の構造は商港でも漁港でも基本的には変わらない。[*12] しかし、商港修築の所管官庁が内務省であるのに対して、漁港修築の所管官庁は農商務省であり、内務省の国庫補助が得られなくても漁港としてならば国庫補助が得られる可能性がある。農商務省が漁港修築に乗り出す

大正末から昭和初期の小名浜港〔絵葉書〕

のは一九〇八（明治四一）年のことであるが、[*13]まさにその年の七月、小野は小名浜町長を辞職して漁業組合長に転じた。後任の町長には、小名浜漁業界の有力者であり「漁翁」とも呼ばれていた野崎武兵衛が就いた。

一九一〇年代半ばには、農商務省の漁港修築補助政策が具体化し始める。その方針とは、内務省が定める第二種重要港と同様に府県・市町村を漁港整備の主体とし、農商務省は総工費の二分の一を上限として補助するというものであった。[*14]小野はおそらく事前にこうした情報を入手していたのであろう、福島県に対して小名浜港の漁港としての修築を訴え続けた。一九一七（大正六）年の補欠選挙で県会議員に当選し、同年の県会で小名浜漁港修築費の可決に導いた。その結果、一九一八（大正七）年には農商務省から二分の一の修築費補助を得て、福島県による漁港修築工事が開始される。工事の着工を見届けた小野賢司は一九一九（大正八）年七月に死去した。

この漁港整備をひとつのきっかけとして、小名浜港は遠洋漁業・沖合漁業の基地として成長していく。現在でも小名浜港はカツオなどのまき網漁業の根拠地となっているが[*15]、その基礎は小野賢司によって築かれたといってよい。しかし、彼らの最終目標は漁港修築ではなく、商港としての発展である。賢司の息子である小野晋平は、その遺志を受け継ぎ商港としての整備を目指していく。

利益団体による機運醸成

小名浜築港と平小鉄道敷設を実現するためには、同じように港湾修築を求める他の港町との連携が必要であった。その舞台を用意したのは、政党ではなく内務官僚であった。

一九一〇年代には、第二次大隈重信内閣や原敬内閣など政党が実質的に政権運営を担うことが多くなり、一九二〇年代には二大政党政治が展開された。そうした責任を負った政党には、多様な利益を集約し政策として体系化させる機能が期待されるから、特定の個別事業を強力に推進することは難しい。確かに原内閣は産業振興を推進したが、それは体系化された政策の推進であった。各地の地方利益の欲求を喚起したものの、個別事業の実現を保証するものではない。

個別の利益を実現するためには、府県などの地域単位では限界がある。その地域内に住む人々が、同じ利益を常に共有するとは限らないからである。したがって、利益に「かたち」を与える枠組みを変えなければならない。そのために有効な方法のひとつは、利益を共有する人々のあいだ（業界）で利益団体を結成することである。すでに一八七〇年代から日本には結社・団体が登場しているが、政治学者の辻中豊によれば、とりわけ一九二〇年代は日本における利益団体の噴出期にあたるという[*16]。

これらの利益団体には経営者団体や労働組合など民間の自発的な団体が多いが、一九二二（大正一一）年に設立された港湾協会（現在の日本港湾協会）のように、官庁が外郭団体として設置した団体も含まれる。こうした官製の利益団体の多さは、欧米諸国と比べた場合の日本の利益団体の特徴のひとつである。

港湾協会は、大蔵省や逓信省などの関係官庁、船会社や倉庫会社などの港湾に関係する企業、港湾所在都市の地方団体などが一堂に会することを目的に、内務省土木局が主導して設立した団体である。内務省土木局は、一九一〇年代には第一種・第二種の重要港を中心に各地の港湾修築を進めてきた。だが、港湾行政には関係するアクター（官庁・企業・地方団体など）が多く、費用負担や所管をめぐって対立することも少なくなかった。そこで外郭団体を設置することによって、港湾の修築や管理運営をめぐる問題について調査・研究し、また利害調整を行うことにしたのである。

新規築港に向けた世論形成も、港湾協会に課せられた重大な使命であった。港湾協会は、各地に土木技師を派遣して港湾調査や修築の設計を行い、築港に向けた機運を醸成した。一九一九（大正八）年以降、内務省土木局は順次第二種重要港の数を拡大しており、一九二一（大正一〇）年六月の港湾調査会では、第二種重要港を新たに仙台以南の本州太平洋岸に指定することが決まった。これを受けて、千葉県は銚子港、茨城県は那珂港、福島県は小名浜港を候補として、それぞれ第二種重要港に指定されるように運動を展開した。もっともこれら三港のうち、港湾協会が発行する雑誌『港湾』で取り上げられたのは小名浜港のみで、同港の第二種重要港への指定は確実視された。

小名浜港にとっての問題は、地元負担分の捻出問題であった。すでに述べたとおり、第二種重要港の場合は総工費の二分の一の国庫補助を得られる。残りの二分の一の負担は県と地元市町村で折半するのが通例であった。内務省土木局の設計では小名浜築港にかかる工費は総額で四〇〇万円と見積もられたため、小名浜町は一〇〇万円を捻出する必要があった。

小野晋平はこの一〇〇万円を炭鉱業者から引き出そうと試み、白井遠平を通じて磐城炭鉱会社の経営者でもあった浅野総一郎に資金の提供を求めた。浅野は築港によって造成される繋船埠頭と埋立地の優先使用権と引き換えに、これに応じた。[*17] なお、浅野は北米航路を主要航路とする東洋汽船の経営者でもあり、また第14章でも触れるように東京湾（鶴見・川崎地先）の埋立事業も手掛ける企業家であった。

二大政党政治がもたらす混乱

このように、官僚と企業家の協力によって小名浜築港は実現に向けて動き出した。小名浜築港の撹乱要因となったのは、むしろ政党であった。一九二四（大正一三）年一月の加藤高明（護憲三派）内閣成立から一九三二（昭和七）年の犬養毅内閣崩壊までおよそ八年にわたって、政友会と憲政会・民政党による二大政党政治が展開された。この間、男子普通選挙制度が導入されて有権者数が増大したため、両党は従来の支持基盤に加えて新たな階層の支持を得る必要があった。それゆえに両党は、一方で相手を貶めるためのスキャンダル合戦を演じ、他方で自らの優位を強調するために互いの差異を必要以上に強調する傾向にあった。いずれも長い目でみれば、政党政治そのものへの信頼を損なう結果をもたらした。

財政面では、政友会は積極方針・産業立国策を標榜し、憲政会・民政党は健全財政の必要を主張した。もっとも、日本がおかれている客観的な状況に照らせば現実にとり得る政策の選択肢の幅はそれほど大きくない。たとえば、積極財政を標榜する政友会の田中義一内閣は、一九二八（昭和三）年度予算として総額一七億七四〇〇万円の歳出を決定した。これは憲政会内閣が編成した前年度予算と比べて、わずか一五二一万円（率にして一％未満）の増額にすぎない。*18 一九二〇年代の日本は第一次大戦の反動不況のなかにあって税収の自然増は見込めないから、両党の歳出規模はそれほど大きく変わるものではなかった。

だが、地域社会からみれば問題になるのは個別のケースであって、全体の歳出規模の増減はそれほど大きな意味をもたない。むしろ、全体が抑制されるなかで自地域の事業のみが認められるならば、その政治的効果は大きくなるだろう。しかも多くのインフラ整備事業は単年度で完成するものではない。たとえ単年度の予算が小さくても、その事業に着手できることそれ自体がもつ意味は大きい。田中内閣下の一九二七（昭和二）年一〇月には小名浜港を含む八港が第二種重要港に指定され、一九二九（昭和四）年三月の第五六議会では単年度で総額およそ一〇〇〇万円の新規築港費（事業総額では、およそ四七〇〇万円）が認められた。築港費ではないが、平と小名浜をつなぐ平小鉄道建設費も同年度予算では認められた。

これによって小名浜築港と平小鉄道建設は実現するかと思われたが、その直後の一九二九（昭和四）年七月には、田中内閣は張作霖爆殺事件の責任をとって総辞職することになった。あとを継いだ浜口雄幸民政党内閣は、発足直後に総額九一〇〇万円を減額する緊縮実行予算を発表した。七月中旬に示された大蔵省案では、横浜や神戸などの着工済みの築港費は二割から三割の削減、小名浜を含む新規築港はすべて打ち切りという厳しいものであった。[*19]

こうした事態にあって小名浜町の有志が頼ることができるのは、やはり地元選出の衆議院議員であった。その際、党派は関係なかった。小野晋平は、父の賢司と同様に白井遠平に連なる政友会系の政治家であったが、石城郡湯本を地盤とする民政党所属の衆議院議員比佐昌平を介して安達謙藏内務大臣（民政党）との面会を実現した。面会に際しては、小名浜町有志およそ二〇〇名が上京し、明治神宮から霞が関の内務省まで示威行進を行ったという。[*20] 面会の結果、平小鉄道建設は断念することと引き換えに小名浜築港費は残されることになった。こうして小名浜築港は着工され、一九三五（昭和一〇）年には三〇〇〇トン級船舶に対応した繋船岸壁が完成した。

新興企業家による工業都市化

その後の小名浜港についても簡単に触れておこう。一九三〇年代は、中央政界の東北地方への関心が高まった時期でもある。一九三一（昭和六）年と一九三四（昭和九）年は凶作に見舞われ、一九三三（昭和八）年には三陸大地震・大津波が起こった。農村不況は軍部や右翼によるテロなどの社会不安の背景になっており、自然災害の復旧事業費は地方から中央への利益要求としては正当性が高かった。政党・官僚・利益団体のいずれも活性化した。

一九三二（昭和七）年の五・一五事件以来、政権を離れていた政友会は、斎藤実・岡田啓介の非政党内閣（中間内閣）に対する攻撃を強めた。一九三四（昭和九）年末には、岡田内閣の打倒を目指す政友会が、東北救済のための予算も削減しようとする大蔵省と、軍事費増額を図る軍部を批判する。同様に地主を支持基盤にもつ民政党も、岡田内閣の与党的な立場にありながら、農村救済問題に対しては政友会に同調せざるを得なかった。内務省・農林省・鉄道省などの官庁も、これらの動きに便乗して、農村工業の助成や失業救済・時局匡救などの名目での関連土木事業の継続・新規実現を訴えた。同年末には首相の諮問機関として東北振興調査会が、翌年には内閣東北振興局が設置された。

港湾協会も東北振興には力を入れた。一九三五（昭和一〇）年には、協会内に東北地方港湾調査委員会を立ち上げて、東北の主要港を巡回し各地で座談会を開いた。六月一四日には築港工事の竣工が目前に迫った小名浜港でも座談会が開催され、築港完成後の活用方法などについて議論された。[*21]

その際に問題視されたのは、やはり鉄道問題であった。一九三〇年代には、鉄鋼・機械・化学肥料・人口繊維・非鉄金属などの重化学工業が、日産（日本産業）・日窒（日本窒素肥料）・理研（理化学研究所）な

小名浜港とその周辺の鉄道（昭和中期）

ど、軍部と結びついた新興財閥を中心に発展した。[22] 小名浜町の有志も豊富な燃料（常磐炭）を背景にこれらの産業を誘致しようと考えたが、そのためにはやはり港につながる鉄道が必要条件だと考えられたのである。

小野晋平は、福島県（会津）出身の新興企業家・中野友禮の協力を仰ぐことで、鉄道問題を解決した。中野は、京都帝国大学の助手時代に苛性ソーダの生産に関する特許を取得し、一九二〇（大正九）年に日本曹達（日曹）を設立した。[23] その後、関連する化学産業を中心に事業を多角化し、のちに日曹コンツェルンと呼ばれる企業集団を形成する。一九三〇年代半ばには、化学肥料として使われる硫化アンモニウム（硫安）の製造工場を設立する計画を立てており、小野は用地買収と工場用水の確保に協力することで、小名浜町への誘致を実現した。一九三八（昭和一三）年には、日曹の子会社として日本水素工業が小名浜町に設立され、一九四一（昭和一六）年には常磐線の泉駅から工場を経由して小名浜港へとつながる臨港鉄道（小名浜臨港鉄道会社）が敷かれた。臨港鉄道も日曹のグループ企業として経営されたが、一般旅客営業も行った。一九三八（昭和一三）年には、内務省による第二期築港工事も着手された。第二次世界大戦後には、豊富な石炭と交通手段の充実を背景に、東邦亜鉛や三菱金属などの企業も進出した。[24]

こうして小名浜は、福島県下最大の港町としてだけでなく、東北地方有数の重化学工業地帯として発展していくことになる。その基礎を築いたのは間違いなく小野賢司・晋平父子であり、その手法は、福島県という新たな行政領域の利益と、小名浜港の利益とを一致させようと努力するものであった。石城郡・福島県の有力者を説得し、農商務省・内務省などの中央官庁およびその外郭団体と連なることで、彼らは小名浜築港を実現させた。本章冒頭で紹介した小野晋平の胸像は、阿武隈高地を背に小名浜港を向いて建てられている。実際は、小名浜港を背に内陸を向くことで、賢司・晋平父子は小名浜築港を実現させたのである。

註

＊1 『小名浜沿岸域形成史』四八頁。
＊2 『いわき市史　第三巻』三四二頁。
＊3 『福島県議会百年』巻末表。
＊4 『国際港の礎石　小名浜港湾史』二〇～二一頁。
＊5 『小名浜沿岸域形成史』一七九～一八二頁。
＊6 伏見（二〇一三）二〇五～二〇六頁。
＊7 草野・四條（一九五三）二四五～二四八頁。
＊8 荒川（一九六八）二九五頁。
＊9 『日本港湾史』六一～六二頁。
＊10 『原敬関係文書　第八巻』二八～三〇頁。
＊11 土井（二〇〇二）七二一頁。
＊12 鮫島（一九五四）一頁。
＊13 望月（二〇一六）一二六頁。
＊14 加瀬（二〇〇〇）三頁。
＊15 濱田・佐々木（二〇二〇）三三五頁。
＊16 辻中（一九八八）七一～七二頁。
＊17 『国際港の礎石　小名浜港湾史』三三～三五頁。
＊18 伊藤（一九八七）二一九頁。
＊19 稲吉（二〇一四）二五四～二五五頁。
＊20 『国際港の礎石　小名浜港湾史』四二～五二頁。
＊21 『港湾』第一三巻第一〇号「小名浜港座談会」。
＊22 中村（一九九三）一七〇～一七一頁。
＊23 『日本曹達七〇年史』八～一四頁。
＊24 『小名浜沿岸域形成史』一九五～二二〇頁。

第13章 舞鶴——国家に依存する

舞鶴は、京都府の北部若狭湾に位置する港町である。近世に城下町であった西舞鶴地区と、二〇世紀初めに海軍の鎮守府がおかれた東舞鶴地区は、もともとは別の町であり長く相容れなかったが、戦時体制のもとで統合を受け入れざるを得なくなった。本章では、軍隊の駐留という国家的な役割を担わされた港町が、その過大な責任と負担に振り回されていく様相を描く。

鎮守府と要港部

舞鶴市役所のすぐそばには、一二棟の赤レンガ倉庫が残されている。赤レンガ倉庫は近代の港町を象徴する建造物で、横浜や神戸など日本を代表する港町はもとより、ドイツのハンブルクなど海外の港町でも、赤レンガ倉庫は今では町全体の象徴のひとつとなっている。もちろん赤レンガの建造物そのものは港町以外でも広くみられるが、倉庫はその内部空間が広大である点で他の建造物とは一線を

現在の舞鶴赤レンガ倉庫〔筆者撮影〕

画しており、現在ではリノベーションされてショッピングモールやイベントスペースなどの観光施設として活用されていることが多い。同じ形をした複数の赤レンガ倉庫が整然と立ち並ぶ様子は、その港町が近代に発展したことの証左と言えよう。

とりわけ舞鶴の赤レンガ倉庫群に固有の特徴は、軍事施設だったということである。レンガ造りの倉庫は、火災と雨水のどちらからも保管物を守ることができる。こうした特徴のために、横浜や神戸など貿易港の赤レンガ倉庫では生糸や綿糸などの火や水に弱い輸出入品が保管された。これに対して舞鶴の赤レンガ倉庫では、やはり火や水の取り扱いに慎重を要する火薬類が保管されていたのである。

一般に、軍隊の根拠地となる港を軍港と呼ぶ。厳密にいえば、近代日本における軍港とは鎮守府がおかれた横須賀・呉・佐世保・舞鶴の四つの港のみを指すが、海軍の要港部がおかれた「要港」も広い意味での軍港と理解されている。[*1] 要港部は、一八九六（明治二九）年に対馬の竹敷（たけしき）におかれたのを皮切りに、一九〇一（明治三四）年に台湾の馬公（まこう）、一九〇五（明治三八）年に下北半島の大湊（おおみなと）、一九一四（大正三）年に山東半島の青島（チンタオ）、一九一六（大正五）年に朝鮮半島の鎮海（ちんかい）に、それぞれおかれた。

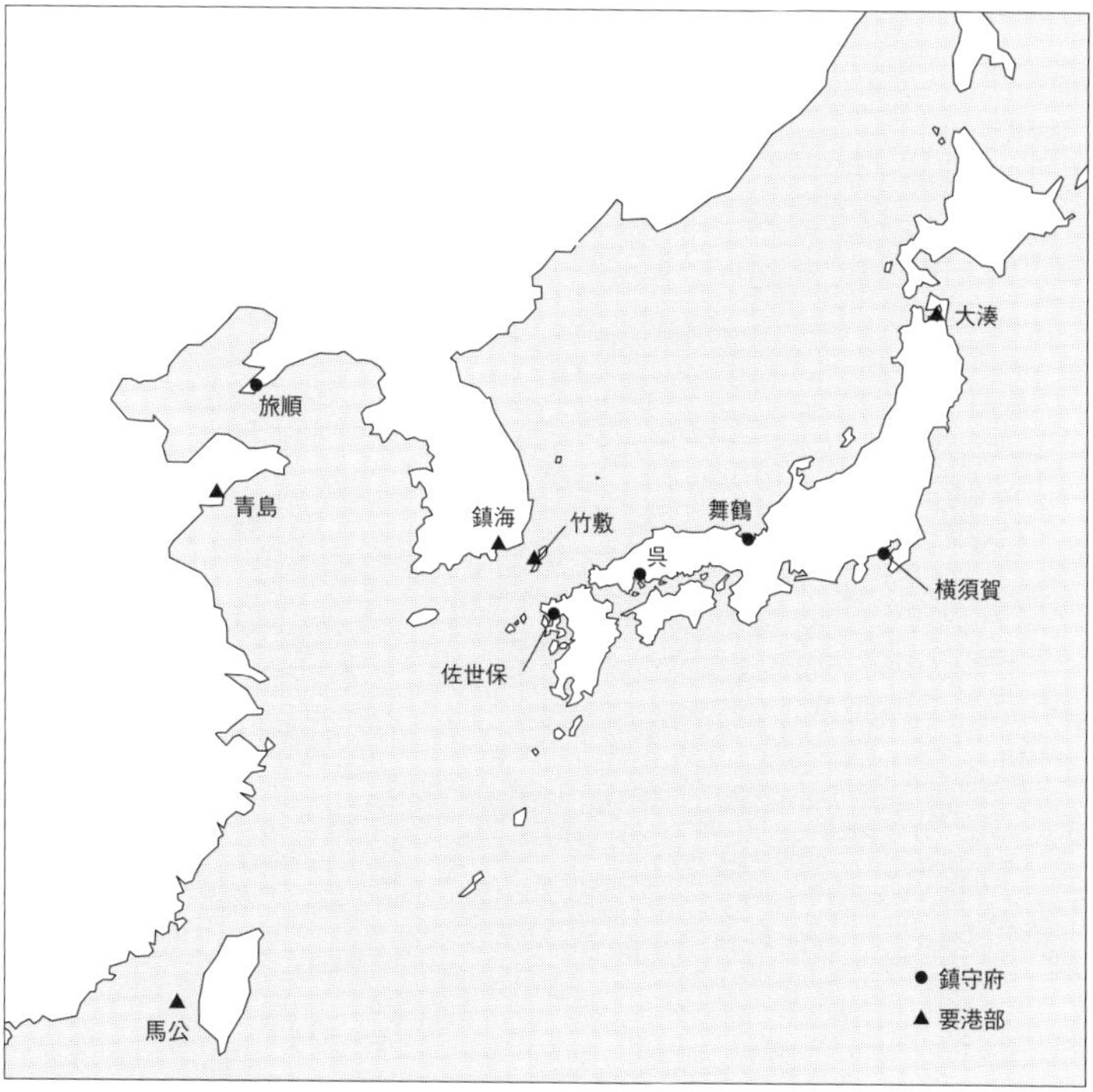

鎮守府・要港部配置図

鎮守府と要港部の最も大きな違いは、規模である。鎮守府には、艦隊・水雷隊・海兵団などの作戦部隊に加えて、軍艦や兵器の建造・修理を行う海軍工廠がおかれたために、その所在都市は重工業都市としての性質をもった。他方で、要港部には大規模な海軍工廠がおかれることはなく（船舶の修繕施設はおかれた）、配属される部隊も、水雷敷設隊や駆逐隊・潜水艇隊など、比較的小規模であった。

鎮守府・要港部は、日本の対外膨張の状況や国際環境に応じて改廃された。たとえば、一八九六（明治二九）年に要港部がおかれた竹敷は、一九一二（大正元）年に廃止されているし、日露戦後におかれた旅順鎮守府は、第一次世界大戦中の一九一四（大正三）年に鎮海への要港部設置が決定したことに伴い[*2]、要港部へと降格となっている。第一次世界大戦中の一九一四（大正三）年には青島に要港部がおかれたが、山東半島占領時の臨時的な性格が強かったため、翌一九一五（大正四）年には要港部は廃止された[*3]。

陸海軍の軍縮

舞鶴鎮守府も、一九二三（大正一二）年四月に要港部へ降格となった。その要因となったのは、第一次世界大戦後に高まった世界的な軍縮圧力である。大戦前の世界では、英国がドレッドノート型・超ドレッドノート型と呼ばれる巨大軍艦を相次いで開発したことに触発されて、世界的な建艦競争が起きていた。日本でも、一九一〇年代後半には戦艦八隻・巡洋艦八隻からなる八八艦隊の整備計画が策定されている。これらの建艦競争への反省から、一九二二（大正一一）年には米・英・日・仏・伊の五カ国のあいだでワシントン海軍軍縮条約が結ばれた。同条約は、各国が主力艦の新規建造を中止することで、一〇年後には主力艦の最大保留量を米・英は五二万五〇〇〇トン、日本は三一万五〇〇〇トンへと制限するものである（対米英六割）。これにより日本海軍は、八八艦隊として建造中および計画中の主力艦の新規建造を中止することになった。現存の主力艦も、旧式の戦艦・巡洋艦など合わせて一〇隻、およそ一六万五〇〇〇トンが解撤（かいてつ）や練習艦などへの編入を余儀なくされた[*4]。

同条約の主旨が主力艦の制限であったことから、当初は舞鶴の人々は軍縮の影響を楽観視していたようである。なぜなら、日本海軍の主力艦（戦艦・巡洋艦）は横須賀・呉の海軍工廠や神戸・長崎の造船所で建造されており、舞鶴海軍工廠では主として補助艦（駆逐艦）を建造していたからである。主力艦を削減するのであれば、むしろ補助艦建造に力を入れるのではないかという観測すらあったという。[*5]

しかし、そのような見込みは、当時の高橋是清内閣が軍縮を受け入れた背景を読み誤ったものといえるだろう。高橋内閣は、第一次世界大戦の反動不況が顕著になるなかで、軍事費圧縮の意図をもって軍縮条約に調印したのであった。高橋内閣のあとを継いだ各内閣も、この方針を踏襲した。したがって一九二〇年代に展開された軍縮は、主力艦の削減のみにとどまるものではなく、陸海軍の人員削減を含んだ大規模なものとなる。陸軍では、それぞれ当時の陸軍大臣の名前をとって山梨軍縮・宇垣軍縮と呼ばれる、大規模な軍縮が行われた。山梨軍縮では、合わせておよそ六万人の将兵と一万三〇〇〇頭の軍馬が、宇垣軍縮では四個師団（三万四〇〇〇人・六〇〇〇頭）が削減された。これらの軍縮によって、陸軍は平時兵力のおよそ三分の一を削減したことになる。[*6]

海軍でも、主力艦の削減に合わせて人員削減が行われ、一九二二（大正一一）年中に海軍全体で准士官以上七〇〇人・下士官兵五八〇〇人が除隊となった。[*7]舞鶴では、鎮守府が要港部へ降格となった結果、舞鶴海兵団が解体され、また舞鶴海軍工廠が舞鶴工作部へと縮小された。舞鶴海兵団には一万人を超える下士官兵が所属していたが、彼らは横須賀・呉の各海兵団へと所属替えになった。さらに舞鶴海軍工廠では、職工およそ四〇〇〇人が削減された。[*8]

三つの舞鶴町

軍縮に対する舞鶴の人々の受け止め方は、一様ではなかった。というのも、舞鶴鎮守府がおかれていたのは、旧田辺藩の城下町であった舞鶴町（現在の西舞鶴地区）ではなかったからである。鎮守府司令部がおかれたのは舞鶴町から山を隔てた倉梯村・志楽村（現在の東舞鶴地区。一九〇六年に両村の一部が分立・統合して新舞鶴町になる）であり、海軍工廠や海軍病院などがおかれたのは余部町（一九一九年に中舞鶴町へ改称）だった。これらの町村は、一九〇一（明治三四）年に舞鶴鎮守府が開庁するまでは寒村であったが、鎮守府設置をきっかけとして急成長した。鎮守府がおかれたことによってその経済活動に一方的に制約が加えられた舞鶴町とでは、要港部降格への態度が異なるのは当然であった。

新舞鶴町・中舞鶴町は海軍への依存度が高く、政府・海軍へ救済措置を求めた。そもそも両町では、鎮守府設置のために支払った犠牲も少なくなかった。鎮守府設置に際して海軍用地は廉価で買い上げられたうえに、それ以外の市街地の道路整備などに要する土地は地主の寄附に負うところが多かった。人口は急増したが、その多くは海軍軍人・職工などの財産をもたない人々であり、また海軍用地へは課税できなかったこともあって、両町の財政はむしろ悪化した。人口の急増は学校や水道など都市インフラの整備を進めなければならないことを意味するが、両町ではその財源が担保されたわけではなく、多額の町債を発行してこれをまかなった。[*9]

要港部降格に対する救済措置として、新舞鶴町・中舞鶴町は、これまで発行してきた町債の政府に

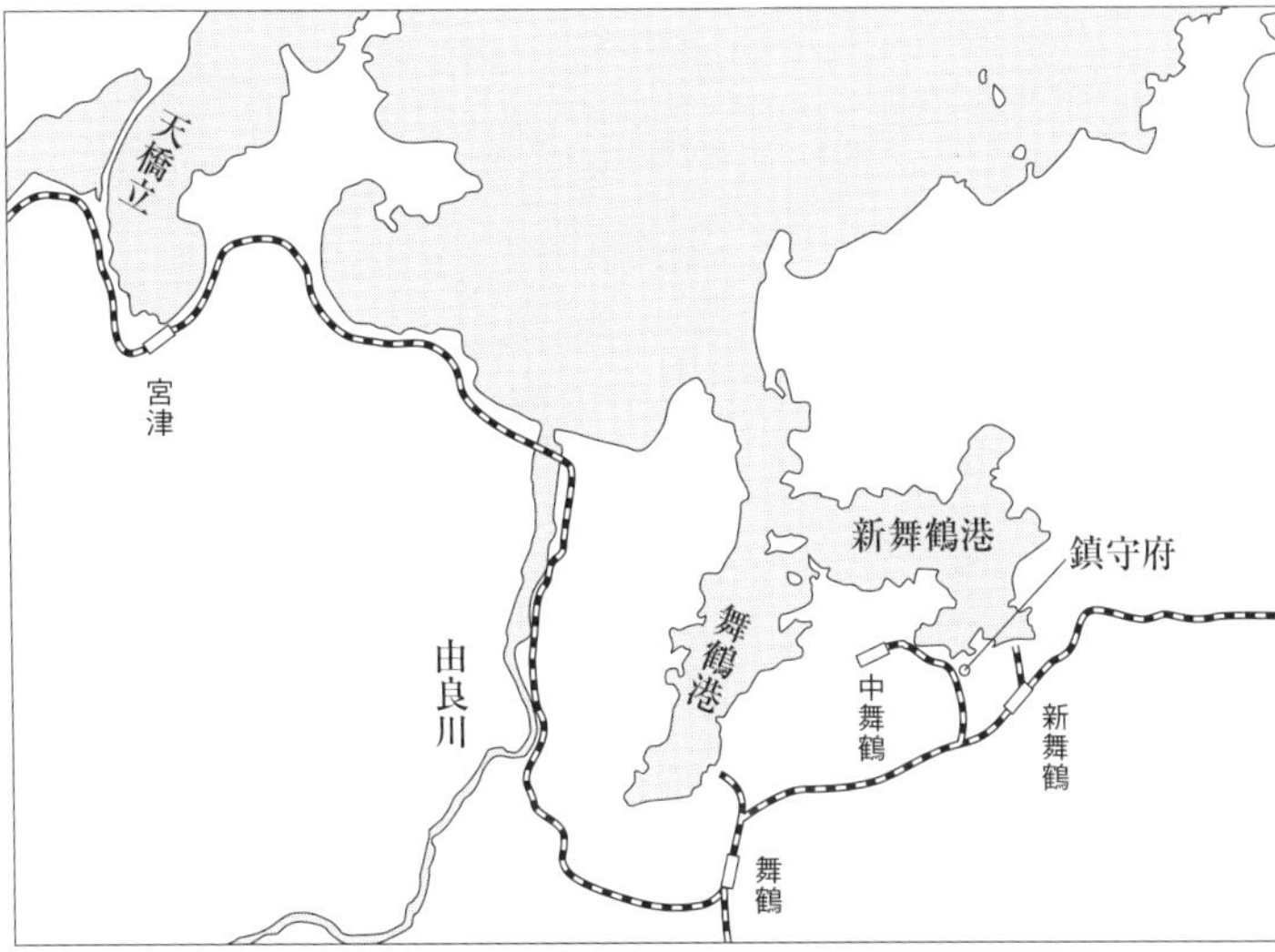

舞鶴港とその周辺図（大正末期）

よる弁済と海軍用地の活用を求めた。これらに加えて、新舞鶴町はこれまで一般商船の出入りが認められなかった新舞鶴港の商港としての活用を求め、中舞鶴町は海兵団用地・海軍病院などの跡地に高等工業学校・府立医大病院などを誘致しようと試みた。海軍は当然ながら両町に同情的であって、新舞鶴港への一般船舶の出入りは認められ、海兵団跡地には横須賀から海軍機関学校が移転された[*10]。

しかし、政府全体としては、両町の要求に対して冷淡であったといってよいだろう。政府内部では両町および倉梯村に対して総額四五万円の救済金の下付が内定したものの、大蔵省はこれを二五万円に削減した[*11]。高等工業学校や医大病院の誘致は実現しなかった。一九二八（昭和三）年には、両町の有志は、早くも鎮守府復活に向けた陳情を開始している[*12]。

こうした状況のなかで、一九三〇（昭和五）

年四月にはロンドン海軍軍縮条約が締結される。補助艦の削減を主目的としたこの条約に対する、新舞鶴町・中舞鶴町の人々の危惧は大きく、舞鶴工作部縮小への反対運動が広がった。彼らの運動は実らず、翌年には舞鶴工作部で六〇〇人以上が削減された。[*13]

両町とは対照的に、旧田辺藩の城下町であった舞鶴町では、要港部降格を機に商港都市としての発展を目指した。もちろん舞鶴町でも、鎮守府設置による経済効果がなかったわけではない。舞鶴港には、鎮守府で必要となる食糧（米穀）が運び込まれたため、移出入価格という点では急増した。[*14]しかし、これらの食糧需要は、必ずしも舞鶴町の産業発展や経済成長にはつながっていない。人口でみれば、新舞鶴町・中舞鶴町が鎮守府設置前後より急激に増大し、一九二〇（大正九）年には両町合わせて三万人を超えたのに対して、舞鶴町の人口は一万一〇〇〇人程度で停滞している。[*15]中央政界への影響力も、有力な政党政治家を輩出しなかった舞鶴町よりも、海軍鎮守府と結びついた新舞鶴町・中舞鶴町のほうが上回った。[*16]

なにより、海軍鎮守府が設置されたことによって、舞鶴港は商港としての発展が阻まれた。明治から大正期にかけて、若狭湾内では敦賀港が大きく成長したが、その要因は開港（貿易港）指定と鉄道建設にあった。同じ若狭湾内に位置し、鉄道で京都や大阪とつながる舞鶴港も、政府に対して開港への指定を求め続けた。京阪神の財界や内務省・大蔵省は舞鶴開港を支持したが、軍事機密の保持を重視する陸海軍の壁はあつかった。朝鮮東海岸の主要港（元山・清津（せいしん））とのあいだの定期航路に対する国庫補助すら、陸海軍の反対によって実現できずにいた。

軍事機密の保持が必要となる軍港都市と、様々な人々が往来する商港都市は、相容れない。そのため舞鶴町の人々にとっては、鎮守府の要港部への降格はむしろ商港都市として再出発するチャンスだと捉えられた。すでに述べたように内務・大蔵両省は舞鶴町に好意的で、一九二六（大正一五）年には大蔵省が宮津税関支所舞鶴出張所を設置し、一九二八（昭和三）年には内務省が舞鶴港を、修築費に国庫補助が与えられる第二種重要港へと指定した。その結果、一九二九（昭和四）年には第二次舞鶴築港工事が着工され、[*17]一九三二（昭和七）年には一般外国貿易も認められることとなったのである。

「日本海湖水化論」と満洲事変

舞鶴町の有志が期待したのは、日本海航路であった。一九一〇年代から二〇年代にかけて、日本海の日本側沿岸諸都市と朝鮮側沿岸諸都市（清津・雄基・羅津など）に住む日本人などによって、これらの諸都市を一体化してひとつの経済圏を形成しようとする構想（日本海湖水化論）が唱えられるようになる。[*18]朝鮮総督府や逓信省・県の補助を受けて、朝鮮郵船による敦賀－清津航路や、北陸汽船による伏木－清津－ウラジオストク航路などが経営された。鎮守府から要港部へと降格された結果、舞鶴もこの一角に加わることが可能になった。一九二五（大正一四）年からは敦賀－清津航路が舞鶴港に、一九二六（大正一五）年からは伏木－清津－ウラジオストク航路が新舞鶴港に寄港するようになる。[*19]

だが、「日本海湖水化論」は、当初の期待ほど盛り上がらなかった。そのひとつの理由はロシア革命によって極東情勢が不安定化したことにあるが、より根本的な理由は、大陸側の日本海沿岸部が、内陸の主要都市（長春）から切り離されていたことにあるだろう。南満洲鉄道（満鉄）は、貨物を大

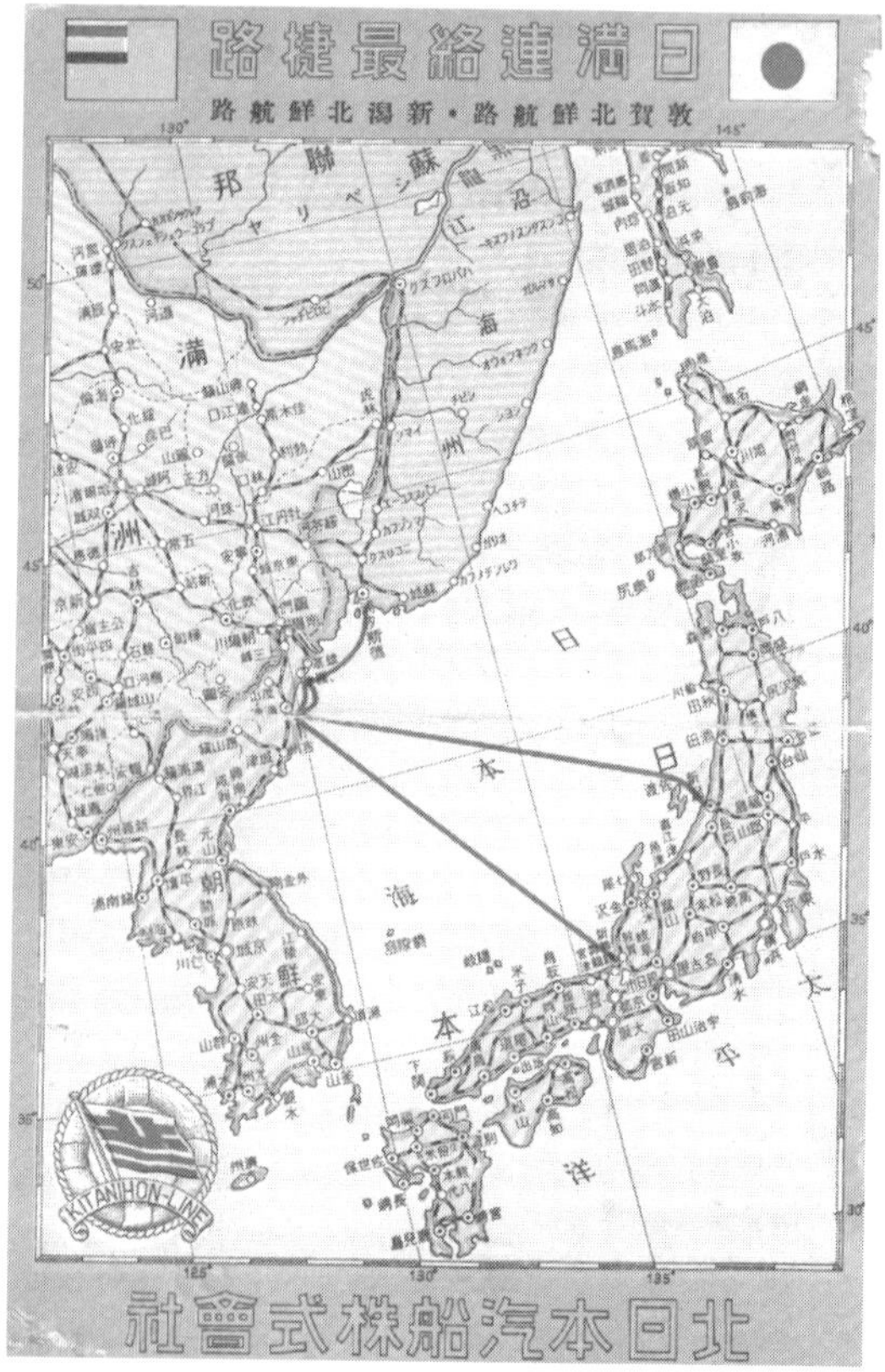

北日本汽船会社の航路を紹介する絵葉書

連に集中させる「大連中心主義」をとっており、貨物を分散させてしまう支線建設には乗り気ではなかった。日本と大陸をつなぐ主要ルートは、あくまで大連から日本の太平洋側（とくに神戸・大阪）へとつながるルート（大連ルート）であり、日本海沿岸都市だけでは、定期航路を維持できるだけの人や物は集められなかったのである。

こうした状況で、一九三一（昭和六）年九月、満洲事変が勃発する。奉天郊外で日本の関東軍は中国軍に対する攻撃を開始し、満洲全域を支配下においた。翌一九三二（昭和七）年三月には、清朝最後の皇帝であった溥儀（ふぎ）を擁立し、傀儡国家「満洲国」を建国する。

満洲地域における日本陸軍の影響力が強まると、満鉄も日本海沿岸への支線建設に乗り出さざるを得なくなる。日本海航路に対する陸軍の関心は、東京から満洲の中心都市・長春（満洲国建国後は新京と改称）への直通ルート（日本海ルート）を整備することにあった。満洲国への兵站線が大連に集中しているよりも、大連ルートと日本海ルートというように複線化したほうが、軍事輸送の安全性は高まる。満洲事変が勃発した一九三一（昭和六）年九月には、群馬県と新潟県をつなぐ上越線が全通しており、東京から新潟への所要時間が大幅に短縮している（それまでは、信越線経由でなければ、東京から新潟港へは行けなかった）。上越線を経由して新潟港から朝鮮東海岸へつなぐ航路への期待は高まり、一九三〇年代には、日本海を取り囲む諸都市を連絡する航路は活性化した。

満洲移民の国策化

関東軍が満洲事変を起こした背景には、一九二〇年代に進められた軍縮に対する軍部の不満があった。

満洲事変の目的のひとつは、困窮した農民を満洲へ移住させることにあった。陸軍兵士の最大の供給源は農村部であり、陸軍は農村部の困窮に大きな関心をはらっていた。一九二九（昭和四）年一〇月に起きた世界恐慌の影響を日本で最も大きく受けたのは、農村であった。恐慌の結果、高級品である絹製品の米国での需要が落ち込み、また化学繊維である人造絹糸（レーヨン）が普及したこともあって、日本の主要輸出品であった生糸の輸出が落ち込んだ。生糸は蚕の繭から生産される農産品であり、農家の現金収入の柱であったため、生糸輸出の激減は農家に大きな影響を及ぼしたのである。国内の農民を移住させることで、かつての北海道における屯田兵のように、農業移民が国防の役割を担うことも陸軍は期待していた。しかし、一九三〇年代前半までの時期は、内務省や大蔵省がブラジルへの移民を奨励していたこともあって、満洲への移民はそれほど多くはなかった。

一九三六（昭和一一）年の二・二六事件以後、日本から満洲への農業移民も本格化する。関東軍は、同年五月には二〇年間で一〇〇万戸の農業移民を満洲へ送り出す計画を立案し、八月にはこの計画を国策とすることを、当時の広田弘毅内閣に認めさせる。国策とされたことで、満洲への農業移民は増大した。満洲への移民は、同郷出身者による開拓団を構成する方式がとられた。一九三八（昭和一三）年からは、町村の総戸数と耕地総面積から「過剰農家」数を割り出し、その「過剰農家」を満洲へ送り出す「分村移民」が推奨された。満洲への移民は、養蚕農家の多い長野県や、冷害の影響が大きかった東日本（山形県・福島県・新潟県）の出身者が多くなった。[20]

送り出す側の事情が優先された移民であるから、移民の生活は、必ずしも豊かなものとはいえなかった。満洲移民の多くは、農家の次男・三男などの若い男性と「開拓花嫁」による核家族で構成されていた。各戸には一〇〜二〇町歩（一〇〜二〇万平方メートル）の農地が割り当てられたが、それは核家族には大きすぎた。労働力は十分ではなく、また気候条件の違いから日本の農業のノウハウも通用しなかったことから、農業移民は地主化することも多かった。[21] 農業移民の多くは、神戸港から大連港に至るルート、日本海側では新潟港・敦賀港から清津・羅津へ至るルートを通って満州へと旅立って行った。[22]

舞鶴からの開拓民は多くなく、[23] 舞鶴と開拓民との関わりが注目を集めたのは戦後のことである。一九四五（昭和二〇）年八月の終戦後、海外にいた日本人の引き揚げが始まると、舞鶴港は日本政府から引揚港のひとつに指定され、主としてシベリア・満洲・中国からの引揚者を受け入れる。およそ六三〇万人の引揚者のうち、[*24]その一〇分の一にあたるおよそ六六万人が舞鶴港を経由して郷里へと帰って行った。[*25]ソヴィエト連邦からの引き揚げが進展しなかったこともあり、他の引揚港がその活動を終了した後も、舞鶴港は一九五八（昭和三三）年まで引揚港であり続けた。舞鶴には、日本各地から引揚者の家族が集まった。息子の無事の帰国を待つ「岸壁の母」が新聞・雑誌などで取り上げられるようになると、流行歌や映画が作られ、ひろく知られるようになる。

再度の軍拡と「大舞鶴」の誕生

ともあれ、満洲事変以降の軍人の社会的地位の回復は、舞鶴をめぐる状況も一変させた。事変の拡大に伴い、舞鶴工作部は臨時工を大量に採用し始めたという。[*26]日本政府は、国際的な軍縮体制からも脱退した。一九三四（昭和九）年にはワシントン海軍軍縮条約の廃棄を通告し、一九三六（昭和一一）年にはロンドン海軍軍縮条約からも脱退して、海軍の拡張に乗り出していく。同年七月には、舞鶴工作部は海軍工廠に昇格した。

一九三七（昭和一二）年七月には、日本と中華民国が戦闘状態に突入した（日中戦争）。舞鶴要港部所属の艦船も上海戦線に参加しており、舞鶴では海軍施設の一般参観が中止されるなど、戦時の機運が高まった。再び舞鶴の軍港化が推し進められるが、それはかつての鎮守府時代よりも大規模なものであった。海兵団・海軍病院・海軍火薬廠など軍事施設の整備のために土地を収容される地域は、

大正末から昭和初期の新舞鶴軍港〔絵葉書〕

新舞鶴町・中舞鶴町にとどまらず、周辺町村にまで及ぶ。そのため海軍を中心に、両町と周辺町村を合併させようとする動きが加速した。[*27] 一九三八（昭和一三）年八月にはこの構想が実現し、東舞鶴市となる。初代東舞鶴市長には、元海軍軍人が就いた。

一九三九（昭和一四）年一二月には、舞鶴鎮守府が復活する。海軍施設はさらに拡充され、その影響は、それまで海軍とは距離をとって商港都市を目指していた舞鶴市（一九三八年に市制施行）にまで及んだ。舞鶴市内のおよそ一万五〇〇〇坪が海軍工廠の用地として買収され、さらに一九四一（昭和一六）年からは一〇万坪を超える土地がやはり海軍工廠の用地として買収された。その後、舞鶴市内にあった民間工場（舞鶴人絹工場・大和紡績舞鶴第二工場）も、海軍工廠として借り上げられることになった。[*28]

その結果、舞鶴市にも海軍の影響力が及び始める。一九四二（昭和一六）年六月に舞鶴鎮守府参謀長に就任した高木惣吉は、東舞鶴市と舞鶴市の合併を画策し、京都府政界への根回しを進め、舞鶴市政界にも圧力かけた。東舞鶴市（とくに新舞鶴）とは対立関係にあった舞鶴市側は抵抗したものの、一九四三（昭和一七）年には合併を受け入れざるを得なくなる。同年五月、両市が合併して新しい舞鶴市（大舞鶴）が誕生した。[*29] 同年には舞鶴港のすべての施設が海軍に接収され、舞鶴港は商港としての機能を失った。

こうして旧城下町と新興の軍事都市が並び立っていた舞鶴は、軍港都市として一元化される。日中戦争以前にあった民間工場がなくなり、また大陸との航路も再び停止されるなかで、舞鶴は海軍に極端に依存した都市とならざるを得なかった。その弊害は明らかであろう。舞鶴を含む日本の軍港都市は、敗戦後に軍隊が撤退すると、「平和産業都市」を目指した。しかし、資源に乏しい土地に過剰な人口を抱えるこれらの都市でそれは容易なことではなく、結局のところ米海軍や海上自衛隊の根拠地として発展していく道を選ぶことになる。[*30]

註

＊1　坂根（二〇一六）三〜八頁。
＊2　『軍港都市史研究Ⅵ』一三五頁。
＊3　『軍港都市史研究Ⅵ』六〜八頁。
＊4　戸祭（一九八五）一三六〜一三七頁。
＊5　『舞鶴市史　通史編下』一一〜一六頁。
＊6　戸部（二〇一二）一三五頁。
＊7　戸祭（一九八五）一三七頁。
＊8　飯塚（二〇一五）一二一頁。
＊9　飯塚（二〇一五）一一八頁。
＊10　『舞鶴市史　通史編下』四九頁。
＊11　『舞鶴市史　通史編下』二四頁。

＊12　飯塚（二〇一五）一二三頁。
＊13　飯塚（二〇一五）一二五～一二六頁。
＊14　坂根（二〇一〇）一六六頁。
＊15　戸祭（一九七九）一四五～一四六頁。
＊16　飯塚（二〇一〇）一一二頁。
＊17　飯塚（二〇一五）一二六～一二七頁。
＊18　芳井（二〇〇〇）。二六〇～二六二頁。
＊19　稲吉（二〇一四）二六九頁。
＊20　木村（二〇一八）三四頁。
＊21　蘭（二〇一八）一八六～一八九頁。

＊22　山本（二〇一六）一二一～一二五頁。
＊23　『舞鶴市史　通史編下』三八三頁。
＊24　『引揚げと援護三十年の歩み』八四頁。
＊25　『舞鶴地方引揚援護局史』五四一頁。
＊26　飯塚（二〇一五）一二九頁。
＊27　飯塚（二〇一五）一二二頁。
＊28　『舞鶴市史　通史編下』七三四～七三七頁。飯塚（二〇一五）一三三頁。
＊29　山神（二〇一〇）三四五頁。
＊30　筒井（二〇一〇）三八三頁。

第14章

東京——人と物を集める

東京港は、大規模な埋立によってできあがった港である。東京に限らず、沿岸部の埋立地は工業用地として使用されることが一般的であるが、景気が低迷して新規工場の建設が進まないと広大な空き地が残される。そうした場合、既存施設の移転や国際イベントの開催によって埋立地に人を集めようとすることが多い。本章では、広大な埋立地に人や物を集めようとする取り組みについて概観する。

掘割から埋立地へ

新橋から「ゆりかもめ」に乗ってお台場に向かうと、レインボーブリッジの両側に広大なコンテナターミナルが一望できる。東京港は日本最大の港湾のひとつで、二〇二〇（令和二）年の数字でみても、貿易額とコンテナ取扱量では全国で第一位、取扱貨物量では第七位を誇る。[*1] これらの貨物は、主として芝浦・品川・大井の沿岸部、またその対岸の青海(あおみ)や中央防波堤両側などの埋立地に整備された

ミナトリエ（東京臨海部広報展示室）からみた現在の東京港〔筆者撮影〕

コンテナターミナルで取り扱われている。東京港を出入りするのは貨物だけではなく、竹芝・日の出の両埠頭や青海の客船ターミナルを利用して、多くの人が伊豆・小笠原諸島やクルージングなどに出かける。

だが多くの東京都民にとって、それは日常的な光景ではないだろう。東京には日本最大級の港がありながら、そこに住む人々の生活からは港がみえない。その理由としては、以下の二つが考えられよう。

ひとつは、近代化のプロセスのなかで東京という都市の重心が次第に内陸へと移っていったことである。江戸の町が整備された一六世紀末から二〇世紀初頭に至るまでは、文化・経済の中心は日本橋や神田などの河川や運河沿いの地域にあった。だが二〇世紀半ば以降は新宿や渋谷などへ移り、さらに住宅地も内陸部に伸びる鉄道網の沿線に拡がっていく。[*2]

もうひとつの理由は、沿岸部の埋立によって、港が沖合へと移動していったことである。江戸の湊は、都市内部の水路網に沿って倉庫（蔵）を整備し、都市全体に港湾機能をもたせるものであった。しかし都市内部の水路に大型船は入れないので、船舶の大型化が進んだ明治期以降、東京の港は埋立地に繋船設備や倉庫などを備えた繋船埠頭へと転換した。東京市は一八八〇年代末から隅田川河口部および東京湾を浚渫し、その浚渫土砂を利用して月島・日の出・芝浦などの埋立地を造成した。人々の生活が沿岸から離れるのと同時に、港そのものも沖合へ移動したことによって、東京港は人々の生活のすぐそばにあるものから「わざわざ訪れる」場所へとなったのである。

港の沖合への移動は、やむを得ないことでもあった。東京湾は遠浅であるために、そもそも大型船は湾深くまで進入できない。浅いところでは二メートルほどしか水深がなかったといわれる。五〇〇トン級船舶の入港には三・八メートル、二〇〇〇トン級船舶の入港には六・六メートルの水深が必要であったが、[*3] 大型船をたとえば築地まで入港させようと思えば、多摩川河口部からおよそ一〇キロメートルにわたって航路を浚渫しなければならない。そのための工事設計案は何度も作成されたが、いずれも過大な工費が原因で実現されなかった。[*4]

昭和前期の芝浦埠頭〔絵葉書〕

東京築港が着手されるきっかけとなったのは、一九二三（大正一二）年九月に起きた関東大震災である。震災によって鉄道をはじめとする陸上の交通機能がすべて麻痺したため、東京への救援物資は船で運び込むしかなく、日の出・芝浦の埋立地が輸送基地として活用された。これにより、東京築港の必要性が改めて認識された。先述したとおり、隅田川河口部の浚渫工事は一八八〇年代末から実施されており、一九二〇年代には五〇〇トン級の船舶がこれらの埋立地周辺まで入港可能になっていたのだが、港湾施設はもちろん十分でなく、沖合には救援船が混み合ったという。[5] 震災は、東京港の重要性を政府内外の人々に改めて認識させたのである。

そこで東京築港を実現しようと試みたのは、後藤新平であった。震災の翌日に発足した第二次山本権兵衛内閣の内務大臣に就任した後藤は、築港も計画に含む東京の復興計画を立案した。しかし、この復興計画は実現の過程で大幅に縮小された。東京築港は長年の懸案として広く知られており、そのことがかえって「震災のドサクサ紛れに行はんとする」という批判を招いたのである。[6] 一方、関東大震災では、横浜港の被害も大きかった。帝都復興計画から東京の新規築港案は削除され、東京の外港としての横浜港の復旧が優先された。震災から二カ月後の一一月から、全額国庫支出による横浜港復旧工事が着手される。

そのため東京市は、復興計画とは別に二〇〇〇トン級船舶に対応するための繋船施設を築造することにした。現在の日の出埠頭である。一九二五（大正一四）年末に竣工し、翌年二月から運用が開始された。さらに一九三二（昭和七）年には六〇〇〇トン級船舶が接岸可能な芝浦岸壁が完成し、一九三四（昭和九）年には竹芝桟橋が完成する。こうして、日の出から芝浦にかけての一帯が東京港として活用されていくようになる。[7]

横浜の工業港化と京浜運河

関東大震災は、東京の外港である横浜港のあり方も大きく変えた。震災以前の横浜港は、一言でいえば「生糸の港」であった。当時の日本の最大の輸出品である生糸の積み出しは、実質的に横浜港が独占している状態にあった。そのため横浜港で取り扱う貨物も生糸に偏重しており、たとえば震災直前の一九二二（大正一一）年時点では、横浜港の総輸出額およそ九億円のうち六億七〇〇〇万円が生糸の輸出によるものであったという。[*8] ところが、震災によって横浜港が壊滅的な被害を受けたことによって、神戸港からの生糸積み出しも増えていく。[*9]

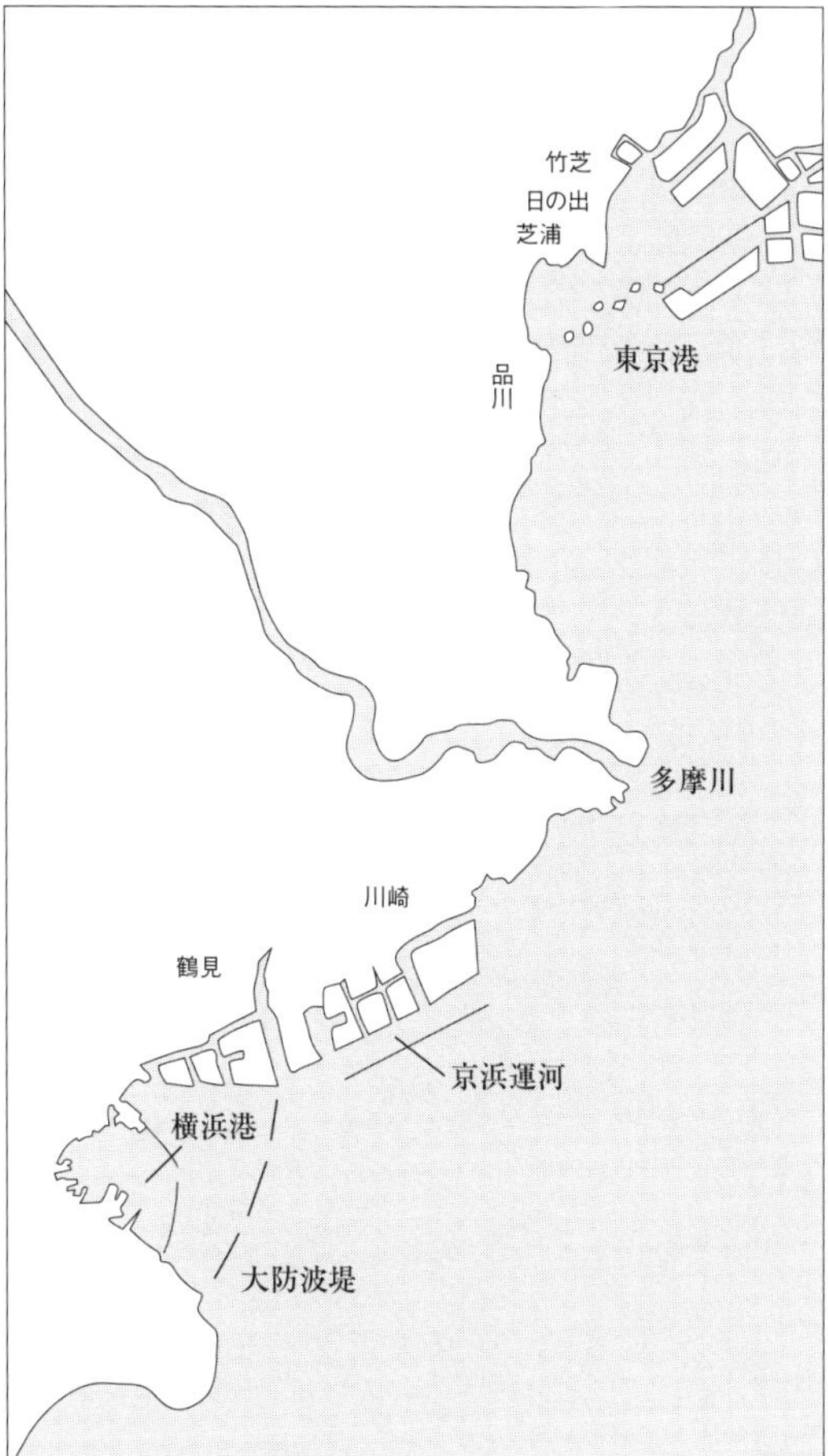

東京港・京浜運河・横浜港の位置

横浜の貿易商に追い打ちをかけたのは、一九二九（昭和四）年に始まった世界恐慌である。生糸の主な輸出先であった米国市場では安価な人造絹糸（レーヨン）が生糸にとって代わるようになり、生糸の輸出が落ち込んだ。その結果、一九三一（昭和六）年の横浜港の総輸出額は、一九二九（昭和四）年の半分近くにまで激減する。[*10]

もちろん、横浜の貿易商もこれらの事態に手をこまねいていたわけではない。世界恐慌に先立つ一九二七（昭和二）年には、すでに横浜市が「大防波堤築成」「工業地帯の建設」「市域拡張」を三大事業と位置づけ、横浜港の拡張を進めていた。[*11]

大防波堤築成とは、従来の防波堤の外側に新たに防波堤を築造し、船舶の碇泊水域を拡大することを目指したものである。この大防波堤の内側（従来の横浜港の北側に位置する鶴見・神奈川地区）に埋立地を造成し、その埋立地に工場を誘致することで、生糸輸出への偏重を是正し、工業港としての発展を目指す構想である。この当時、鶴見町は横浜市域外であった。一九二七（昭和二）年四月に横浜市は第三次市域拡張を行い、鶴見町などの周辺地域を横浜市に編入した。

横浜市による工業港建設は、政府の経済政策と共鳴することで成功した。浜口雄幸内閣の金解禁によって日本は金本位制に復帰していたが、その結果、日本経済は世界恐慌の影響を被ることになった。一九三一（昭和六）年末、犬養毅内閣は金輸出を再禁止し、金本位制から再び離脱した。当然、円の価値が下落したが、高橋是清大蔵大臣は円安状況を放任することで日本からの輸出を促し、さらに金利を引き下げて企業の設備投資を促した。浜口内閣下で施行された重要産業統制法の成果も一九三〇年代には現れ始め、日本の重化学工業は急成長する。[*12]その結果、鶴見・神奈川地区には、芝浦製作所（現在の東芝）や浅野造船所、日産自動車などの大規模工場が次々に進出した。[*13]

これらの埋立地をさらに北側に拡大すれば、「京浜運河」となる。東京ではなく横浜を貿易の中心とすることへの有力な批判のひとつは、横浜から東京までの輸送費が高いことにあった。東京湾は浅いために小型の艀やダルマ船で輸送せざるを得ず、効率が悪い。浅瀬の多い多摩川河口・羽田沖では海難事故も多発した。しかも風雨が激しいときには、輸送を中断しなければならない。その結果として、たとえば金物一トンあたりの京浜間の輸送費は八円になったという。同じ金物一トンのサンフランシスコ－横浜間の輸送費が一〇円であったことと比較すると、そのコストの高さが実感できよう。[*14]

埋立地を造成して工業用地とする場合、埋立地と防波堤のあいだには、平穏な水路ができる。この水路を横浜から東京までの沿岸部につなげれば、京浜間の輸送費の引き下げが期待できるし、運河に沿って連なる重化学工業地帯で利用される原料を横浜港で輸入し、また製品を横浜港から輸出することにも合理性がうまれる。こうした見通しのもとに、一九三〇年代以降、横浜市は京浜運河の整備に乗り出していく。

湾岸開発と万博・オリンピック

もっとも、京浜運河事業にいち早く着手していたのは、横浜市ではなく、財界人――浅野総一郎であった。セメント事業を中核に、磐城（いわき）炭鉱や東洋汽船、浅野造船所など多角的に事業を展開した浅野は、工場建設地として鶴見・川崎の沿岸部に着目した。すでに一九〇八（明治四一）年から、沿岸部を埋め立てて工場用地として売却する埋立事業を開始している。関東大震災に際してもこれらの埋立地では地盤沈下なども起きず、しかも市街地から離れていて火災も免れたために、その有用性が確認された。その結果、一九二五（大正一四）年頃には、浅野の埋め立て事業は最盛期を迎える。ところが、昭和恐慌の影響を受けて、一九三〇（昭和五）年末頃から一時的に埋立地の売却は進まなくなった。*[15]

そこで広大な埋立地の利用促進策として考えられたのが、万国博覧会（万博）の開催であった。万博の歴史は一八五一年のロンドン万国博覧会から始まる。それは、各国が先進技術を披露する場であると同時に、開催国がもつ植民地の展示などによって国家の領土的な拡大を視覚化する場所でもあった。*[16]日本でも万博を開催しようとする構想は早くからあったが、諸事情により実現できずにいたところ、一九二〇年代になると経済の刺激策としての万博開催を求める声が財界人を中心に高まる。その会場予定地として挙げられたのが、浅野が開発した鶴見沿岸の埋立地であった。*[17]

同じく広大な埋立地の利用策を模索していたのが、東京市である。先述したとおり、東京市は一八八〇年代から隅田川河口部の埋立を進めており、一九三〇（昭和五）年には月島四号地（現在の晴海）が完成した。一九三三（昭和八）年には、これらの埋立工事にとどまらず、東京市はついに本格的な築港工事に着手する。芝浦から月島、さらに現在の豊洲にかけての埋立地を中心に六〇〇〇トン級船舶に対応する繋船施設を整備し、荷役能力を年間七五〇万トンに拡大することを目的とした計画である。

問題は、築港によって造成される広大な埋立地の利用法であった。東京市は、この広大な市有地の活用策として、新たな市庁舎を埋立地（現在の晴海トリトンスクエアの一部）に建設する計画を立てた。だが、埋立地は既存の市街地から遠く離れているだけでなく、連絡手段がなく不便であったため、市庁舎の移転には強い反対運動が起こった。東京市は築地と月島のあいだに勝鬨橋（かちどき）をかけ、バス路線を開設したが、市庁舎の移転を断念せざるを得なかった。[*18] そこで、市庁舎の建設用地を万博会場として転用しようとするプランが浮上する。一九三五（昭和一〇）年二月に公表された万博の計画案

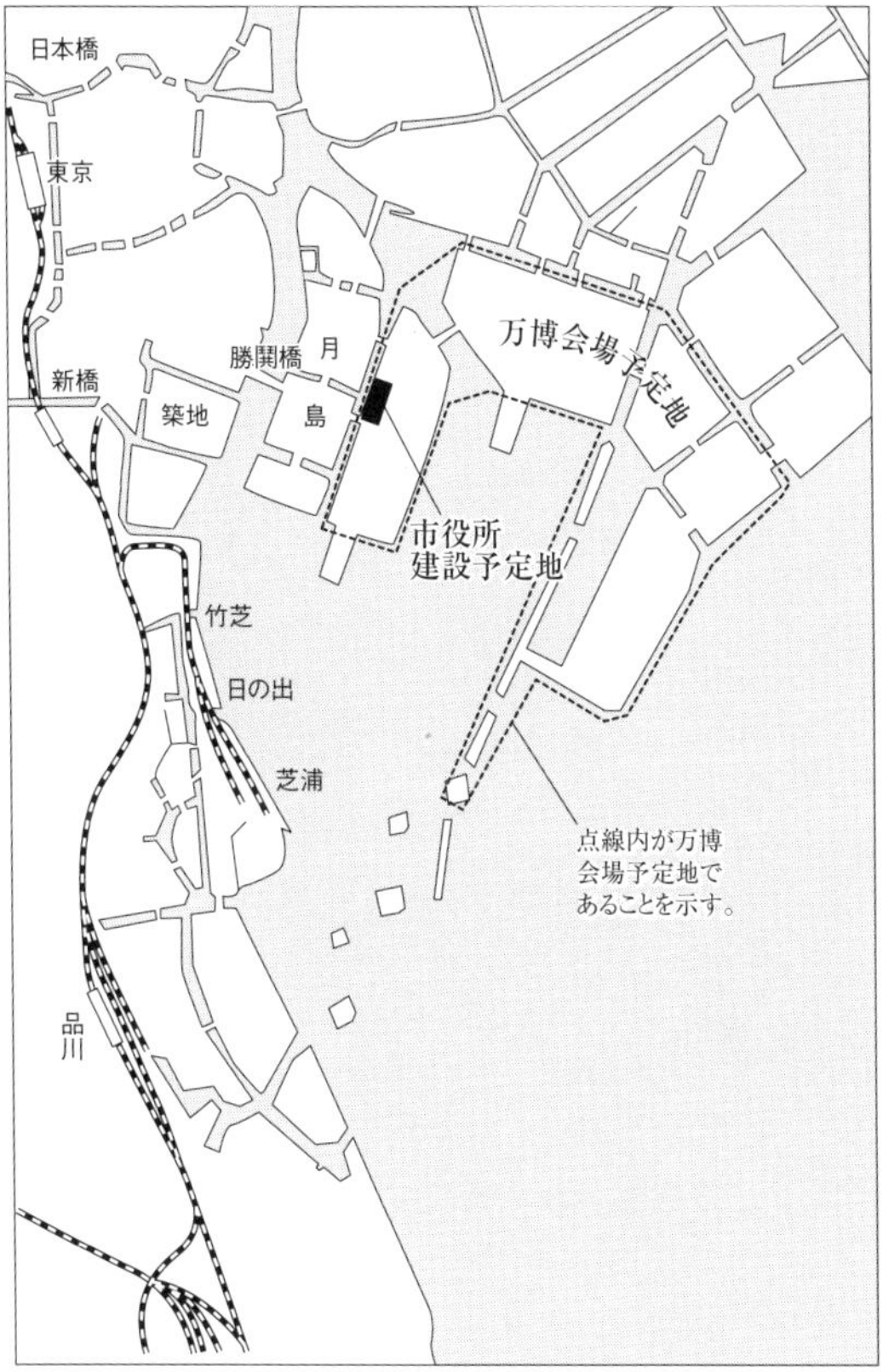

1930 年頃の東京港

は、会期を一九四〇（昭和一六）年三～八月とし、第一会場を月島（現在の晴海・豊洲）、第二会場を横浜の新しい埋立地（現在の山下公園）とする案であった。

これと並行して東京市が検討していたのが、オリンピックの誘致である。近代オリンピックは、一八九六年の第一回アテネ大会から四年ごとに開催されており、一九四〇年の第一二回大会を東京市は誘致しようと試みた。その目的は、関東大震災からの復興を内外にアピールすること、また外国人観光客の来日による経済効果への期待にあった。オリンピックの東京開催が決定した直後には、『三億円の金が落ちる、何をして儲けるか』[*19]と題する小冊子が刊行されていることからも、その経済効果への期待の高さがうかがえる。最終的にはオリンピックの会場は神宮外苑に決まったが、東京市はオリンピックの会場も湾岸の埋立地を想定していたのである[*20]。

これらの大規模イベント準備の背景には、関東大震災からの復興を経て、東京という都市が拡大を続けていたことが指摘できる。現在の東京は、帝都復興計画によってその骨格が形作られている。火災で焼失した地域には区画整理が施され、昭和通り・靖国（やすくに）通りなどの大きな道路が作られた。隅田川には装飾を施した鉄橋が架けられ、日本橋にあった魚河岸は築地に移転し、中央卸売市場となった（周知のとおり、同市場は二〇一八年に豊洲へ移転した）。

こうして都心部が整備される一方で、市街地・郊外が拡大した。現在の江東区や墨田区などにあたる地域（城東地域）には明治期から繊維産業などの工場が多く、大正期には常磐（じょうばん）線や東武伊勢崎線沿線を中心に機械工場・化学工場が増加した[*21]。一方で、震災の被害の大きかった下町から、中央線沿線など東京西部の郊外へ移り住んだ人々も多かった。一九三二（昭和七）年と一九三七（昭和一二）年の二度にわたって周辺町村が合併されたことで、東京市は現在の二三区とほぼ同じ領域となる。拡大した東京市は、「大東京」と呼ばれた。

このように、震災後の東京はその領域を内陸に拡大する一方で、築港に付随してうまれた広大な埋立地を持て余していたのである。それらを活用するための方策として、一九三〇年頃から埋立地が大規模イベントの場として位置づけられ始めたといえよう。

国際観光政策の展開と日中戦争

万博・オリンピック開催に向けた盛り上がりの背景としては、一九三〇年代には日本政府が、国際観光政策を国策として位置づけている点も指摘できる。世界恐慌の影響により日本の輸出産業が伸び悩むなかで、日本政府は、外国人観光客の誘致を有力な外貨獲得の手段として認識する。一九三〇（昭和五）年四月には、鉄道省の外局として国際観光局が設置された。鉄道省の外局として設置されたことからも明らかなように、政府による国際観光政策は、シベリア鉄道を経由した欧亜国際連絡運輸が、ひとつの大きなきっかけとなっている。

国際連絡運輸とは、国家間をまたがる鉄道の連絡切符を利用した旅客・貨物の輸送を指す。[*22] この切符を手にすれば、たとえば東京から敦賀 - ウラジオストクや神戸 - 大連、あるいは下関 - 釜山を経由して、ドイツのベルリンまで鉄道で旅行することも可能になった。本格的に運用されるのは一九二五（大正一四）年に日本とソ連の国交が回復した後のことであった。鉄道官僚と財界人の思惑が結びつくことで、一九三〇年代には日光・上高地・雲仙など全国各地に国際リゾート地が設定され、横浜・

神戸・下関・長崎などの港を出発点に、各リゾート地をめぐる「国際観光ルート」も考案された。一九三一（昭和六）年には国立公園法が制定され、景勝地の環境を保全する仕組みが導入された。各リゾート地には、日本式の旅館ではなく、外国人観光客が満足できるような洋式のホテルが建設された。上高地帝国ホテルや雲仙観光ホテルなど、クラシック・ホテルとして現在も知られるホテルのいくつかは、この時期に外国人観光客誘致のために建設されたものである。[*23]

外国人観光客誘致政策は、高橋財政による円安の後押しもあって一定の成果を出した。一九三六（昭和一一）年には観光収入は一億円を突破し、外貨獲得高の第四位を占めたという。[*24] 先述したとおり、この頃には日本の重化学工業全体も急成長を遂げており、一九三〇年代半ばは戦前期の日本経済の一つのピークであった。

しかし、一九三七（昭和一二）年七月に勃発した日中戦争は、万博・オリンピックと国際観光政策に修正をせまることになる。もっとも、当初は戦争が早期に終結すると思われていたこともあって、万博・オリンピック会場の建設工事が中断される程度の影響であった。国際観光政策にいたっては、大陸に日本の支配地域が拡大すると、それらの地域も観光ルートに組み込んだ。[*25] 一九三七（昭和一二）年末に南京を陥落させ、翌一九三八（昭和一三）年一月に近衛文麿首相が「国民政府を対手とせず」声明を発した後は、万博・オリンピックの会場建設も再開された。

万博の延期・オリンピックの返上が具体化するのは、蔣介石政権が重慶に首都を移し、戦争の早期終結が見通せなくなった一九三八（昭和一三）年の夏頃のことである。戦争の遂行には鉄鉱石や石油の輸入が不可欠であるが、そのための外貨準備に不足をきたし始めた。外貨が不足すれば工業製品の製造に必要な原料を輸入できず、それゆえに輸出が減少してますます外貨が不足するという状態に陥った。鋼材は軍需に優先的にまわされたために会場建設が不可能になり、同年七月には万博の延期とオリンピックの返上が、閣議決定された。*26

統制経済と東京の開港

こうして、日本は本格的に統制経済のもとに入っていく。もっとも、統制経済の導入そのものは既定路線であった。自由経済は恐慌と格差をもたらし、それは相次ぐテロやクーデタ未遂事件の主たる要因となっていたからである。恐慌を克服し、格差を是正しようと試みる政治家・軍人・官僚・知識人が、限りある資源を効率的に運用しようとする統制経済に傾倒するのは当然であったといえよう。

政党勢力が後退した後の一九三〇年代に統制経済を主導した官僚を、一般に「新官僚」「革新官僚」「新々官僚」などと呼ぶ。一九二七（昭和二）年に設置された内閣資源局や、一九三五（昭和一〇）年に設置された内閣調査局などが、その牙城であった。一九三七（昭和一二）年四月には、資源局と調査局が合併して企画庁となり、同年一〇月には企画院となった。分権的な日本の政治体制を総合する官庁としての期待を受けて設立されたものである。一九三八（昭和一三）年四月には国家総動員法が公布された。

日中戦争の長期化と、それに伴う外貨不足を受けて、統制経済は本格化し、政府は国民に消費節約や勤労促進を徹底させようと試みた。ところが、すでに述べたように一九三〇年代半ばまでの日本は空前の好景気のなかにあったため、一九三九（昭和一四）年の段階になっても緊縮ムードは盛り上がらなかった。オリンピックの返上や万博の延期決定には、戦争の長期化に向けた国民の緊縮ムードを盛りあげる狙いもあったといわれるが、[*27] 目立った効果は上げられなかったようである。

そのため、むしろ国民の戦時意識を高めるためのイベントが開催されることになった。万博・オリンピックが開催される予定だった一九四〇（昭和一五）年は、一年を通して、紀元二六〇〇年奉祝イベントで彩られることになる。同年が、初代天皇（神武天皇）が即位したとされる年から二六〇〇年目にあたることから、政府が国民を動員する材料として利用し、全国で様々なイベントが行われた。[*28]

しかし、国民の緊縮は、戦争継続のための根本的な解決策とはならない。外貨不足は、他の方法で解決されなければならない。製品輸出や観光収入を増やすことができなければ、円を基軸通貨とする経済ブロック（日満支ブロックと呼ばれる）のなかで貿易を完結するほかない。ヨーロッパでの第二次世界大戦の勃発は、この円ブロックの拡大を後押しした。

一九四〇（昭和一五）年四月以降、西ヨーロッパで同盟国ドイツがフランス・オランダなどを占領すると、日本は宗主国のいなくなった仏領インドシナ（現在のベトナム・カンボジア・ラオスなどにあたる地域）や蘭領東インド（現在のインドネシア・マレーシアなどにあたる地域）へと進駐した。蔣介石政権への米英からの支援ルートを断ち、またこれらの地域の資源を獲得することが狙いであった。日満支ブロックは南方へ拡大し、大東亜共栄圏と呼ばれるようになる。これによって、日米関係は悪化した。

円ブロックの拡大と日米関係の悪化は、東京築港・東京開港を後押しした。そもそも横浜港は対北米貿易の割合が高く、第二次世界大戦の勃発により横浜港の地位は低下した。対照的に、東京の城東地域には軍需産業でもある重化学工業が集中しており、東京港の貨物取扱量は一九三〇年代後半には急拡大した。こうした状況で、東京市は一九三六（昭和一一）年には京浜運河工事（多摩川以北）を開始し、一九三九（昭和一四）年には拡大築港計画を立案した。さらに、中央政府に対して東京の開港（貿易港化）を働きかけた。経済の統制が進められるなかで、横浜港を経由することの非合理性は、中央政府内部でもコンセンサスを得つつあった。一九四〇（昭和一五）年末には、内務省・大蔵省も東京開港を了承する。*29

東京の外港としての横浜港の地位を守りたい横浜市は反対運動を展開したが、もはや大勢は変えられなかった。そのため東京開港の断固反対から、東京開港を認める代わりに中央政府からどれだけ便宜を引き出すか、という条件闘争へと戦略を変更する。具体的には、関東大震災からの復興のために横浜市が発行していたドル建ての公債を政府が肩代わりすること、また東京港の海外貿易を全面的に認めるのではなく満洲国・中華民国・関東州との貿易に限定する、という条件が認められた。一九四一（昭和一六）年五月には、横浜・東京両港を統合した京浜港が誕生し、その一部として東京港の開港（貿易港化）が実現した。*30

その後も東京という都市は湾岸への拡大をとめることはなく、人々の生活はますます港から遠ざかっていく。

第二次世界大戦後の米軍による接収を経て、一九六〇年代末には日本で最初のコンテナターミナルである品川埠頭・大井埠頭が建設された。コンテナとは、形や大きさが多様な貨物を安全に輸送・保管するための箱のことである。大きさが規格化されているために、船舶に隙間なく積み込むことができるうえに、船舶から鉄道、トレーラーなどへの積み替えも容易である。すでに一九二〇年代の米国では鉄道輸送に用いられていたが[*31]、一九五〇年代には米国の企業家マルコム・マクレーンによって海上と陸上の一貫輸送に用いられるようになった[*32]。

コンテナによる一貫輸送の開始によって、船で運ばれる貨物が埠頭でそのまま鉄道やトレーラーに積み込まれ、内陸へ運ばれるようになる。その結果、それまでは東京湾岸の埋立地にあった工場や荷役労働者の住宅や学校などの生活空間はなくなり、コンテナのみが整然と並べられる広大な空間が広がることになった[*33]。その他の埠頭でも事情は似ており、晴海埠頭の一部には都営住宅が建てられたものの、豊洲埠頭は石炭やガスなどの専用埠頭となってエネルギー基地としての役割を担うようになる[*34]。

一九六〇年には建築家の丹下健三が、東京湾上に住宅地も含んだ海上都市を形成する構想を示しているが[*35]、実際には、晴海の一部を除いて、湾岸の埋立地が人々の生活の場となることはなかった。こうして港が人々の生活の一部であった「港町の時代」は、ひとつの区切りを迎えることになる。

註

＊1 「港湾関係情報・データ」。
＊2 陣内（二〇二〇）九二～九三頁。
＊3 鈴木（一九二三）一三九頁。
＊4 『東京港史 第一巻 通史編各論』三三～三六頁。
＊5 『東京港史 第一巻 通史編各論』五六頁。
＊6 五百旗頭（二〇一六）六六頁。
＊7 渡邊大志（二〇一七）五七頁。
＊8 香川（二〇一一）二九一頁。
＊9 『横浜市史 第五巻下』一七八～一七九頁。

＊10　高村（二〇〇六）四二頁。
＊11　高村（二〇〇六）二七頁。
＊12　中村（一九九三）一二三頁。
＊13　高村（二〇〇六）四八頁。
＊14　吉﨑（二〇一六）三〇五頁。
＊15　『東京湾埋立物語』一二一～一四三頁。
＊16　吉見（二〇一〇）第五章。
＊17　古川（二〇二〇）七九頁。
＊18　『東京市庁舎建築設計懸賞競技入賞図集』一～二頁。『月島発展史』一二一頁。
＊19　読書新聞社（一九三六）。
＊20　橋本（二〇一四）一六八～一七二頁。
＊21　遠藤（二〇〇七）五九七頁。
＊22　砂本（二〇〇八）四一頁。
＊23　砂本（二〇〇八）第三章。
＊24　高（二〇〇二）一四一頁。
＊25　高（二〇〇二）一四四～一四七頁。
＊26　古川（二〇二〇）一三九～一四二頁。
＊27　古川（二〇二〇）一四二頁。
＊28　古川（二〇二〇）一一～一二頁。
＊29　香川（二〇一一）二九九～三〇〇頁。
＊30　吉﨑（二〇一六）三〇六頁。
＊31　レビンソン（二〇一九）五七頁。
＊32　レビンソン（二〇一九）七三～八七頁。
＊33　渡邊大志（二〇一七）一五八頁。
＊34　陣内（二〇二〇）一五〇～一五一頁。
＊35　鈴木（二〇一二）三七五頁。

第15章

湘南——郊外を開発する

湘南に「港町」のイメージをもっている人は、それほど多くないかもしれない。一般的には、海水浴やサーフィンなどの海浜リゾート地としてのイメージをもたれているだろう。その湘南の一角にある江の島には、日本初、そして最大規模の公共マリーナ湘南港がある。本章では、湘南港を題材に、都市化の進展に伴って、レジャーを目的とする近郊開発が進展していく様を描く。

レジャーの誕生

二〇二一（令和三）年夏、神奈川県・江の島に位置する湘南港（江の島ヨットハーバー）では、二度目の東京オリンピックのセーリング競技が開催された。セーリングとは風の力を利用して移動する速さを競う競技であり、広義にはウィンドサーフィンなども含まれるが、一般には小型の帆船（ヨット）によるレースを意味することが多い。オリンピックでも、一九九六年のアトランタ大会までの競

2度目の東京オリンピック開催時の江の島〔筆者撮影〕

技名はヨットであった。日本では、幕末期に来日した外国人が横浜や神戸などにヨットクラブを設立することで本格的に始まった。[*1] こうしたレジャー用のヨットやモーターボートなどの碇泊・保管、遊覧船の発着など、海洋性レクリエーションという目的に特化した港湾のことをマリーナという。[*2] 湘南港は、日本で最初期に建設されたマリーナのひとつである。もっとも、ヨットは一般庶民が気軽に始められるスポーツではなく、普及するまでにはかなりの時間を要した。湘南港も、一九六〇（昭和三五）年の一度目の東京オリンピックを契機として建設されたものである。

　レジャー（余暇）とは、労働の必要がない貴族や地主などの有閑階級の娯楽とは区別され、普段は労働に追われる中間層や労働者が休暇を過ごすことを意味する。レジャーの普及と発展は近代以降の社会の特徴のひとつであり、その先駆者である英国の中間層や工場労働者のレジャーは、海水浴の登場をまって開始されたという。[*3] すなわち、一八四一年にロンドンからドーバー海峡に面した都市ブライトンまでの鉄道が開通したことによって日帰りの行楽が可能となり、週末になると中間層や労働者が都市から海岸へと大挙して移動するようになった。当時は海水浴には病気をいやす効果があると考えられており、工業化によって生活環境の悪化した都市から海岸へと行くことで、健康を回復しようと考えたのである。

人々が集まるようになると、海水浴の目的も病気療養から娯楽へと変質していく。ブライトンでは、ビーチから突き出た栈橋が娯楽施設として利用された。入場料二ペンスの栈橋上には、遊戯施設や土産物屋、軽食をとれるパヴィリオンなどが設置された。一八七五年には、年間で六〇万人がこの栈橋を利用したという。[*4]

日本の海水浴も、ほぼ同じ歴史をたどっている。日本における海水浴は、一八七〇年代に、横浜居留の外国人が江の島の対岸にある片瀬海岸で海水浴を行ったのが嚆矢とされる。[*5] これも療養が主たる目的であって、この当時の海水浴とは遊泳ではなく体に波を浴びることを目的とするものであった。[*6] 江の島からほど近い鎌倉の由比ガ浜には、一八八七（明治二〇）年に、海水浴場を併設したサナトリウム（海浜院）が設置されていることも、当初は海水浴が療養目的であったことを示していよう。

その後、鉄道が普及するにつれて、日本でも海水浴が娯楽として広まっていく。一八八七（明治二〇）年に東海道線の藤沢駅が開業し、さらに一九〇二（明治三五）年九月には、藤沢から片瀬までの江之島電気鉄道（現在の江ノ島電鉄）が開通したことで、東京から日帰りでの海水浴が可能になった。[*7] 神奈川県内でいえば、横浜居留地の南に位置する富岡にも、居留外国人に好まれる海水浴場があった。だが、富岡は鉄道からのアクセスが悪い。[*8] 鉄道院が、周遊券の発売や遊覧臨時列車の運行などを通じて、積極的に江の島への海水浴客の誘致をしたこともあって、日露戦後には江の島周辺が日本を代表する海水浴場のひとつとして成長していく。[*9]

別荘族と海水浴客

江の島周辺の海浜リゾート地としての人気には、こうした割安感とは裏腹な、別荘地としての高級イメージも手伝っていた。横須賀線・東海道線によって東京との行き来が容易だったこともあって、一八八〇年代以降、相模湾沿岸には政官財界のエリートの別荘が立ち並んだ。[*10] 大磯の伊藤博文別邸（滄浪閣）、小田原の山県有朋別邸（古希庵）、葉山の桂太郎別邸（長雲閣）などは、よく知られている。葉山港には「日本ヨット発祥の地」と彫られた石碑が建てられているが、日本人によるヨット競技は、別荘所有者の子息たちが葉山沖で帆走したのがその始まりだといわれる。[*11]

その高級イメージの最たるものは、葉山の御用邸であろう。御用邸とは天皇・皇族の別荘を指す。葉山御用邸は、一八九四（明治二七）年に英照皇太后の避寒療養のためにつくられたが、頻繁に利用したのは大正天皇であった。大正天皇は皇太子時代からしばしば葉山に滞在し、[*12] 崩御したのも葉山御用邸であった。海と海洋生物を好んだ昭和天皇も、葉山によく滞在した。[*13] 天皇と政府要人が別荘を構えたことで、相模湾沿岸はしばしば国政の舞台となった。とりわけ大磯に別荘を構える伊藤博文と、葉山に別荘を構える桂太郎とのあいだで、空間秩序をめぐる世代間競争があったことが近年では指摘されている。[*14]

もっとも、遠く離れた東京から海水浴に訪れる一般の人々には、空間秩序をめぐる駆け引きまでは窺い知ることはできなかっただろう。人々は皇族やエリートが集まる相模湾沿岸を高級別荘地として漠然と捉え、海水浴客を誘致したい鉄道院はこのイメージを積極的に利用した。近代史家の小風秀雅

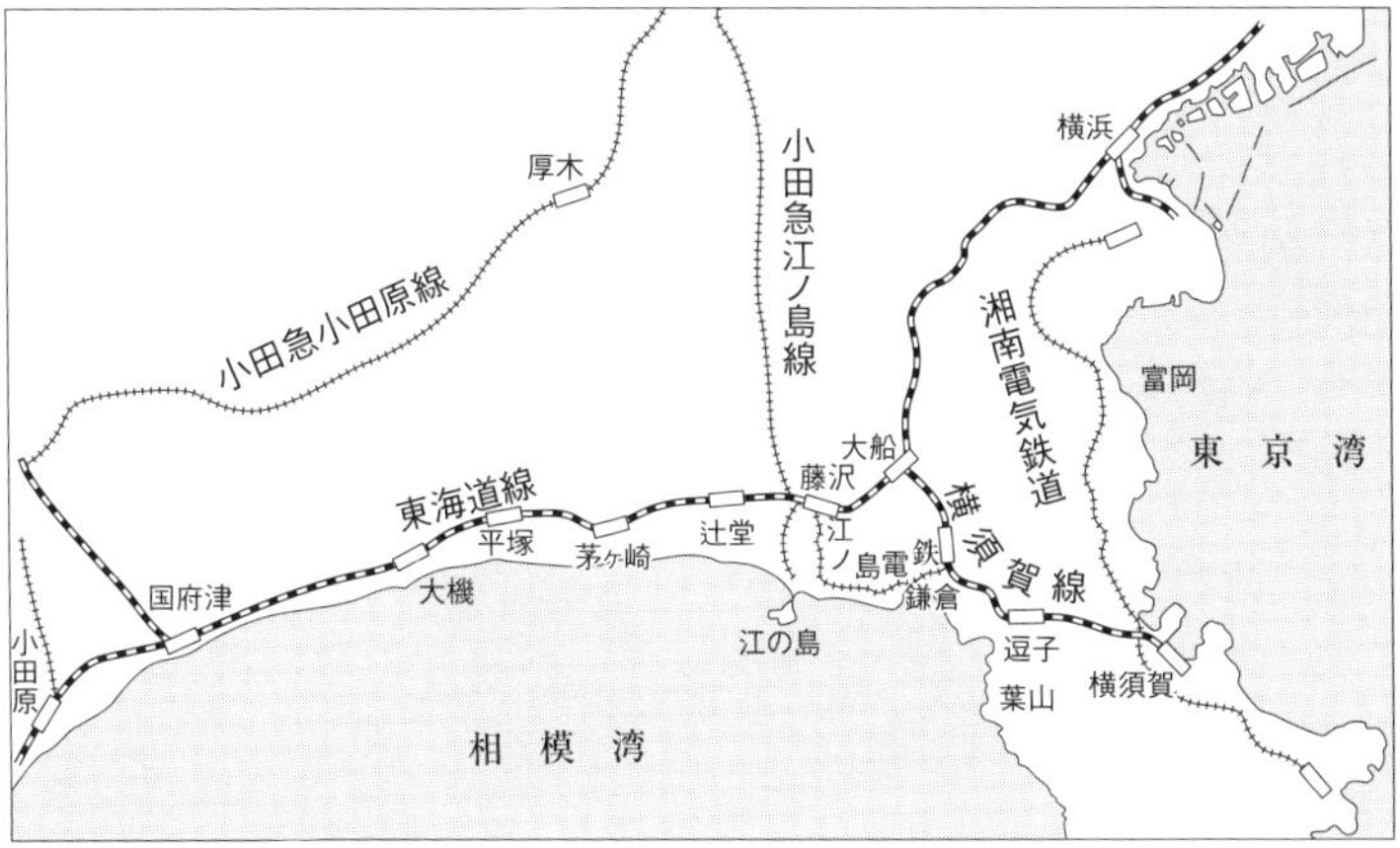

1930年頃の江の島周辺図

によれば、メディアで「湘南」という呼称が初めて使用されたのは、一九〇三（明治三六）年八月に鉄道作業局が東京朝日新聞に掲載した広告であり、その範囲は鉄道（横須賀線・東海道線）の通る横須賀から国府津であったという。[*15] それぞれ異なる成り立ちをもつ各集落に対して強引に一体化したイメージを付与するのは、鉄道と新聞という新しいメディアだからこそなせる業だった。なぜなら、鉄道・新聞のいずれも地元民あるいは別荘族のような準地元民を相手にするのではなく、遠く離れた都市に住む余所者を相手にしていたからである。

鉄道を利用して都市から押し寄せる海水浴客に、別荘族は総じて冷淡であった。別荘族の子弟も多く通う学習院は、一八九一（明治二四）年から片瀬東浜に水泳練習場を設置していたが、こうした大衆化を嫌って一九一二（明治四五）年には水泳練習場を静岡県の沼津に移転している。[*16] 湘南に押し寄せる都市住民と、別荘を保有するエリート層との断絶を示すエピソードである。都市住民にとって、海浜リゾート地はあくまで消費の対象である。「湘南」という呼称が示す地理的範囲がしばしば論争の的となるのは、そのことを暗に示しているのだろう。

神奈川県による開発

一九三〇年代には、消費の対象としての湘南開発がさらに推し進められていく。その主体は神奈川県であった。

二〇世紀に入ると、膨張を続ける都市に一定の秩序を与えようとする動きが日本でも顕在化し、一九一九（大正八）年には都市計画法が施行された。都市計画法の対象は、当初は六大都市（東京・横浜・名古屋・京都・大阪・神戸）のみであったが、一九三〇年代には中小都市へとその対象が拡大された。すなわち、都市の膨張に歯止めをかけるために、その周囲に緑地帯（グリーンベルト）を、さらにその外側に工業・田園・市街地などの目的別の衛星都市を配置し、やはり緑地帯で囲まれたそれらの都市を道路でつなぐ多核的な広域計画（地方計画）が、政府の内外で構想されるようになったのである。[*17] その際、計画の主導権も中央政府から府県へと移っていく。[*18]

神奈川県による湘南開発は、そのモデル事業としての意味合いをもっていた。[*19] 一九二九（昭和四）年七月に神奈川県知事に着任した山県治郎は、都市計画局長をつとめた経験をもつ内務官僚である。一九三〇（昭和五）年七月、山県は湘南地方の開発計画を発表しているが、その内容は湘南地域を「大東京の風景地」として位置づけるものであった。[*20]

そのために山県は、道路と公園の整備を重視した。開発計画の目玉は、片瀬から辻堂・茅ヶ崎・平塚・大磯にかけてのおよそ一七キロメートルにわたる海岸沿いに、緑地帯を兼ね備えた海岸道路を建設する事業であった。これに加えて水道整備・土地整理事業を行うことで、移住者を呼び込もうとしたのである。[*21]

海岸道路事業の障害となったのは、神奈川県会と海軍である。総工費一二〇万円と見込まれた事業に対しては、とくに都市部（横浜）選出の県会議員から、昭和恐慌の最中では不急の事業だとの反対の声が上がった。山県は、工事には都市部の失業者救済の効果もあることを強調し、県会での理解を得た。[*22]

海軍は辻堂に演習場をもっており、海水浴の季節を除いて海岸で巡洋艦・砲艦などによる実弾演習などを恒常的に実施していた。[*23]そのため横須賀鎮守府は、海軍用地を道路事業に提供することを拒否する。これに対して山県は、迂回路を建設するのではなく、海軍用地と海岸線のあいだに道路を建設するルートを提示するなど強硬姿勢をみせた。[*24]しかし最終的には、神奈川県は迂回路の建設を余儀なくされた。ともあれ海岸道路は、一九三六（昭和一一）年には、相模川にかかる湘南大橋の完成をもって全通した。

開発計画のもうひとつの柱であった公園事業は、海岸道路の全通に先立つ一九三五（昭和一〇）年から開始された。片瀬から相模川にいたる海岸道路に沿うかたちで都市計画公園（湘南海岸公園）を整備し、ゴルフ場やプール、乗馬場などの各種スポーツ施設や、海水浴場などを配置する計画であった。[*25]

これを後押ししたのは、同年に東京での開催が決定した第一二回オリンピックである。この時期には外貨獲得のための外国人観光客の誘致が目指されており（第14章参照）、オリンピックの誘致はその気運をさらに高めた。しかし、日中戦争の勃発に伴う資材不足を主たる要因としてオリンピックは返上となり、湘南海岸公園計画も中断されることとなる。

湘南海岸の軍隊

こうして整備された湘南海岸も、第二次世界大戦中は荒廃した。海岸には砂防林として松林が造成されていたが、可燃性が高い松は、とくに戦争末期には燃料不足を補うために盗伐された。砂防林のなくなった海岸道路には砂が堆積し、使用できない状態になったという。[*26]

また、首都東京に近い同海岸は、米軍が主要上陸地点として想定した地点でもあった。一九四四（昭和一九）年七月、絶対国防圏の要であったサイパンが陥落したことにより、米軍による日本本土の爆撃が始まる。本土への空襲と並行して、米軍は本土（東京）進攻作戦も具体化させるが、そのなかでも湘南海岸は、東京・横浜への進軍が地形上容易であり、また国内の主要輸送ルートである東海道を寸断できるなどの条件がそろっていたために、米軍は主要上陸地点として想定したのであった。[*27]

日本軍も、湘南海岸を首都防衛の重要地点と捉えていた。一九四五（昭和二〇）年に入ると大本営も本土決戦を唱えるようになり、九十九里浜と相模湾が米軍の上陸を阻止するのに重要な地点だと考えられるようになった。茅ヶ崎には陸軍部隊が配備され、砂丘の下に機関銃の掩蔽壕（えんぺいごう）が掘られたが、[*28]これも海岸を荒廃させる要因となった。

戦争終結後も、事態はそれほど変わらなかった。辻堂の旧海軍用地を中心として藤沢・茅ヶ崎両市にまたがる湘南海岸に、米軍の演習場（チガサキ＝ビーチ）が設けられたからである。一九五〇（昭和二五）年に勃発した朝鮮戦争の最中も、チガサキ＝ビーチでは繰り返し上陸演習が行われた。

軍隊の駐留と実弾演習の実施は、地元住民との軋轢（あつれき）をうんだ。最も大きな被害を受けたのは、漁業である。演習場周辺の片瀬・鵠沼（くげぬま）・辻堂などの漁業は地引網・縄網漁が主体で、実弾演習時には操業を停止せざるを得なかった。茅ヶ崎の沖合にある姥島（うばしま）（烏帽子岩（えぼしいわ））は実弾演習の標的にされたために、その周囲の岩礁で養殖していた貝類は繁殖せず、また繁茂していた海藻類は根づかなくなった。漁業民たちは地方議会・国会を通じて、漁業補償を求め続けた。[*29]

市民生活も脅かされた。実弾演習では漁船や漁網が破壊されることもあり、爆弾・火薬処理の際には、爆風や振動などで周辺の民家や学校などの公共施設の窓ガラスが割れるなどの被害にあうことも多かった。家宅侵入や暴行など、米兵による不法行為も後を絶たなかった。[*30]

一九五二（昭和二七）年四月にサンフランシスコ平和条約が発効し、日本の主権が回復した後も、現在に至るまで米軍は日本各地に駐留を続けているが、湘南海岸は早期に返還された。一九五六（昭和三一）年にはキャンプ＝チガサキの接収が解除され、一九五九（昭和三四）年には辻堂演習場も日本側に返還された。

戦後の江の島開発

軍隊の駐留という問題がありつつも、早くも戦争終結の数年後には海浜リゾート地として湘南を開発しようとする動きが再開した。戦後の湘南開発の特徴は、神奈川県のみならず、藤沢市と民間企業

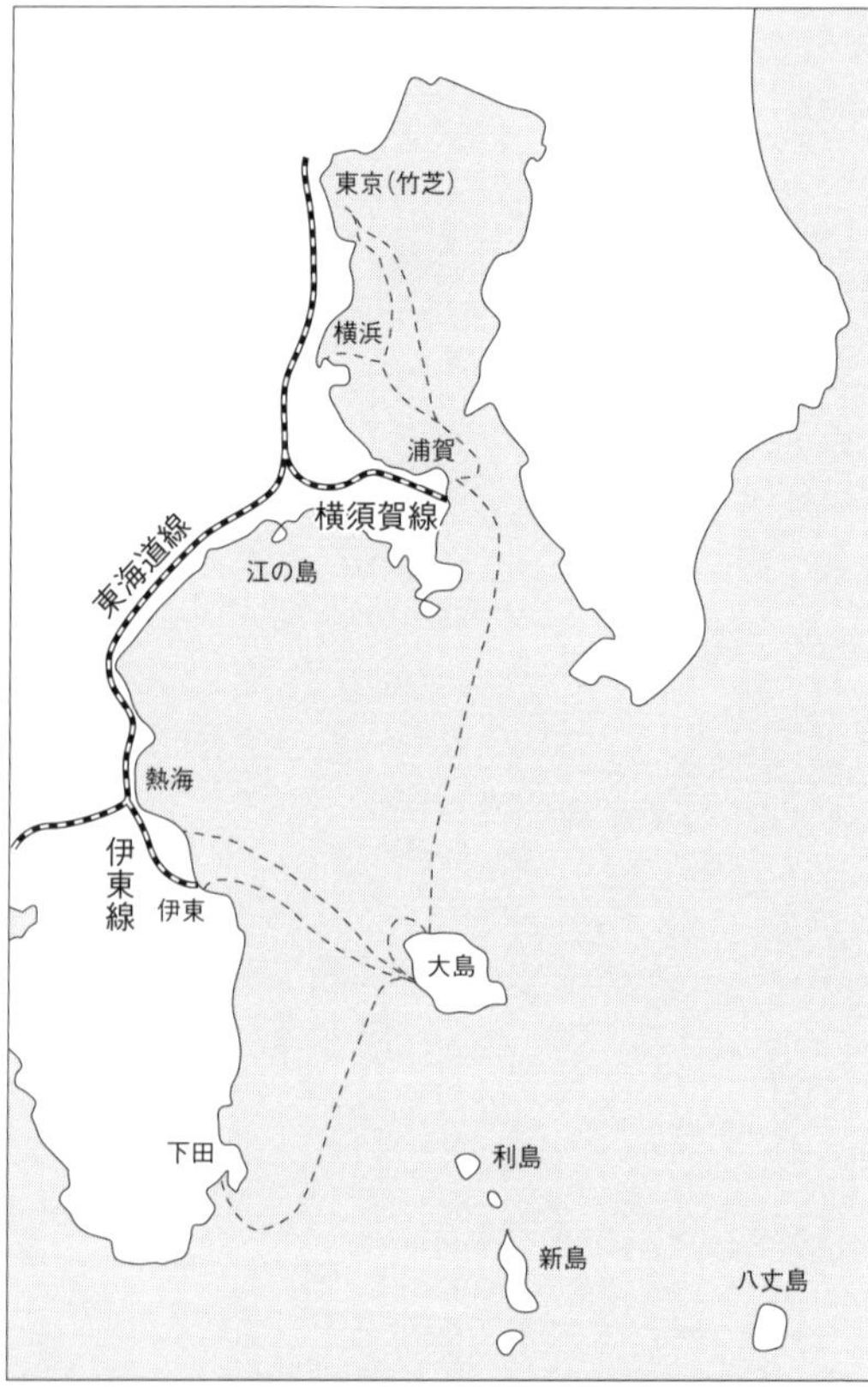

1950年代における東京湾と相模湾をつなぐ旅客航路〔『江の島地区開発調査報告書』59頁をもとに筆者作成〕

が混然となって開発を進めたことである。

まず、藤沢市による観光開発についてみてみよう。戦前から神奈川県と協調して湘南海岸の観光開発を進めていた藤沢市は、一九四七（昭和二二）年に片瀬町を編入し、片瀬西浜と鵠沼を一体化して開発する構想を打ち出した。その一環として、明治期に英国人が江の島のなかに造園した植物園を買収して藤沢市立江の島植物園として開園し、さらに片瀬海岸に駐車場も整備した。

企業経営者として江の島開発を推進したのは、五島慶太である。東急を中心とする一大企業グループを率いていた五島は、一九四九（昭和二四）年に江之島電気鉄道の取締役に就任すると、観光事業

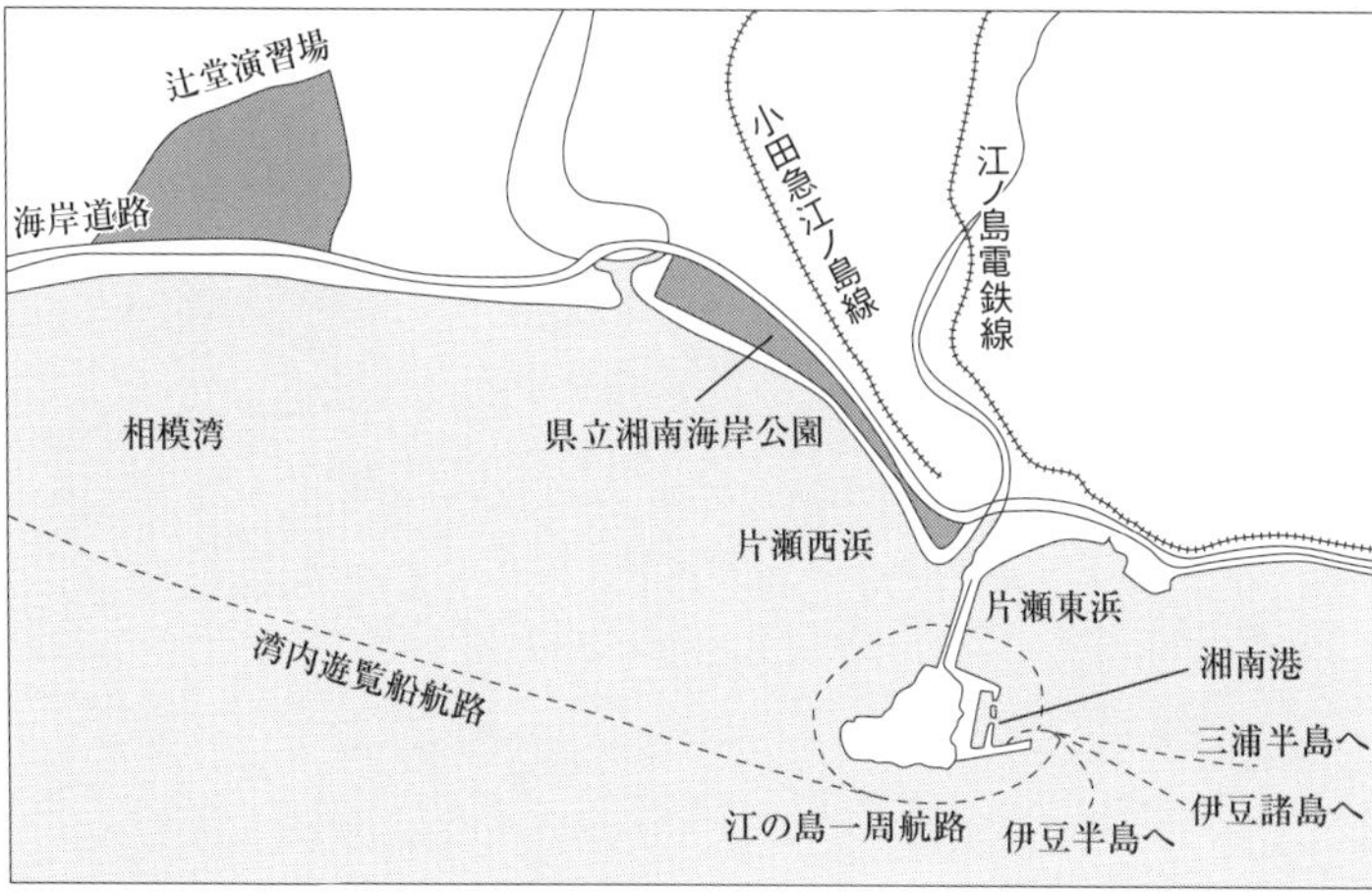

江の島開発構想〔『江ノ島海岸観光診断報告書』付図をもとに筆者作成〕

を同社経営の柱に位置づけ、社名も「江ノ島鎌倉観光株式会社」へと変更する（一九八一年に江ノ島電鉄に改称。以下、江ノ電に統一する）。そして、江の島島内の土地・建物の買収・借入を進め、レクリエーション施設と展望塔の建設に着手した。一九五一（昭和二六）年には、江の島植物園の経営を藤沢市から受託し、展望塔と一体化して運営する江ノ島園を開園する。[*31]

これらの開発を後追いするかたちで、一九五四（昭和二九）年には、中断されていた湘南海岸公園計画が再開される。一九五一（昭和二六）年から神奈川県は県総合開発計画を検討していたが、一九五四（昭和二九）年に完成した計画では、藤沢・平塚などの各都市を衛星都市として整備するとともに、観光地帯として整備することが掲げられた。[*32]

一九三〇年代と異なるのは、神奈川県が単独で公園事業を実施したのではなく、藤沢市・民間企業と共同で推し進めたことである。すでに述べたように、藤沢市は、片瀬西浜・鵠沼の公園としての開発を計画しており、これを神奈川県営とすることで建設省・厚生省からの許可を得た。また神奈川県は、駐車場・更衣休憩所・海水プールなどを特許事業として、その経営を民間企業に委ねることにした。江ノ電はもちろんのこと、東急や小田急などの鉄道会社がこれに応じ、県は公園整備費用を抑えることができた。[*33]

工事は一九五六（昭和三一）年に完成し、県立湘南海岸公園として開放された。一九三〇年代に立案された計画に比べれば小規模であったものの、計画立案から二〇年を経てようやく海岸公園が完成したのである。

そして、まさにこの年に芥川賞を受賞し映画化もされたのが、石原慎太郎の『太陽の季節』であった。同作で描かれた有閑階級の不良少年の風俗は、当時の若者に大きな影響を与え、湘南の知名度を全国的に高めた。もっとも、多くの若者は小説・映画のように自動車やヨットを乗り回すことはできなかったので、物語の舞台となった葉山ではなく、鉄道の便のよい江の島から平塚周辺に集まることになったという。それまで江の島周辺は家族連れで訪れるファミリーレジャーの地としての性格が強かったが、これ以後若者の集まる場所という新たな性格が加わった。[*34]

築港と東京オリンピック

このように観光地として順調な発展を遂げてきた江の島とその周辺であったが、その最大の弱点は冬季の集客問題であった。江の島周辺を訪れる観光客のほとんどは夏季の海水浴客であり、それ以外の時期には観光客は少なかった。[*35] 観光客の時期的な偏重を是正するために神奈川県は、一九五九（昭和三四）年、江の島に観光港（湘南港）をつくり、東京と伊豆大島をつなぐ航路を同港に誘致する計画を立案した。

伊豆大島の観光開発は、湘南など他の地域と同様に一九三〇年代の観光ブームの頃から進められている。その中心となったのは、東京湾汽船会社（一九四二年に東海汽船に改称。以下、東海汽船に統一する）である。東海汽船は、もともとは東京湾内の各港をつなぐ貨物航路を経営の柱としていたが、一九二〇年代末の金融恐慌による経営危機を経て、伊豆大島・下田などの観光開発へとその路線を転換した。東京の竹芝桟橋を中心に定期航路を就航するほか、下田・伊豆大島・新島などに観光ホテルを建設し、また読売新聞とのタイアップでキャンペーンを展開した結果、一九三三（昭和八）年頃から同社の経営は持ち直したという。第二次世界大戦後には同社は藤田興業（現在の藤田観光）の傘下に入り、一九五三（昭和二八）年には江の島の観光開発を進めていた五島慶太を会長に迎えることで、同社の観光開発路線は強化された。[*36] この年は離島振興法が施行された年でもあり、伊豆諸島をはじめとする離島への交通機関の整備が促進されつつあった。神奈川県は、これらの航路を江の島に誘致することで、一年を通じて安定的に観光客を獲得しようと試みたのである。

江の島に観光港をつくることには、もうひとつのメリットがあった。江の島の対岸に位置する片瀬東浜は、外洋からの波によって海岸が浸食されるという問題があったのである。江の島の東側には岩礁地帯が広がっており、その上に防波堤を築造すれば、片瀬東浜を外洋からの波から守ることができる。この防波堤は、湘南港に三〇〇〇トン級船舶を安全に碇泊させるためのものにもなる。神奈川県にとって、湘南築港は「一石二鳥」の方策であった。[*37]

1度目の東京オリンピック開催時の江の島ヨットハーバー〔絵葉書〕

さらに湘南築港の追い風になったのは、第一八回オリンピックである。東京都は一九五二（昭和二七）年から誘致活動を始めており、一九五九（昭和三四）年五月の国際オリンピック委員会（IOC）総会で、東京での開催が決定した。当初、東京オリンピックのヨット競技は横浜で開催される予定であり、横浜市は富岡にヨットハーバーを建設する計画を立てていた。葉山では別荘族を中心にヨットが盛んであったが、外国人の多い横浜のヨット愛好家のほうが帆走技術は高く、またヨットの修理などを扱う関連業者は横浜にしかなかった。[*38] 横浜がヨット競技の候補地となるのは必然であったといえよう。ところが富岡には米軍基地があり、その返還交渉が進展しなかったため、神奈川県は代替地を探さざるを得なくなった。湘南港がその候補として注目を集めるようになる。

湘南築港に向けての懸念材料は、地元の観光業者の抵抗であった。これまでみてきたように、一九四〇年代後半以降、江の島周辺の開発を主導してきたのは地元の観光業者ではなく県外の大企業である。無秩序な大規模開発への警戒感が、地元の観光業者のあいだには広がっていた。一九六〇（昭和三五）年一月には、藤沢市長による住民説明会も開かれたが、[*39]十分な納得は得られなかったようである。同年四月には、築港にあたって必要な江の島の名勝史跡指定の解除に反対する旨の要望書を、江の島観光協会が文化財保護委員会に提出するなど抵抗姿勢をみせている。[*40]国の文化財保護指定は解除されたものの、県の文化財保護指定を行うことで神奈川県は地元業者にも一定の配慮をみせた。

一九六一（昭和三六）年五月に着工された築港工事そのものは、順調に進展した。一九六四（昭和三九）年八月に完成し、一〇月には予定どおりオリンピックのヨット競技が開催された。谷口吉郎・山田水城（みずき）の設計によるクラブハウスは、東京オリンピックのために建てられた名建築のひとつに数えられている。[*41]

海路から空路へ

湘南築港の当初の目的は、観光港としての整備であった。東京オリンピックの閉幕後には、湘南港を基点とする定期航路も就航する。一九六四（昭和三九）年一二月には小田急電鉄が傘下の日本高速船株式会社による江の島（湘南）－熱海－伊東航路を、翌年一月には東海汽船が江の島（湘南）－大島航路をそれぞれ開設した。江の島（湘南港）は、東京からの最終目的地としてばかりでなく、伊豆半島や伊豆諸島への中継地点としての役割も担うようになったのである。

こうした定期航路の拡充もひとつの要因となって、一九六〇年代後半には「離島ブーム」が起こ

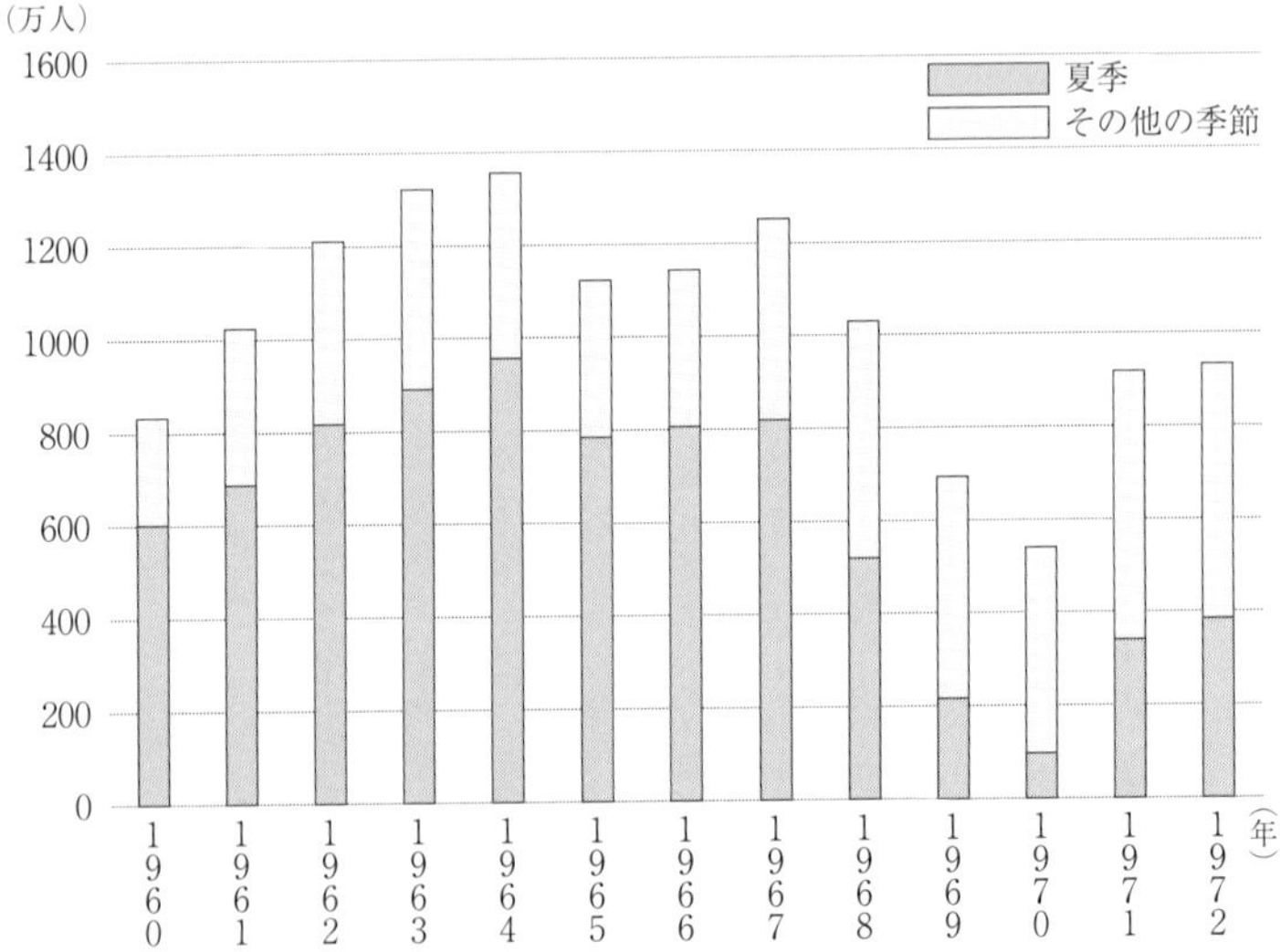

図 15-1　藤沢市の観光客推移

出典：『藤沢市統計書　第二回・第三回』をもとに筆者作成。

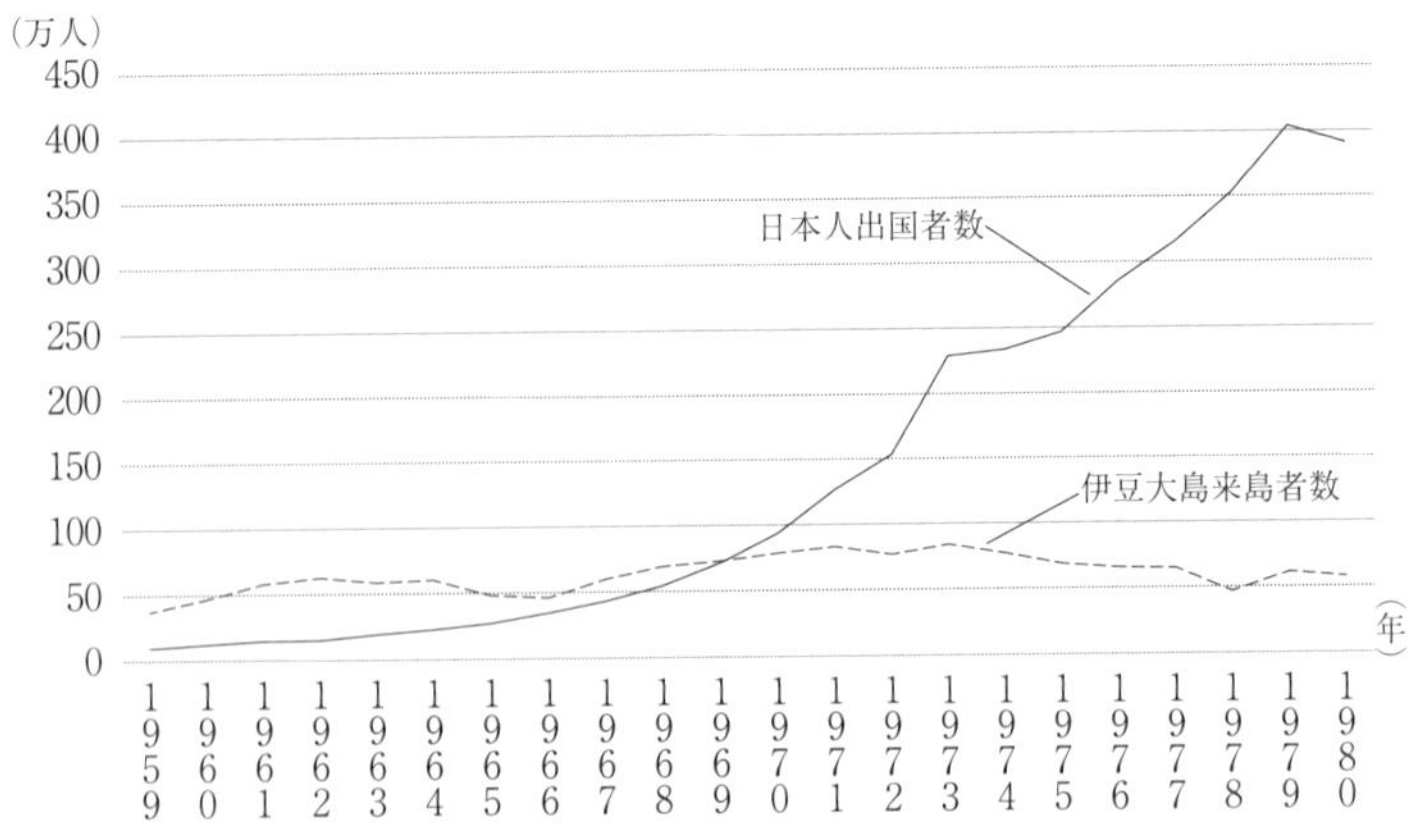

図 15-2　日本人出国者数と伊豆大島来島者数の推移

出典：『東京都大島町史通史編』『出入国管理等計』をもとに筆者作成。

り、伊豆大島を中心とする伊豆諸島への観光が盛んとなる。その背景には、高度経済成長により人々の所得が増えたこと、また一九六六（昭和四一）年度には敬老の日や体育の日など祝日が新たに設定されて旅行需要が増加したことなどが指摘されている。[*42] 伊豆諸島では旅行者の急増に既存の宿泊施設では間に合わず、旅行客が宿泊するための民宿も増加するなど、産業構造にも変化が生じている。[*43]

旅行需要の拡大も手伝って、神奈川県が問題視していた観光客の夏季偏重も是正された。図15－1に示すように、一九六〇年代の前半までは、藤沢市を訪れる観光客のおよそ七割が夏季に訪れる観光客であったが、一九六九（昭和四四）年以降は夏季の観光客は三割程度に減っている。[*44] 神奈川県の狙いは、ひとまず成功したようにみえる。

しかし、表をよくみれば、一九六〇年代前半をピークとして、藤沢市を訪れる観光客全体が減少していることがみてとれるだろう。その要因は、湘南地域における海水浴客が飽和状態にあったことにあった。すでに一九五〇年代後半には、江の島に向かう鉄道輸送は限界に達しており、江ノ島駅の降車人数は朝の六時半から九時までの二時間半のあいだに五万七〇〇〇人に達したという。帰りの乗客も午後二時ごろから江ノ島駅の改札に長蛇の列をつくるほどであった。鉄道輸送の不足を補うために投入されたバス輸送も、すぐに乗車制限を行う必要に迫られた。多くの人が集まった当然の結果として海水汚染も進み、一九六九（昭和四四）年には厚生省が湘南方面の海水浴場は遊泳に適さないと発表した。過度の混雑と海水汚染が原因となって、一九六〇年代には観光地としての江の島の人気には陰りが生じ始めていたのである。[*45]

一九七〇年代には、図15－2に示すように伊豆大島へ向かう観光客数も横ばいになった。その大きな要因は、宿泊施設数に限りがある伊豆大島において、観光客数が飽和状態になったことであろう。伊豆大島における観光客の適正規模は六〇万人程度といわれる[*46]。

ただし、この時期には航空機の大型化によって航空運賃が下落し、海外旅行が身近になったことも無視できない。一九六四（昭和三九）年から日本人の海外への観光旅行は解禁されていたが、日本人の出国者数が激増するのは一九七〇年代以降である。一九七三（昭和四八）年には米国のアメリカン・プレジデント・ラインズ社が太平洋定期航路を廃止したことに示されるように、これらの人々は海路ではなく空路で移動した。日本人のレジャーは、電車に乗って海水浴へ行くものから観光船に乗って離島に行くものへ、そして航空機に乗って海外旅行に行くものへと変化したといえよう。

こうして、人々は航空機を利用して移動する時代となる。東海汽船は一九七四（昭和四九）年に江の島－大島間の定期航路を休止しているが、それは人々が港町を経由して移動する時代から、空港を経由して移動する時代へと移り変わったことを象徴しているように思われるのである。

註

＊1　佐藤（二〇〇九）二〇～二一頁。
＊2　小林（一九九九）八頁。
＊3　川島（一九八二）一九二～二〇九頁。
＊4　橋爪（二〇一一）一一〇頁。
＊5　大矢（二〇〇五a）二八頁。
＊6　大矢（二〇一八）一三一頁。
＊7　大矢（二〇〇五b）七〇～七七頁。
＊8　小堀（二〇一八）九七～九八頁。
＊9　大矢（二〇〇五a）四〇頁。
＊10　島本（二〇〇五）四九頁。
＊11　佐藤（二〇〇九）二四頁。

＊12　澤村（二〇一四）一一六～一二六頁。
＊13　澤村（二〇一四）一〇三～一〇五、二二四～二二五、三一二頁。
＊14　佐藤（二〇二〇）一六五～一七〇頁。
＊15　小風（二〇〇五）一〇〇頁。
＊16　小風（二〇〇五）一〇八頁。
＊17　石田（一九九八）二〇四～二一〇頁。
＊18　梅田（二〇〇二）一三五～一三八頁。
＊19　小風（一九九九）三八頁。
＊20　平野（一九九五）八二頁。
＊21　平野（一九九五）九四～九六頁。
＊22　平野（一九九五）八七～八九頁。
＊23　『藤沢市史　第六巻（通史編）』五七〇頁。
＊24　平野（一九九五）九一～九二頁。
＊25　『神奈川県都市政策史料　第一集・第二集』九八～九九頁。
＊26　小風（一九九九）四六頁。
＊27　大西・栗田・小風（一九九五）一〇四～一一一頁。
＊28　大西・栗田・小風（一九九五）七四～八四頁。
＊29　『茅ヶ崎市史　現代2（茅ヶ崎のアメリカ軍）』二七四～二九二頁。
＊30　栗田（二〇〇〇）七五～七七頁。
＊31　『江ノ電の一〇〇年』一四四～一四九頁。
＊32　小風（一九九九）四七頁。
＊33　『神奈川県都市政策史料　第五集』一〇三～一〇五頁。
＊34　大矢（二〇〇九）二二九～二三〇頁。
＊35　『江の島地区開発調査報告書』一八頁。
＊36　『東海汽船一三〇年のあゆみ』七八～九八、一五五頁。
＊37　「湘南観光港建設計画に関する文書（その一）」「江の島港建設計画に関する調査（その二）」。
＊38　佐藤（二〇〇〇）二五頁。
＊39　「湘南観光港建設計画に関する文書（その一）」『湘南毎日新聞』昭和三五年一月八日。
＊40　「湘南観光港建設計画に関する文書（その一）」『読売新聞』昭和三五年四月一七日。
＊41　磯・宮沢（二〇一九）二六四～二六九頁。
＊42　『東海汽船一三〇年のあゆみ』一八九～二〇一頁。
＊43　落合・小沢・里・佐藤・鈴木（一九八二）三三頁。
＊44　『藤沢市統計書　第二回』三一六～三一七頁。『藤沢市統計書　第三回』二八四～二八五頁。
＊45　本宮（二〇〇五）一八四～一九五頁。
＊46　『東京都大島町史　通史編』八〇八頁。

終章　「港町の時代」の終わり

港町をめぐる状況の変質

一九四五（昭和二〇）年八月、連合国軍最高司令官ダグラス・マッカーサーが厚木飛行場に降り立った。その九二年前のペリー来航と同様に、日本の新時代の始まりを象徴する場面である。だが、彼らの登場の仕方は大きく異なる。ペリーが蒸気船で浦賀の沖合に現れたのに対して、マッカーサーは飛行機で内陸の厚木に着陸した。港町の時代の終わりを予感させる場面ではあるが、しかしこの時点ではまだ終わっていない。厚木に降り立ったマッカーサーが最初に向かったのは横浜で、彼は東京に移るまでのあいだ、横浜港を見下ろすホテル・ニューグランドに滞在した。飛行機を利用して移動できる人はまだ限られており、戦前・戦時中は海外に住んでいた多くの日本人は、敗戦後は船を使って日本に引き揚げてきた。日本からブラジルへの移民は一九五二（昭和二七）年に再開されたが、彼らも神戸や横浜から船に乗って旅立っている。

事態が大きく変わるのは、一九六〇年代である。プロペラ機からジェット機への移行が進んだことで、空の旅は所要時間が短縮され、信頼性が高くなり、また運賃も安くなった。一九五八年にパンアメリカン航空により大西洋を横断するジェット定期便が開始されて以降、海を渡る交通手段は船から飛行機へと転換していった。一九六五年にはパンアメリカン航空とボーイング社のあいだで三五〇人の旅客を輸送可能な新型ジェット機の開発が合意され、一九七〇年にはジャンボジェット機として知られるボーイング747機がニューヨーク－ロンドン線に就航した。[*1]

その三年後の一九七三（昭和四八）年には、太平洋を横断する定期汽船航路が終了した。この年の二月に横浜港を出港した南米移住者二八五名が、海路でブラジルに渡った最後の集団移住者となる。[*2] そもそも高度経済成長に伴って日本の労働市場は拡大し、一九六〇年代には日本から海外への移住希望者も急減していた。海外への移民に代わるように増加したのは、海外へ向かう観光客である。その手段もやはり飛行機であった。反対運動によって着工は遅れたものの、一九六六（昭和四一）年には新空港（成田空港）の建設が閣議決定されている。人々は空港を通じて移動する時代へと変わりつつあった。

一九六〇年代には、港そのものにも大きな変化が起きた。それまではバラ積みだった貨物が、コンテナの導入により規格化されたのである。コンテナの登場は、文字どおり世界を変えた。海上輸送でもっともコストがかかるのは、海上を航走しているあいだではなく、港での積み降ろしの際である。コンテナを使わないバラ積みの場合は、船舶の寄港先とその順番、船舶の重量バランスなどを踏まえて貨物を積み降ろさなければならず、経験豊富な仲仕が必要であった。しかしコンテナによって貨物が規格化されたことでそうした経験は不要になり、積み降ろしの際のコストが劇的に低下する。その結果、多くの企業は製造拠点の立地を決める際に、消費する場所への輸送コストよりも、製造する場所の賃金水準をその基準とすることが可能になった。経済のグローバリゼーションにおいて、コンテナの果たした役割は大きい。[*3] 一九六七（昭和四二）年には米国マトソン社のコンテナ航路が日本にも就航し、これ以降、日本でもコンテナ埠頭の整備が進んでいく。[*4]

コンテナ輸送は、それまで船会社・港運会社・倉庫会社・陸運会社というように分散されていた港の輸送体系を、船会社自身が埠頭全体を運営する一貫輸送体系へと変質させる。その結果として、それまで多くの会社の倉庫や工場、そこで働く労働者のための集合住宅などが並んでいた海岸線は、ひとつの船会社がコンテナを置くだけの空白地となった。[*5] また自動車交通の拡大に伴って、全国各地の港町で都市内部の物流を担っていた運河網も次第に道路網へと転換していく。

要するに、一九六〇年代末に港町をめぐる状況は大きく変質した。それまでは、海を越えて移動する人・物・情報は、港を経由しなければならなかった。しかし二〇世紀の後半には、人と情報に関しては必ずしもそうではなくなり、従来どおり港を経由する物の移動も、その性質を大きく変えたのである。こうした状況をみれば、一九六〇年代をひとつの区切りとして、港町をめぐるこの旅をひとまず終えることに、一定の合理性はあるだろう。

港町からみた政治史

本書では、各地の港町に注目することで近代日本の政治と社会を描いてきた。ここまでの旅を振り返っておこう。

一九世紀の半ばに、日本は西洋列国を中心とする国際社会に参入した。その際、日本の為政者に求められたのは、国境を画定し、その内部の統治体制を整えることであった。その最前線となったのは、広大な蝦夷地を後方にもち、ロシアと相対する**箱館**であった。

分権的な幕藩体制から中央集権体制へと移行したことで、中央政府は、東京を中心とする新たな全国ネットワーク網の構築を考えるようになる。当初は、従来の水運ネットワークの活用を目指したが、その後は鉄道を中心とするネットワーク構想へと移行する。水運ネットワークの中核として繁栄した**石巻**は、新たな鉄道ネットワークでは中核となることはできなかった。

西洋列国を中心とする国際秩序を受け入れたことによって、日本は法律・経済などの社会制度を、西洋のスタンダードに合わせる必要が生じた。その際に生じた摩擦のひとつが、いわゆる不平等条約をめぐる諸問題である。日本で最大の居留地を抱える**横浜**は、日本政府と列国代表が争う舞台となった。

新たに構築された中央集権体制に取り込まれることが、地域社会にとって常に幸福とは限らない。豊かな資源をもち、しかも中央政府から地理的に遠い場合は、その必要性を感じないだろう。豊富な炭鉱があり、東京よりも朝鮮半島に近い**博多**湾岸の人々は、東京を中心とする中央－地方関係からは一定の距離を保ち続けた。しかしその代償はやはりあって、博多港の整備は周辺諸港に比べて遅れた。

それは、相対的に豊かでない地域にとっては、中央集権体制に取り込まれる意義があることを意味する。一般に、国家の統合のためには地域的な富の偏差は是正されることが望ましい。地域代表が集まる議会は、それを求めるための格好の舞台である。水運ネットワークから鉄道ネットワークへの転換によって繁栄を奪われた**宮津**の人々は、議会でその是正を求めた。

こうしてできあがった近代国家を支えていたのは、国家の内外を移動する人々であった。第Ⅱ部では、港町を通じて移動する人々に注目した。

その代表的な存在は、軍隊である。戦争では、将兵のみならず軍事輸送を担う軍夫・軍馬など多くの人々が移動する。大陸に近い**広島**はその一大拠点であった。軍隊の駐屯は、地域社会にとって利益をもたらす一方、負担も大きかった。

戦争の結果、日本は海外に新たな領土や勢力圏を獲得した。台湾は、日本が戦争の結果として獲得した最初の領土であり、その北端に位置する**基隆**は日本との連絡拠点となった。新たな領土の統治は容易なものではなかったが、日本国内にその難しさが共有されたわけではない。むしろ、海洋国家として発展していく機運をもたらした。

そうした機運も後押しして、日本から海外へ出ていく移民も少なくなかった。**神戸**は、その一大拠点であった。しかし、移民の送り出しはその受け入れ国とのあいだでトラブルを生じさせることが多く、しばしば外交問題に発展した。外交摩擦を避けたい日本政府は、植民地や勢力圏へと移民を誘導したが、それは必ずしもうまくいかなかった。

多くの移民が日本を出ていく一方で、いち早く近代化を成し遂げた日本には、アジア諸国からの留学生・亡命活動家が流入した。華僑ネットワークの拠点のひとつであった**長崎**は、地理的にアジアに近いこともあって、その入り口となった。しかしアジア諸国でも近代化が進展したことにより、港町のもつコスモポリタンな雰囲気は次第に失われていく。

国家間の競争は、海上にも広がり始めた。技術の発達がそれを可能にした。船舶の大型化・動力化や、漁業・保存（冷蔵・冷凍）などの技術の発達によって外洋での漁業が可能になると、各国の漁船は他国沿岸域まで操業に出向くようになる。二〇世紀の半ばには、その範囲は南極海にまで広がった。**下関**は日本で最大の遠洋漁業基地のひとつであった。

移動する人々が集まると、都市が形成・拡大される。第Ⅲ部では、拡大し続ける都市の政治空間を描いた。

人工的につくられる国家とは対照的に、多くの都市は人々が集まることで自発的に形成される。その場合、公共サーヴィスを提供するのは、公的セクターとは限らない。実業家が営利事業として提供することも多く、日本最大の経済都市であった**大阪**では、その傾向が顕著であった。

移動する人々が集まる都市は、人々がそれほど移動しない地域、とりわけ農村部と利害を一致させることが難しい。日本では、地域利害を集約する単位を府県とすることが一般的であり、都市と府県とのあいだで対立が生じることが多い。**小名浜**では、福島県全域の利害と、小名浜という都市の利害を一致させる取り組みが一貫してなされていた。

都市が府県と利害を一致させることができない場合、その都市は周辺地域から取り残されることになる。その場合、その面積に比して過剰な人口を抱える都市は、国家に依存せざるを得ない。軍隊が駐留することで周辺と切り離された**舞鶴**にとって、国家への抵抗を続けることは困難であった。

首都・**東京**は、これらの地方都市とは異なり、国家と一体化することで発展した。現在につづく都市東京の基盤は、関東大震災からの復興という国家事業の一環として整備され、臨海部開発はオリンピックや万博など国家的イベントを利用して進められた。戦時体制はこれを助長し、東京湾内では横浜港にのみ認められていた海外貿易が、東京港にも認められることになった。

その東京に、周辺地域は次第に飲み込まれていく。**湘南**は、東京に住むエリート層の別荘地、また都市住民のレジャーの地として発展した。東京に近いという地理的要因のために軍隊が駐留し、また観光地として開発された。とくに観光地開発は、湘南に経済的発展をもたらすと同時に、東京への従属をもたらしたのであった。

融解する海と陸

このようにみてみると、一九世紀半ばから二〇世紀の半ばにかけて、港町を中継地点として、多くの人々が国家の内外を移動していたことがわかるだろう。彼らは国内政治と国際政治をつなぐ重要な構成要素であったが、中央の政治過程で必ずしも重要な位置を占めたわけではなかった。一方で、港町の政治過程では、政治と経済の狭間を行き来する企業家と地方政治家（彼らのほとんどは企業家でもある）が支配的な地位にあった。中央と港町の政治過程における担い手の違いは、日本に特有の現象ではない。極端に国土の小さな国家を除けば、すべての国家が避けられない問題であろう。港町は近代国家に不可欠であるが、あくまで例外的な存在なのである。

しかし二〇世紀半ば以降、こうした港町の特異性は薄れつつある。コンテナリゼーションの進展によって海岸線が人々の生活から切り離されれば、人々の意識は海から遠ざかる。鉄道や道路など陸上の交通インフラが整備されれば、貨物の流通センターも必ずしも沿岸部に立地する必要もない。保税地域を内陸部に設定することで、より広範囲の地域から貨物を集めることが可能となる。インランドデポと呼ばれるこうした物流センターは、現在では広くみられる。

空路を使えば、人々は内陸部に直接上陸することが可能である。一九九〇年代以降、移民は日本から出ていくのではなく、海外から日本に来るようになった。内陸部で外国人労働者を見かけることは、今日では珍しくない。空港から内陸部の工場・農場などへ直接向かう彼らは、日本の海岸線をみる機会も少ないだろう。

こうした傾向の反動として、海岸線に人々を呼び戻す試みも近年では盛んである。コンテナリゼーションによって不要になった旧来の波止場・倉庫などの施設を、観光・娯楽施設として再開発した光景は、今日では世界中でみられる。しかし、そこに集まるのは人のみであり、人・物・情報が混在していた、かつての港町と同じではない。

かつては混在していた人・物・情報の移動は分離し、そして内陸部へ深く浸透している。そのことは、これまでは移動する人々とは直接触れることの少なかった内陸の人々も、港町の人々と同じ状況に置かれるようになったことを意味しているだろう。本書でみてきた港町の経験は今では港町特有のものではなく、内陸部の都市においても同様の問題に直面しているのである。

註

＊1　サンプソン（一九八六）一六二〜一九一頁。

＊2　山田（一九九八）二二七頁。

＊3　レビンソン（二〇一九）一九〜三三頁。

＊4　黒田・奥田・木俣（二〇一四）九〇〜九二頁。

＊5　渡邊（二〇一七）一五八〜一六一頁。

主要参考文献

著書・論文

新井勝紘（二〇〇四）『日本の時代史二二　自由民権と近代社会』吉川弘文館

荒川章二（二〇〇四）「地域史としての日露戦争――陸軍輸送拠点・広島から」小森陽一・成田龍一編著『日露戦争スタディーズ』紀伊国屋書店

荒川章二（二〇二一）『増補　軍隊と地域――郷土部隊と民衆意識のゆくえ』〔文庫版〕岩波書店

荒川禎三（一九六八）『磐城百年史』〔第二巻〕マルトモ書店

蘭信三（二〇一八）「満洲移民の生活世界――集団引揚げ、中国残留を中心に」日本移民学会編『日本人と海外移住――移民の歴史・現状・展望』明石書店

有泉貞夫（一九八三）『星亨』朝日新聞社

有馬学（二〇一九）「北部九州における近代地方都市の生成と〈政治〉」『都市史研究』六

有馬学（二〇二一）「高度成長とその後」有馬学・石瀧豊美・小西秀隆『福岡県の近現代』山川出版社

有山輝雄（二〇一三）『情報覇権と帝国日本Ⅰ――海底ケーブルと通信社の誕生』吉川弘文館

安在邦夫（二〇一六）「「受爵」をめぐる板垣退助の言動と華族認識」安在邦夫・真辺将之・荒船俊太郎編著『明治期の天皇と宮廷』梓出版社

飯塚一幸（一九九一）「「対外硬」派・憲政本党基盤の変容――京都府丹後地域を事例に」山本四郎編『近代日本の政党と官僚』東京創元社

飯塚一幸（二〇一〇）「日露戦後の舞鶴鎮守府と舞鶴港」坂根嘉弘編『軍港都市史研究Ⅰ　舞鶴編』清文堂出版

飯塚一幸（二〇一二）「初期議会と民党」原田敬一・飯塚一幸編『講座明治維新5　立憲制と帝国への道』有志舎

飯塚一幸（二〇一五）「軍拡・軍縮と舞鶴鎮守府――三舞鶴町の盛衰」原田敬一編『地域のなかの軍隊4　古都・商都の軍隊　近畿』吉川弘文館
飯塚一幸（二〇一六）『日本近代の歴史3　日清・日露戦争と帝国日本』吉川弘文館
五百旗頭薫（二〇一〇）『条約改正史――法権回復への展望とナショナリズム』有斐閣
五百旗頭薫（二〇一三）「条約改正外交」井上寿一編『日本の外交　第一巻戦前編』岩波書店
五百旗頭真（二〇一六）『大災害の時代――未来の国難に備えて』毎日新聞出版
石井紫郎（一九八六）『日本人の国家生活』東京大学出版会
石坂荘作（一九一七）『基隆港　改訂三版』台湾日日新聞社
石瀧豊美（二〇一〇）『玄洋社――封印された実像』海鳥社
石田頼房（一九八七）『日本近代都市計画史研究』柏書房
石塚裕道（一九九六）「横浜居留地の形成――二十世紀初めまで」横浜開港資料館・横浜居留地研究会編『横浜居留地と異文化交流――一九世紀後半の国際都市を読む』山川出版社
石原俊（二〇〇七）『近代日本と小笠原諸島――移動民の島々と帝国』平凡社
磯達雄・宮沢洋（二〇一九）『昭和モダン建築巡礼　完全版一九四五－六四』日経BP
板橋守邦（一九八七）『南氷洋捕鯨史』中央公論社
伊藤幸司（二〇一八）「港町複合体としての中世博多湾と箱崎」『九州史学』一八〇
伊藤信哉・宮脇昇（二〇〇四）「松山捕虜収容所の概要」松山大学編『マツヤマの記憶――日露戦争一〇〇年とロシア兵捕虜』成文社
伊藤之雄（一九八七）『大正デモクラシーと政党政治』山川出版社
稲田雅洋（二〇〇〇）『自由民権の文化史――新しい政治文化の誕生』筑摩書房
稲吉晃（二〇一四）『海港の政治史――明治から戦後へ』名古屋大学出版会
井上敏孝（二〇二一）『日本統治時代台湾の築港・人材育成事業』晃洋書房
井上勇一（一九九〇）『鉄道ゲージが変えた現代史――列車は国家権力を乗せて走る』中央公論社
今西一（一九九一）『近代日本成立期の民衆運動』柏書房

入江曉風（一九三三）『基隆風土記』
岩井弘融（一九六三）『病理集団の構造――親分乾分集団研究』誠信書房
岩﨑義則（二〇〇六）「ロシア船の来港と長崎稲佐の地域社会」『歴史評論』六六
上杉和央（二〇二〇）『歴史は景観から読み解ける――はじめての歴史地理学』ベレ出版
鵜飼正志（二〇〇六）「長崎稲佐のロシア海軍借用地」『歴史評論』六六
鵜飼正志（二〇一四）『明治維新の国際舞台』有志舎
宇佐美昇三（二〇〇七）『笠戸丸から見た日本――したたかに生きた船の物語』海文堂出版
宇佐美昇三（二〇一三）『蟹工船興亡史』凱風社
梅田定宏（二〇〇二）「埼玉県の都市計画と「大東京地方計画」――法適用都市の広がりとその運用の実際」大西比呂志・梅田定宏編著『「大東京」空間の政治史――一九二〇～三〇年代』日本経済評論社
遠藤毅（二〇〇七）「東京低地における工場分布の変遷と二一世紀初頭の工場跡地の利用状況」『地学雑誌』一一六－五
オールコック〔山口光朔訳〕（一九六二）『大君の都――幕末日本滞在記　上』〔文庫版〕岩波書店
大海原宏（二〇一六）「蟹工船との断片的談話」伊藤康宏・片岡千賀之・小岩信竹・中居裕『帝国日本の漁業と漁業政策』北斗書房
大江志乃夫（一九七六）『日露戦争の軍事史的研究』岩波書店
大澤博明（二〇〇一）『近代日本の東アジア政策と軍事――内閣制と軍備路線の確立』成文堂
大谷正（一九九四）『近代日本の対外宣伝』研文出版
大谷正（二〇〇六）『兵士と軍夫の日清戦争――戦場からの手紙をよむ』有志舎
大西比呂志・栗田尚弥・小風秀雅（一九九五）『相模湾上陸作戦――第二次大戦終結への道』有隣堂
大矢悠三子（二〇〇五ａ）「海水浴の発祥と発展」「湘南の誕生」研究会編『湘南の誕生』藤沢市教育委員会
大矢悠三子（二〇〇五ｂ）「江ノ電の開業」「湘南の誕生」研究会編『湘南の誕生』藤沢市教育委員会
大矢悠三子（二〇〇九）「湘南海岸をかけめぐった東京五輪――「太陽の季節」から「若大将」へ」老川慶喜編著『東京オリンピックの社会経済史』日本経済評論社
大矢悠三子（二〇一八）『江ノ電沿線の近現代史』クロスカルチャー出版

岡本哲志（二〇一〇）『港町のかたち――その形成と変容』法政大学出版局
岡本哲志＋日本の港町研究会（二〇〇八）『港町の近代――門司・小樽・横浜・函館を読む』学芸出版社
岡本隆司（二〇二〇）『「中国」の形成――現代への展望』岩波書店
大佛次郎（一九五八）『中部幾次郎』中部幾次郎翁伝記編纂刊行会
小田部雄次（二〇〇六）『華族――近代日本貴族の虚像と実像』中央公論新社
落合みどり・小沢雅人・里昭憲・佐藤美津春・鈴木啓二朗（一九八二）「新島における観光産業の発展と民宿経営」『学芸地理』三六
香川正俊（二〇一一）「関東大震災復興期から日中戦争期における横浜港の港湾行政」『熊本学園大学経済論集』一七巻一・二
鹿島茂（二〇一七）『神田神保町書肆街考――世界遺産的〝本の街〟の誕生から現在まで』筑摩書房
鹿島茂（二〇一八）『日本が生んだ偉大なる経営イノベーター　小林一三』中央公論新社
加瀬和俊（二〇〇〇）『「漁港法」の誕生――漁港法制定過程の実証的研究』全国漁港協会
片岡千賀之（二〇一三）「戦前の東シナ海・黄海における底魚漁業の発達と政策対応」『国際常民文化研究叢書2――日本列島周辺海域における水産史に関する総合的研究』神奈川大学国際常民文化研究機構
片岡千賀之・亀田和彦（二〇一三）「汽船トロール漁業の発展と経営」『長崎大学水産学部研究報告』九四
片倉佳史（二〇一六）「港湾都市・基隆を訪ねる」『交流』八九八
片山邦雄（一九九六）『近代日本海運とアジア』御茶ノ水書房
勝田政治（二〇一五）『大政事家大久保利通――近代日本の設計者』〔文庫版〕角川書店
加藤英明（一九八〇）「領事裁判の研究――日本における　一」『名古屋大学法政論集』八四
加藤祐三（一九九六）「アヘン密輸ハートリー事件――一八七七年の横浜税関の摘発、領事裁判、日英外交交渉」横浜開港資料館・横浜居留地研究会編『横浜居留地と異文化交流――一九世紀後半の国際都市を読む』山川出版社
加藤陽子（一九九六）『徴兵制と近代日本　一八六八－一九四五』吉川弘文館
門松秀樹（二〇〇九）『開拓使と幕臣――幕末・維新期の行政的連続性』慶應義塾大学出版会
神長英輔（二〇一四）『「北洋」の誕生――場と人の物語』成文社

加部鈴子（二〇二〇）『石坂荘作物語――東吾妻から基隆へ』石坂荘作顕彰会
神谷丹治（二〇一八）『近代日本漁民の朝鮮出漁――朝鮮南部の漁業根拠地 長承浦・羅老島・方魚津を中心に』新幹社
川島昭夫（一九八二）「リゾート都市とレジャー」角山榮・川北稔編著『路地裏の大英帝国――イギリス都市生活史』平凡社
川島真（二〇一五）「長崎から見る近代日中関係史」『日本史研究』六三〇
簡佑丞（二〇一六）「日本統治初期台湾における築港構想について――栃内曽次郎による打狗築港構想を中心に」『都市史研究』三
木曽順子（一九八六）「日本橋方面・釜ヶ崎スラムにおける労働＝生活過程」杉原薫・玉井金五編『大正・大阪・スラム――もうひとつの日本近代史』新評論
北岡伸一（一九八八）『後藤新平――外交とヴィジョン』中央公論社
北岡伸一（二〇一五）『門戸開放政策と日本』東京大学出版会
木村和男（二〇〇七）『北太平洋の「発見」――毛皮交易とアメリカ太平洋岸の分割』山川出版社
木村健二（一九九〇）「近代世界における移植民と国民統合」『歴史学研究』六一三
木村健二（一九九六）「戦前期「移民収容所」政策と異文化教育」『社会科学討究』四二―三
木村健二（二〇一八）「近代日本の出移民史」日本移民学会編『日本人と海外移住――移民の歴史・現状・展望』明石書店
草野馨・四條七十郎（一九五三）『白井遠平伝』白井遠平伝記刊行会
楠本利夫（二〇〇四）『移住坂――神戸海外移住史案内』セルポート
久保田文次（二〇一一）『孫文・辛亥革命と日本人』汲古書店
車田譲治（一九七五）『国父孫文と梅屋庄吉――中国に捧げたある日本人の生涯』六興出版
黒田勝彦・木俣順・奥田剛章（二〇一四）『日本の港湾政策――歴史と背景』成山堂書店
黒田公男（一九七八）「今は昔――移住基地神戸」『移住研究』一五
栗田尚弥（二〇〇〇）「茅ヶ崎とアメリカ軍（三）――演習場チガサキ・ビーチ」『茅ヶ崎市史研究』二四
桑田悦（一九九五）「作戦経過（Ⅰ）朝鮮半島からの清国軍の撃退」奥村房夫監修・桑田悦編集『近代日本戦争史 第

一編日清・日露戦争』同台経済懇話会
見城悌治（二〇一九）「長崎医学専門学校・医科大学で学んだ留学生とその特色」『千葉大学国際教養学研究』三
見城悌治・坂本秀幸（二〇二〇）「長崎医学専門学校中国留学生の赤十字隊と「辛亥革命」」『千葉大学国際教養学研究』四
高媛（二〇〇二）「「二つの近代」の痕跡――一九三〇年代における「国際観光」の展開を中心に」吉見俊哉編著『一九三〇年代のメディアと身体』青弓社
小風秀雅（一九九五）『帝国主義下の日本海運――国際競争と対外自立』山川出版社
小風秀雅（一九九九）「「幻」の湘南海岸公園計画」『茅ヶ崎市史研究』二三
小風秀雅（二〇〇五）「湘南の誕生」「湘南の誕生」研究会編『湘南の誕生』藤沢市教育委員会
越沢明（二〇一一）『後藤新平――大震災と帝都復興』筑摩書房
児玉正昭（一九九二）『日本移民史研究序説』渓水社
小林一三（一九六二）『小林一三全集　第七巻』ダイアモンド社
小林照夫（一九九九）『日本の港の歴史――その現実と課題』成山堂書店
小林道彦（二〇一五）『大正政変――国家経営構想の分裂』千倉書房
小堀聡（二〇一八）『京急沿線の近現代史』クロスカルチャー出版
嵯峨隆（二〇二一）『頭山満――アジア主義者の実像』筑摩書房
坂口満宏（二〇一五）「誰が移民を送り出したのか――環太平洋における日本人の国際移動・概観」米山裕・河原典史『日本人の国際移動と太平洋世界――日系移民の近現代史』文理閣
坂口満宏（二〇一八）「アメリカ合衆国への移民」日本移民学会編『日本人と海外移住――移民の歴史・現状・展望』明石書店
坂根嘉弘（二〇一〇）「舞鶴軍港と地域経済の変容」坂根嘉弘編『軍港都市史研究Ⅰ　舞鶴編』清文堂出版
坂根嘉弘（二〇一四ａ）「海軍と缶詰産業――呉・高須缶詰合資会社を中心に」河西英道編『軍港都市史研究Ⅲ　呉編』清文堂出版
坂根嘉弘（二〇一四ｂ）「陸海軍と中国・四国・瀬戸内の経済成長」坂根嘉弘編『地域のなかの軍隊5　西の軍隊と軍

港都市　中国・四国』吉川弘文館
坂根嘉弘（二〇一六）「要港部と地域社会」坂根嘉弘編『軍港都市史研究Ⅵ　要港部編』清文堂出版
坂本一登（二〇一二）『伊藤博文と明治国家形成――「宮中」の制度化と立憲制の導入』〔文庫版〕講談社
櫻井良樹（二〇一五）「戦前期横浜と東京の外国人社会――取締法制の変遷と統計的分析から」横浜外国人社会研究会・横浜開港資料館編『横浜と外国人社会――激動の二〇世紀を生きた人々』日本経済評論社
佐々木隆（二〇一三）『メディアと権力　シリーズ日本の近代』〔文庫版〕中央公論新社
佐々木敏二（一九八九）「榎本武揚の移民奨励策とそれを支えた人脈」『キリスト教社会問題研究』三七
佐々木信彰（一九八六）「一九二〇年代における在阪朝鮮人の労働＝生活過程――東成・集住地区を中心に」杉原薫・玉井金五編『大正・大阪・スラム――もうひとつの日本近代史』新評論
佐藤信（二〇二〇）『近代日本の統治と空間――私邸・別荘・庁舎』東京大学出版会
佐藤大祐（二〇〇九）「ヨットの伝播と受容」神田孝治編著『レジャーの空間――諸相とアプローチ』ナカニシヤ出版
鮫島茂（一九五四）「漁港の防波堤（其ノ二）」『漁港』五－一
澤村修治（二〇一四）『天皇のリゾート――御用邸をめぐる近代史』図書新聞
サンプソン、アンソニー〔大谷内一夫訳〕（一九八六）『エアライン――世界を変えた航空業界』早川書房
塩出浩之（二〇〇四）「議会政治の形成過程における「民」と「国家」」三谷博編『東アジアの公論形成』東京大学出版会
柴崎力栄（二〇一一）「海軍の広報を担当した肝付兼行」『大阪工業大学紀要　人文社会篇』五五－二
島本千也（二〇〇五）「別荘地の文化」「湘南の誕生」研究会編『湘南の誕生』藤沢市教育委員会
清水唯一朗（二〇一三）「日本の選挙制度――その創始と経路」『選挙研究』二九－二
下村富士男（一九六二）『明治初年条約改正史の研究』吉川弘文館
白川哲夫（二〇一五）「慰霊・追悼と公葬」林博史・原田敬一・山本和重編『地域のなかの軍隊9　軍隊と地域社会を問う　地域社会編』吉川弘文館
白柳秀湖（一九四二）『岩崎弥太郎――日本海運の建設者』潮文閣
陣内秀信（二〇一六）「港町から港湾都市へ、そして新たな水都へ」陣内秀信・高村雅彦編著『水都学Ⅴ　特集水都研

究』法政大学出版局
陣内秀信（二〇二〇）『水都 東京――地形と歴史で読みとく下町・山の手・郊外』筑摩書房
末木孝典（二〇一三）「初期議会期における市民の政治参加と政治意識――議会観、議員観を中心として」『近代日本研究』三〇
末延芳晴（二〇一一）『正岡子規、従軍す』平凡社
季武嘉也（二〇一五）「都市騒擾の時代」季武嘉也編著『日本の近現代』放送大学教育振興会
鈴木淳（二〇一〇）『日本の歴史20 維新の構想と展開』〔文庫版〕講談社
鈴木博之（二〇一二）『都市へ シリーズ日本の近代』〔文庫版〕中央公論新社
鈴木雅次（一九三三）『港湾』岩波書店
鈴木勇一郎（二〇一三）『おみやげと鉄道――名物で語る日本近代史』講談社
鈴木勇一郎（二〇一九）『電鉄は聖地をめざす――都市と鉄道の日本近代史』講談社
砂本一彦（二〇〇八）『近代日本の国際リゾート――一九三〇年代の国際観光ホテルを中心に』青弓社
園田英弘（二〇〇〇）『西洋化の構造――黒船・武士・国家』〔三版〕思文閣出版
園田英弘（二〇〇三）『世界一周の誕生――グローバリズムの起源』文芸春秋
曽村保信（一九八八）『海の政治学』中央公論社
高綱博文（一九九五）「西洋人の上海、日本人の上海」高橋孝助・古厩忠夫編『上海史――巨大都市の形成と人々の営み』東方書店
高橋泰隆（一九九三）「植民地と鉄道」『岩波講座近代日本と植民地3 植民地化と産業化』岩波書店
高見玄一郎（二〇二一）『港の世界史』〔文庫版〕講談社
高村直助（一九八二）『近代日本綿業と中国』東京大学出版会
高村直助（一九九二）「筑豊炭鉱業の台頭」高村直助編著『企業勃興』ミネルヴァ書房
高村直助（二〇〇六）『都市横浜の半世紀――震災復興から高度成長まで』有隣堂
竹村民郎（二〇一二a）『竹村民郎著作集Ⅱ モダニズム日本と世界認識』三元社
竹村民郎（二〇一二b）『竹村民郎著作集Ⅲ 阪神間モダニズム再考』三元社

玉井金五（一九八六）「日本資本主義と〈都市〉社会政策――大阪市社会事業を中心に」杉原薫・玉井金五編『大正・大阪・スラム――もうひとつの日本近代史』新評論
児野道子（一九八四）「孫文を繞る日本人」『国際関係論のフロンティア2　近代日本とアジア』東京大学出版会
千田武志（二〇〇九ａ）「日清戦争期における広島の医療と看護」『広島医学』六二－六
千田武志（二〇〇九ｂ）「軍都広島と戦時救護」黒沢文貴・河合利修『日本赤十字社と人道援助』東京大学出版会
陳凱雯（二〇〇五）『帝国玄関――日治時期基隆的都市化與地方社会』碩士論文（国立中央大学）
陳東華（二〇一一）「孫文と長崎華僑」『孫文・梅屋庄吉と長崎――受け継がれる交流の架け橋』長崎県（文化観光物産局文化振興課）
陳東華（二〇二〇）「長崎華僑と近代中国」曽士才・王維編『日本華僑社会の歴史と文化』明石書店
陳徳仁・安井三吉（二〇〇二）『孫文と神戸　補訂版』神戸新聞総合出版センター
陳溥傑〔河本尚枝訳〕（二〇一九）『地図で読み解く日本統治下の台湾』創元社
陳優継（二〇二〇）「長崎華僑の食文化と伝統の継承」曽士才・王維編『日本華僑社会の歴史と文化』明石書店
辻中豊（一九八八）『利益集団』東京大学出版会
辻村明（二〇〇一）『地方都市の風格――歴史社会学の試み』東京創元社
筒井一伸（二〇一〇）「舞鶴の財政・地域経済と海上自衛隊」坂根嘉弘編『軍港都市史研究Ⅰ　舞鶴編』清文堂出版
角田順（一九六七）『満州問題と国防方針――明治後期における国防環境の変動』原書房
角山栄（二〇一七）『茶の世界史――緑茶の文化と紅茶の社会　改版』中央公論新社
鶴見祐輔〔一海知義校訂〕（二〇〇五）『〈決定版〉正伝後藤新平　三　台湾時代　一八九八～一九〇六年』藤原書店
土井良浩（二〇〇二）「明治大正期における漁港の客体性の形成プロセス――帝国議会における議論を中心に」『都市計画論文集』三七
徳富猪一郎（一九三五）『公爵松方正義伝　坤巻』公爵松方正義伝発行所
読書新聞社（一九三六）『オリンピック東京大会――三億円の金が落ちる、何をして儲けるか』読書新聞社
戸高一成・畑野勇（二〇一五）『知識ゼロからの日本の戦艦』幻冬舎
戸部良一（二〇一二）『逆説の軍隊　シリーズ日本の近代』〔文庫版〕中央公論新社

戸祭武（一九七九）「舞鶴における近代都市の形成——舞鶴近代史研究（一）」『舞鶴高等工業専門学校紀要』一四
戸祭武（一九八五）「大正軍縮と舞鶴（上）——舞鶴近代史研究（四）」『舞鶴高等工業専門学校紀要』二〇
戸祭由美夫（二〇一八）『絵図にみる幕末の北辺防備——五稜郭と城郭・陣屋・台場』古今書院
富田武（二〇一〇）『戦間期の日ソ関係　一九一七－一九三七』岩波書店
ドリン、エリック・ジェイ〔北條正司・松吉明子・櫻井敬人訳〕（二〇一四）『クジラとアメリカ——アメリカ捕鯨全史』原書房
中川未来（二〇一六）『明治日本の国粋主義思想とアジア』吉川弘文館
中島岳志（二〇一七）『アジア主義——西郷隆盛から石原莞爾へ』〔文庫版〕潮出版社
中村江里（二〇一八）『戦争とトラウマ——不可視化された日本兵の戦争神経症』吉川弘文館
中西聡（二〇〇九）『海の富豪の資本主義——北前船と日本の産業化』名古屋大学出版会
中西道子（一九九六）「横浜築港と下関砲撃事件賠償金」横浜開港資料館・横浜居留地研究会編『横浜居留地と異文化交流——一九世紀後半の国際都市を読む』山川出版社
中村隆英（一九九三）『昭和史I　一九二六－四五』東洋経済新報社
中村尚史（二〇〇九）「安川敬一郎の事業活動と資産形成——明治期を中心に」有馬学編『近代日本の企業家と政治——安川敬一郎とその時代』吉川弘文館
中元崇智（二〇二〇）『板垣退助——自由民権指導者の実像』中央公論新社
永田信孝（一九九九）『新・ながさき風土記——地図と数字でみる長崎いまむかし』長崎出島文庫
西尾陽太郎（一九六八）「杉山茂丸小論」『日本歴史』二三八
西川武臣（二〇〇四）『横浜開港と交通の近代化——蒸気船・馬車・鉄道をめぐって』日本経済評論社
西村三郎（二〇〇三）『毛皮と人間の歴史』紀伊国屋書店
二野瓶徳夫（一九九九）『日本漁業近代史』平凡社
布川弘（一九九三）「都市民衆の階層と民衆運動」『近代日本の軌跡　都市と民衆』吉川弘文館
野口孝一（二〇一八）『銀座カフェー興亡史』平凡社
野間万里子（二〇一四）「兵食用牛缶製造と黒毛和牛——牛をめぐる軍需と民需」坂根嘉弘編『地域のなかの軍隊5

西の軍隊と軍港都市　中国・四国』吉川弘文館
橋爪伸也（二〇一一）『「水都」大阪物語――再生への歴史文化的考察』藤原書店
橋本一夫（二〇一四）『幻の東京オリンピック――一九四〇年大会　招致から返上まで』〔文庫版〕講談社
長谷川泰三（二〇〇八）『日本で最初の喫茶店「ブラジル移民の父」がはじめた――カフェーパウリスタ物語』文園社
服部敬（一九九五）『近代地方政治と水利土木』思文閣出版
馬場宏恵（二〇一二）「杉山茂丸の外資導入構想――大正期の博多湾築港計画を中心に」『法政史学』七八
濱田武士・佐々木貴文（二〇二〇）『漁業と国境』みすず書房
濱田直嗣（二〇一二）『政宗の夢　常長の現――慶長使節四百年』河北新報出版センター
林哲夫（二〇二〇）『喫茶店の時代――あのときこんな店があった』筑摩書房
原梅三郎（一九六二）『ブラジルを語る』五二出版
原武史（二〇二〇）『「民都」大阪対「帝都」東京――思想としての関西私鉄』〔文庫版〕講談社
原田敬一（二〇〇七）『日清・日露戦争　シリーズ日本近現代史③』岩波書店
樋口次郎（一九九八）『祖父パーマー――横浜・近代水道の創設者』有隣堂
日比野利信（二〇一五）「福岡藩」アクロス福岡文化誌編纂委員会編『アクロス福岡文化誌九　福岡県の幕末維新』アクロス福岡
日比野利信（二〇一八）「福岡市の都市発展と博多湾・箱崎」九州史学研究会編『アジアのなかの博多湾と箱崎』勉誠出版
平川新（二〇〇八）『日本の歴史十二　江戸時代／十九世紀　開国への道』小学館
平野正裕（一九九五）「湘南公園道路の構想とその建設――戦前期の茅ヶ崎町と町政（三）」『茅ヶ崎市史研究』一九
ピーティ、マーク〔浅野豊美訳〕（一九九六）『二〇世紀の日本四　植民地――帝国五〇年の興亡』読売新聞社
深町英夫（二〇一六）『孫文――近代化の岐路』岩波書店
福岡万里子（二〇一三）『プロイセン東アジア遠征と幕末外交』東京大学出版会
伏見岳人（二〇一三）『近代日本の予算政治　一九〇〇－一九一四――桂太郎の政治指導と政党内閣の確立過程』東京大学出版会

藤森照信（二〇〇四）『明治の東京計画』〔文庫版〕岩波書店
藤原法子（二〇一一）「移民宿にみる都市横浜――一九五〇年代の移民宿を中心とする移動の拠点の一位相」『専修人間科学論集』一―二（社会学篇二）
麓慎一（二〇一二）「国境の画定」明治維新史学会編『講座明治維新4　近代国家の形成』有志舎
古川隆久（二〇二〇）『皇紀・万博・オリンピック――皇室ブランドと経済発展』吉川弘文館
古田和子（二〇〇〇）『上海ネットワークと東アジア』東京大学出版会
古厩忠夫（一九九七）『裏日本――近代日本を問いなおす』岩波書店
ヘッドリク、D．R．〔原田勝正・多田博一・老川慶喜訳〕（一九八九）『帝国の手先』日本経済評論社
保谷徹（二〇〇七）『戦争の日本史一八　戊辰戦争』吉川弘文館
保谷徹（二〇一五）「開国と幕末の幕制変革」『岩波講座　日本歴史第一四巻』岩波書店
本庄栄治郎（一九七二）『本庄栄治郎著作集　第六冊　米価調節史の研究』清文堂出版
前田亮介（二〇一六）『全国政治の始動――帝国議会開設後の明治国家』東京大学出版会
牧原憲夫（一九九八）『客分と国民のあいだ――近代民衆の政治意識』吉川弘文館
増田廣實（一九九四）「明治前期における全国的運輸機構の再編――内航海運から鉄道へ」山本弘文編『近代交通成立史の研究』法政大学出版局
松浦茂樹（一九九二）『明治の国土開発史――近代土木技術の礎』鹿島出版会
松下孝昭（二〇〇五）『鉄道建設と地方政治』日本経済評論社
松下孝昭（二〇一三）『軍隊を誘致せよ――陸海軍と都市形成』吉川弘文館
松村孝男（二〇〇九）「明治後期の移民会社と政党および政治家――亡命民権家と移民会社の関わりを中心にして」安在邦夫・真辺将之・荒船俊太郎編著『近代日本の政党と社会』日本経済評論社
松本洋幸（二〇二〇）『近代水道の政治史――明治初期から戦後復興期まで』吉田書店
マハン、アルフレッド・セイヤー〔北村謙一訳〕（二〇〇八）『マハン海上権力史論』原書房
間宮國夫（一九九九）「水野龍と皇国殖民会社についての覚書――「高知県移民史研究」の一駒」『社会科学討究』四四―二

御厨貴（二〇一七）『明治史論集――書くことと読むこと』吉田書店
三田千代子（二〇一八）「ブラジルの移民政策と日本移民」日本移民学会編『日本人と海外移住――移民の歴史・現状・展望』明石書店
三谷博（二〇〇三）『ペリー来航』吉川弘文館
蓑原俊洋（二〇一七）『維新史再考――公儀・王政から集権・脱身分化へ』NHK出版
蓑原俊洋（二〇一三）「ローズヴェルト大統領と「海洋国家アメリカ」の建設――世紀転換期における日米関係の新時代」田所昌幸・阿川尚之編著『海洋国家としてのアメリカ――パクス・アメリカーナへの道』千倉書房
蓑原俊洋（二〇一六）『アメリカの排日運動と日米関係――「排日移民法」はなぜ成立したか』朝日新聞出版
宮崎滔天〔島田虔次・近藤秀樹校注〕（一九九三）『三十三年の夢』〔文庫版〕岩波書店
宮崎正勝（二〇一三）『北からの世界史――柔らかい黄金と北極海航路』原書房
宮永孝（二〇〇五）『万延元年の遣米使節団』〔文庫版〕講談社
宮本常一（二〇一五）『海に生きる人びと』〔文庫版〕河出書房新社
迎由理男（二〇〇七）「企業勃興と福博商工業者」迎由理男・永江眞夫『近代福岡博多の企業者活動』九州大学出版会
室山義正（一九八四）『近代日本の軍事と財政』東京大学出版会
望月理生（二〇一六）「戦前漁港修築国庫補助制度研究の到達点と課題」伊藤康宏・片岡千賀之・小岩信竹・中居裕編『帝国日本の漁業と漁業政策』北斗書房
本宮一男（二〇〇五）「戦後鉄道資本の観光戦略と片瀬・江の島――「海水浴の時代」とその終焉」「湘南の誕生」研究会編『湘南の誕生』藤沢市教育委員会
本康宏史（二〇〇二）『軍都の慰霊空間――国民統合と戦死者たち』吉川弘文館
森田朋子（二〇〇四）『開国と治外法権――領事裁判制度の運用とマリア・ルス号事件』吉川弘文館
森永貴子（二〇〇八）『ロシアの拡大と毛皮交易――一六～一九世紀シベリア・北太平洋の商人世界』彩流社
谷ヶ城秀吉（二〇〇四）「南進論の所在と植民地台湾――台湾総督府と外務省の認識の相違を中心に」『アジア太平洋研究科論集』七
谷ヶ城秀吉（二〇一二）『帝国日本の流通ネットワーク――流通機構の変容と市場の形成』日本経済評論社

矢代幸雄（二〇一九）『藝術のパトロン――松方幸次郎、原三渓、大原二代、福島コレクション』〈文庫版〉中央公論新社
安井杏子（二〇一〇）「旧条約下の不開港場と対外貿易――明治二二年「特別輸出港規則」制定を中心に」『駒沢史学』七五
柳下宙子（二〇一二）「戦前期の旅券」陳天璽・近藤敦・小森宏美・佐々木てる編『越境とアイデンティフィケーション――国境・パスポート・IDカード』新曜社
柳田國男（一九九三）『明治大正史　世相篇　新装版』〈文庫版〉講談社
矢野暢（二〇〇九）『「南進」の系譜――日本の南洋史観』千倉書房
山神達也（二〇一〇）「旧加佐郡における市町村合併」坂根嘉弘編『軍港都市史研究Ⅰ　舞鶴編』清文堂出版
山崎有恒（一九九六）「内務省の河川政策」高村直助編『道と川の近代』山川出版社
山田朗（一九九七）『軍備拡張の近代史――日本軍の膨張と崩壊』吉川弘文館
山田一郎（一九九五）「日清戦争における医療・衛生」奥村房夫監修・桑田悦編集『近代日本戦争史　第一編日清・日露戦争』同台経済懇話会
山田廸生（一九九八）『船にみる日本人移民史――笠戸丸からクルーズ客船へ』中央公論社
山本志乃（二〇一六）「満洲への旅路」旅の文化研究所編『満蒙開拓青少年義勇軍の旅路――光と闇の満洲』森話社
湯澤規子（二〇一八）『胃袋の近代――食と人びとの日常史』名古屋大学出版会
横井勝彦（二〇〇四）『アジアの海の大英帝国――一九世紀海洋支配の構図』〈文庫版〉講談社
横山宏章（二〇〇六）『長崎が出会った近代中国』海鳥社
横山宏章（二〇一七）『上海の日本人街・虹口――もう一つの長崎』彩流社
芳井研一（二〇〇〇）『環日本海地域社会の変容――「満蒙」・「間島」と「裏日本」』青木書店
吉﨑雅規（二〇一六）「港をめぐる二都関係――江戸・東京と横浜」陣内秀信・高村雅彦編『水都学Ⅴ』法政大学出版局
吉田裕（二〇〇二）『日本の軍隊――兵士たちの近代史』岩波書店
吉見俊哉（二〇一〇）『博覧会の政治学――まなざしの近代』〈文庫版〉講談社

レビンソン、マルク〔村井章子訳〕（二〇一九）『コンテナ物語――世界を変えたのは「箱」の発明だった　増補改訂版』日経BP
ワイリー、ピーター・ブース〔興梠一郎執筆協力・訳〕（一九九八）『黒船が見た幕末日本――徳川慶喜とペリーの時代』TBSブリタニカ
渡邊桂子（二〇一七）「日清戦争と新聞記者への従軍許可」『歴史評論』八一一
渡邊大志（二〇一七）『東京臨海論――港からみた都市構造史』東京大学出版会
渡辺浩（二〇二一）『明治革命・性・文明――政治思想史の冒険』東京大学出版会

港史・地方史・社史類

『石巻の歴史　第二巻　通史編（下の一）』石巻市史編さん委員会
『石巻の歴史　第五巻　産業・交通編』石巻市史編さん委員会（一九九六）石巻市
『いわき市史　第三巻』いわき市史編さん委員会（一九九三）いわき市
『江ノ電の一〇〇年』江ノ島電鉄株式会社開業一〇〇周年記念誌編纂室編（二〇〇二）江ノ島電鉄
『大阪港史　第一巻』（一九五九）大阪市港湾局
『大阪築港一〇〇年――海からのまちづくり　上巻』（一九九七）大阪市港湾局
『小名浜沿岸域形成史』小名浜沿岸域研究会（一九八三）運輸省第二港湾建設局小名浜港湾事務所
『国際港の礎石　小名浜港湾史』（一九六四）磐城顕彰会
『新修大阪市史　第四巻』新修大阪市史編纂委員会（一九九〇）大阪市
『新修大阪市史　第六巻』新修大阪市史編纂委員会（一九九四）大阪市
『新修広島市史　第二巻』（一九五八）広島市
『住友倉庫六十年史』〔復刻版〕日本社史全集刊行会（一九七七）常盤書院
『税関百年史　上巻』大蔵省関税局編（一九七二）日本関税協会
『千田知事と宇品港』（一九四〇）広島県

『大洋漁業八〇年史』水産社（一九六〇）大洋漁業株式会社
『茅ヶ崎市史　現代2（茅ヶ崎のアメリカ軍）』茅ヶ崎市編（一九九五）茅ヶ崎市
『月島発展史』（一九四〇）京橋月島新聞社
『東海汽船一三〇年のあゆみ』東海汽船株式会社編（二〇二〇）東海汽船
『東京港史　第一巻　通史編各論』東京都港湾局他（一九九四）東京都港湾局
『東京湾埋立物語』（一九八九）東亜建設工業
『長崎市制六十五年史　前編』長崎市総務部調査統計課（一九五六）
『新潟市史　通史編三　近代（上）』新潟市史編さん近代史部会（一九九六）新潟市
『日本港湾史』（一九七八）日本港湾協会
『日本水産百年史』（デジタル版）（二〇一四）
『日本曹達七〇年史』企画本部社史編纂室（一九九二）日本曹達株式会社
『博多港史――開港百周年記念』（二〇〇〇）福岡市港湾局
『博多湾築港史』坂本敏彦編（一九七二）博多港振興協会
『函館市史　通説編一』（デジタル版）函館市史編さん室編（一九八〇）函館市
『函館市史　通説編二』（デジタル版）函館市史編さん室編（一九九〇）函館市
『引揚げと援護三十年の歩み』厚生省援護局編（一九七七）厚生省
『広島県移住史　通史編』（一九九三）広島県
『広島県史　近代一』（一九八〇）広島県
『福岡市史　第一巻明治編』（一九五九）福岡市役所
『福島県議会百年』福島県議会百年記念事業実行委員会（一九七八）福島県議会
『藤沢市史　第六巻（通史編）』藤沢市史編さん委員会編（一九七七）藤沢市
『ブラジル日本移民八十年史』日本移民八〇年史編纂委員会編（一九九一）移民八〇年祭祭典委員会・ブラジル日本文化協会
『舞鶴市史　通史編下』舞鶴市史編さん委員会編（一九八二）舞鶴市

『舞鶴地方引揚援護局史』旧舞鶴地方引揚援護局（一九六一）厚生省引揚援護局
『三菱社誌　第三巻』三菱社誌刊行会編（一九七九）東京大学出版会
『宮城県史　第八巻』宮城県（一九五七）宮城縣史刊行会
『宮津市史　通史編下巻』宮津市史編さん委員会編（二〇〇四）宮津市
『横浜市史　第二巻』（一九五九）横浜市
『横浜市史　第五巻下』（一九七六）横浜市
『横浜築港誌』臨時横浜築港局編（一八九六）
『わたしたちの福岡市』福岡市史編集委員会（二〇二一）福岡市

その他（個人文書・行政文書・新聞・雑誌・統計など）

「江の島港建設計画に関する調査（その二）」藤沢市総務部秘書課
『江の島地区開発調査報告書――江の島港建設を中心とした』（一九六〇）神奈川県
『海外移住統計』（一九九四）国際協力事業団
『神奈川県都市政策史料　第一集・第二集』（一九八八）神奈川県都市部都市政策課
『神奈川県都市政策史料　第五集』（一九八九）神奈川県都市部都市政策課
『河北新報』
「漁港一覧」水産庁ＨＰ（https://www.jfa.maff.go.jp/j/gyoko_gyozyo/g_zyoho_bako/gyoko_itiran/attach/pdf/sub81-180.pdf）
『港湾』日本港湾協会
「港湾関係情報・データ」国土交通省ＨＰ（https://www.mlit.go.jp/common/001403582.pdf）
「出入国管理統計」e-Stat (https://www.e-stat.go.jp/stat-search/files?page=1&layout=datalist&toukei=00250011&tstat=000001012480&cycle=0&tclass1=000001012481&tclass2=000001020814)
「湘南観光港建設計画に関する文書（その一）」藤沢市総務部秘書課

『条約改正関係大日本外交文書　第一巻』外務省調査部監修・日本学術振興会編（一九四一）日本国際協会
『東京市庁舎建築設計懸賞競技入賞図集』（一九三四）東京市
『日本経済新聞』
『日本帝国港湾統計　明治三九年・四〇年　前編』内務省土木局
『原敬関係文書　第八巻』原敬文書研究会編（一九八七）日本放送出版協会
『藤沢市統計書　第二回』
『藤沢市統計書　第三回』
文春オンライン

あとがき

本書のモチーフは、「港×地方史×政治学」である。この三つを選んだ理由は、筆者の博士論文のテーマが近代日本の港湾政策であり、勤務先が地方国立大学であり、担当科目が政治学・日本政治外交史だという属人的なものである。おそらく類書はないであろうが、本書がどれほど普遍的な価値をもつのか、こころもとない。とはいえ結果として、中央の政治外交と地域社会の人々の生活の連関を描くことができたのではないか、とは思う。

本書の執筆にあたっては、実際にその港町を訪れたときの印象を再現することを心がけた。近代の港湾研究を始めた十数年前から、あるときは資料調査で、あるときは学会・研究会のついでに、またあるときは私用で訪れたこれらの港町は、それぞれの歴史的な背景を反映して異なる雰囲気を醸し出していた。その雰囲気を感じ取っていただければ幸いである。

筆者にとって、本書は二冊目の単著書である。本書を執筆した直接の契機は、前著『海港の政治史』を媒介にして、多くの研究者や実務家の方々に出会えたことにある。もとより前著の面白さは港という題材の面白さであって、筆者自身は怠惰な朴念仁にすぎない。とくに気の利いたことを言うわけでもないので、皆様をがっかりさせたことだろう。ただ、筆者が皆様との会話のなかから得たものは大きく、そこで得られた知見やアイデアをかたちにしたのが本書である。個別のお名前を記すことは控えるが、感謝を申し上げたい。

なお本書は、筆者が新潟大学で担当している講義「日本政治外交史Ⅱ」を文章化したものである。オーソドックスな日本政治外交史を理解するための補助線を引くことを意識した講義で、本書もそのように読んでいただけると有り難い。拙い講義に対して素朴な疑問や建設的な批判を投げかけてくれた受講生に謝意を表したい。また本書の原稿に対しては、新潟大学行政史研究会でご助言をたまわった。筆者の力不足によりすべてを反映できたわけではないが、兵藤守男・馬場健両先生にお礼を申し上げる。

本書の刊行にあたっては、吉田真也さんにお世話になった。筆者の頭の中の漠然としたイメージを的確にかたちにしていただいた。改めて感謝を申し上げる。

最後に、家族に感謝を述べることをお許しいただきたい。妻・麻穂は最初の読者となり、忌憚のない意見をくれた。本書が少しでも読みやすいものになっているとすれば、彼女のおかげである。また本書の執筆期間は長女・風花が文字を覚える時期と重なり、言葉の難しさについて改めて考えさせられた。今は絵本を読んでいる彼女が、いつか本書を読んでくれることを願いながら筆をおく。

二〇二二年九月

稲吉　晃

主要人名索引

【た行】

【な行】

【は行】

福本日南　82, 95

【ま行】

事項索引

【さ行】

【た行】

【な行】

【ら行】

【わ行】

著者紹介
稲吉 晃（いなよし・あきら）
新潟大学 人文社会科学系（法学部／経済科学部）教授
1980年、愛知県生まれ。2009年、首都大学東京大学院社会科学研究科博士課程修了。博士（政治学）。
新潟大学准教授などを経て、2020年より現職。
主著：『海港の政治史――明治から戦後へ』（名古屋大学出版会、2014年。第41回藤田賞受賞）。

港町巡礼
海洋国家日本の近代

2022年11月1日　初版第1刷発行

著　者　稲　吉　　晃
発行者　吉　田　真　也
発行所　合同会社 吉田書店
102-0072　東京都千代田区飯田橋2-9-6 東西館ビル本館32
TEL：03-6272-9172　FAX：03-6272-9173
http://www.yoshidapublishing.com/

装幀　野田和浩
DTP　閏月社
印刷・製本　藤原印刷株式会社
定価はカバーに表示してあります。

ISBN978-4-910590-07-3